무의식의 저널
Umbr(a)
정신분석과 문화연구센터

검은 신

구의식의 저널
Umbr(a)
정신분석과 문화연구센터

검은 신

서지 앙드레 외 지음 강수영 옮김

인간사랑

CONTENTS

차례

역자 서문

가끔 "어느 교회 다니세요?"라는 질문을 종종 받게 된다. 그럴 때면 어떻게 대답해야 할지 난감해진다. "교회 다니세요?"라고 물을 때는 네, 아니오라 대답하면 되겠지만, "어느 교회 다니세요?"라고 물으면 할 말을 못찾기 일쑤다. 교회 다니는 것이 질문의 여지도 없이 가정된 상태에서 시작하는 대화를 어떻게 풀어가야 할까?

아마도 역자가 거주하는 지역에 유난히 한인교회가 많아서 일지 모르겠다. 미국의 한인 이주역사가 1세기를 넘어선지 오래지만 종교, 혹은 넓은 의미에서 신앙과 믿음의 다양성에 관한 한 여전히 과거에 머물고 있는 듯한 느낌을 종종 받는다.

하늘을 향해 솟아오른 십자가로 촘촘히 장식된 도시의 풍경은 어제 오늘의 일이 아니다. 특정 지역만의 현상도 아니다. 최근 종교의 영향력은 부쩍 더 커져가는 것 같다. 다른 한편에선 무신론자

운동이 한창이다. 지구촌 어디에선가 종교근본주의의 행태에 저항하는 무신론자들의 조직체들이 버스에 신의 죽음을 알리는 광고판을 부착한다고 해서 한때 시끄러웠다. LA 지역의 공영방송 라디오의 한 프로그램은 1시간 동안 무신론자협회의 활동을 다루기도 했다. 그 뿐인가? 물리학자 스티븐 호킹이 『위대한 설계』라는 책을 출간하자 영국의 대표적 무신론 과학자 리처드 도킨스는 이 책을 창조론자에게 먹인 "결정적 한방"이라고 평가한다. 가히 기독교도들과 무신론자들 간에 '전쟁'이 벌어지고 있는 형국이다.

종교는 이렇게 우리 삶의 곳곳에 여러 양태로 나타난다. 간단히 말해서, 신을 믿느냐 안 믿느냐, 그것이 문제가 된 세상이다. 어느 쪽이든 선택을 해야 할 것 같다. 하지만 믿느냐 안 믿느냐, 신이 존재하느냐 않느냐의 입장 차이는 신이라는 개념 혹은 존재 자체를 설정하지 않고는 가능하지 않다. 혹자는 종교적 믿음의 반대는 무신론이 아니라 불가지론이라고 한다. 우리가 신이 존재하는지 안하는지 알 수 없다는 밑도 끝도 없는 불확실성에 비한다면, '확고한' 믿음과 '고집스런' 불신은 확실성이라는 이름을 가진 샴쌍둥이다.

이렇게 종교, 또는 신을 두고 양자 간 결단내지 않고는 안될 것 같은 시대에 정신분석은 종교에 대해 무엇을 얘기할 수 있을까? 이것이 이번 호의 출발점이다. 이 질문에 관해 우리는 7개의 장으로 구성된 응답을 갖고 있다. 기독교인이든, 무신론자든 모두 종교의 존재 혹은 목적을 정해놓고 있다. 그리고 종교의 목적에 관해선 양편 모두 동의하는 듯 보인다. 이에 대해 편집자인 앤드류 스콤라는 기왕에 가정된 종교의 목적은 종교를 대상화한 것이라는 인식에서 출발한다(영어로 object는 목적과 대상, 양쪽 모두를 의미한다. 그리고 정신분석에서 object는 매우 중요한 개념이다). 서문에서 그는 신 혹은 신이라는 개념은 오직 "우리 자신의 불투명성"을 확인해주며 오직 존재의 결여와 덧없음을 자각하도록 해주는 텅 빈 기호라고 선언한다.

프로이트는 어떤 행위가 종교적이려면 인간 존재의 덧없음을 해결하려고 노력하는 것이라고 했다. 절대적인 종교적 행위나 믿음이란 없다. 신이라는 이름으로 불리는 어떤 것이 있다면 정신분석에서는 대문자 타자이며 그것의 욕망이다. 라깡은 이를 "검은 신"이라고 부른다. "법은 아무것도 모른다"(『엄브라』 1호 참조)라는 선언에서처럼 대타자는 아무것도 모른다. 모든 것의 기원은 결여이다. 인간은 신의 기원과 욕망을 알고 따르려 하지만 신이 인간에게 내리신 계명들의 언어 뒤에는 아무것도 없다.

정신분석은 실증주의적 과학과는 달리, 종교적 문제, 즉 기원과 신, 창조의 문제를 사유한다. 특히 근대 주체구성의 과정에 개입해있는 일신교에 천착한다. 종교를 비판하는 일이 아무리 정당할지라도 실증주의처럼 종교를 허상으로만 치부하는 것은 제대로 된 비판이 될 수 없다. 창조, 주체의 기원, 믿음, 소외, 희생과 봉사, 예외, 신성성, 사랑 등 종교가 전유하고 있는 것들은 우리에게 중요한 개념이며 철학적 사유에서 피해갈 수 없다. 기왕의 종교비판이나 분석이 혐오와 경외 양극단의 대립을 상정했다면 정신분석은 신이 부재한 자리를 사유한다.

정신분석적 입장에서 종교의 목적은 정해진 종착역이나 절대적 의미 없이 비판적 사유라는 확실한 믿음만을 무한히 증식시켜 가는 것이다. 이런 생각은 마크 드 케젤의 논문에서도 나타난다. 일신교의 핵심을 신에 대한 비판적 사유에서 찾는 케젤은 일신교는 여타 의사종교들의 기복적 신앙과 대립하면서 '오직 신만이 신'이라는 믿음으로 신성과의 투쟁을 통해 은총을 얻는 것이라고 한다. 이런 일신교의 비판적 사유는 궁극적으로 무신론으로 귀결되겠지만, 현재 추세로는 종교는 위축되기는커녕 점점 더 그 위세를 떨치고 있다. 이런 상황에서 정신분석을 위시한 비판이론은 마치 일신교적 비판정신을 따라가고 있는 것 같다. 종교는 승화의 한 형태이다. 케젤은 라깡이 진리와 비진리의 문제에 대해 한 발언을 통해 정신분석이 종교처럼 승화될 지, 만일 그렇게 된다면 어떤 형태의 승화일지를 묻는다.

일신교의 신성과의 투쟁은 사도 바울과 야곱이 벌인 천사와의 싸움으로 예시된다. 이 싸움에서 상처를 입은 것은 바울이지만 신성 역시 제한을 받게 된다. 신과의 싸움에서 상처를 입었지만 바울이 온전한 신성을 획득했다는 것은 일신교가 비판, 맥널티 글에서는 상처를 통해서 참 종교가 될 수 있음을 시사한다. 라인하드는 유대교의 예외주의를 보편주의의 한 양태로 제시한다. 라깡의 "전부아님(not-all)" 개념을 사용해서 그 내부에 결여와 죽음이라는 텅빈 공간을 포함하는 보편주의 개념을 설정한다. 서지 앙드레는 자본주의 사회에서 정신분석가가 성자의 길을 가야할 소명을 갖는다면 정신분석가는 어떤 역할을 하게 되는지 탐색한다. 환자에 대해 정신분석가는 향유의 대상, 즉 라투즈의 자리에 놓이지만, 그것을 대체하거나 만족시키지 않는다.

주체가 대상의 자리에 놓임으로써 사랑이란 근본적 불일치라는 인식을 획득하고 주체의 자리를 마련하게 된다는 호운즈의 뒤라스 읽기는 대상의 개념에 또 다른 사유를 제공한다. 키에자와 토스카노의 병렬적 토론은 무로부터의 창조라는 라깡주의의 핵심적 '원인'론을 분석한다. 그들은 무의 창조가 제시하는 윤리적 차원과 자본주의적 경제구조 내에서 무의 개념적 변전을 추적한다. 현재 기독교와 무신론 사이의 대립이 창조론과 진화론의 대결양상으로만 나타나는 것에 대한 비판을 이 글에서 읽을 수 있다. 또한 기원과 원인에 관한 정신분석의 사색이 갖는 다양한 함의도 확인할 수 있다.

마지막으로 장베의 글은 이슬람에서 신의 현현에 대한 고차원적인 사유를 담고 있다. 신성을 접하는 것은 오직 현현, 즉 순간적 발현을 통해서만 가능하다. 신의 현현은 존재 내부의 낯섬과 귀양을 제시한다. 베일로 감싸인 신성이 반짝 드러나는 계시는 신성한 통일성의 징후면서 주체의 소외를 증명하는 것이다. 베일 뒤에 숨은 신이 주체의 욕망이 투영된 부재와 결여로서의 대타자라는 것은 주체로 하여금 믿음을 포기하기 보다는 존재 내부의 낯선 소외를 극복하려는 사유의 여정을 계속하도록 이끈다.

이 책에서 다루는 종교가 서양 일신교의 세 가지 형태인 기독교, 유대교, 이슬람교에만 국한된다는 점은 아쉽다. 정신분석이론의 틀 안에서 사유하기 때문에 일신교가 중심일 수밖에 없었을 터이다. 하지만 일신교에 집중하다보니 종교라는 더 넓고 큰 문화적 형태를 놓친 듯하다. 불교와 힌두교 및 여타 문화권의 종교에서 주체와 믿음의 문제를 어떻게 사유하는지 정신분석적으로 접근하는 작업을 기다려본다.

얼마 전 책에서 읽은 한 구절이 떠오른다. 기독교의 핵심은 인간의 보편적 유죄가능성이므로 이를 통한 공동체의식과 연민이 중요하다는 내용이다. 이를 세속적인 시각에서 풀어보면 너와 내가 여리고 불완전한 존재라는 인식이다. 정신분석에선 존재의 결여와 욕망의 불가피성이 바로 인간의 보편적 조건이라는 말이다.

19세기 미국소설가 나다니엘 호손의 한 단편에 나오는 젊은 굿맨 브라운처럼 믿음을 송두리째 상실하고 말년을 침울하게 보내고 싶지 않다면, 이 보편적 유죄성의 의미를 기독교인이든 무신론자든 곰곰이 따져봐야 할지 모른다. 신의 유무나 창조냐 진화냐의 문제를 결정하는 일보다 중요한 것은 우리의 믿음을 어디에 위치할 것인가이다.

프랑스 철학자 이브 파칼레는 이렇게 말한다. "신은 아무것도 계획하지 않았다. 인류의 미래는 오로지 우리가 이미 내린 결정, 내리고 있는 결정, 앞으로 내릴 결정에 달린 문제다." 우리가 이런 결정을 내리는 과정에서 정신분석과 종교가 어떤 역할을 할 것인가 이제 자문해야 할 때이다.

앤드류 스콤라

편집자 서문 : 종교의 목적

"지금까지 우리가 목도해 온 역사 비판은 심오하게 무언가를 감추어 왔다. … 무지와 무관심, 그리고 눈을 다른 곳으로 돌려버리는 행위는 베일 밑에 모종의 미스터리가 숨겨져 있음을 암시한다. 하지만 얼굴을 돌려 이 현상을 과감히 응시할 수 있는 자에게 — (…) 희생 그 자체가 갖는 매혹에 이끌리지 않을 사람들은 분명 거의 없으리라 — 희생이란 욕망하는 대상 속에서 내가 검은 신이라고 부르는 대타자의 욕망이 존재한다는 증거를 찾으려는 우리의 노력을 의미한다."

자크 라깡[1]

정신분석적 사유의 장場 안에서 우리는 종교에 대해 어떻게 말할 수 있을까? 언뜻 보기에 이런 종류의 질문은 종교와 같은 불명료한 문제에 대해 애써 발언하기를 회피하려 할 때 취하는 궁여지책처럼 들린다. 그러나 그 이상이다. 종교 근본주의가 우리를 무장해제시킨 채 부활함에 따라 종교라는 이 음산한 기표의 귀환 때문에 받는 고통을 호소하는 굴욕당한 세속주의자들의 곡성이 커져간다. 이 시대에 정신분석은 종교라는 관념이 어떤 강렬한 "결정체"結晶體라고 주장한다. 우리 앞에 놓인 이 치명적인 적들을 결속시키는 것은 그들이 종교를 마치 어떤 대상인 듯 간주한다는 점이다. 종교의 불투명성을 치밀히 검토하려 들면서 그들이 취하는 각자의 시각만이 다를 뿐이다. 종교적 현상을 둘러싼 존경과 혐오의 양극단에서 최근 정신분석 사유가 주저하는 듯이 보이는 것은 아마도 무엇을 해야 하고 혹은 "그것"을 어디에 위치시킬지 **알아야 한다**는 광범한 요구 때문이리라. 분석적 담론은 종교의 목적이 선한지 악한지, 살아 있는지 죽었는지의 문제에 대해 가치평가를 내리려 하지 않는다. 분석의 입장에서 그러한 가치판단을 요구하는 청원이야말로 문제의 시발점이기 때문이다.

정신분석이 종교문제를 탐색한다는 사실은 전혀 새롭지 않다. 프로이트는 "종교란 인간의 보편적 강박신경증"이라고 했지만,[2] 사회적으로 축적된 것으로서의 믿음이라는 차원에 대해 철저한 적대감이나 무신론적 거부로만 맞서지는 않는다. 대신 종교가 믿기 어려울 정도로 무의미하다는 사실을 프로이트가 대면하는 순간들은 매우 교육적이다. 『토템과 터부』에서 시작해서 『모세와 일신교』라는 정점에 달하는 순간, "펜이 프로이트의 손에서 툭 떨어질 때"[3]까지 이어지는 이 길고 구불구불한 선을 따라가면서 우리는 프로이트와 신성神聖문화들의 만남은 근대적 조건의 중요한 휴지기로 하강하는 운동을 기록하고 있다는 사실을 목도하게 된다. 이런 노고가 정신분석의 기획을 구성하고 유지시키기 위해 필수적이었음은 이미 알려진 바이다. 비록 일체의 종교적 신성화에 대한 "비판"의 형태로 출현하긴 했어도 프로이트는 종교의 광신적 억압들 이면에 놓여 있던 일말의 진실을 남겨두었다. 프로이트는 종교에 궁극적으로 필요한 담론의 창조와 구조, 즉 근대 주체의 탄생, 집단성의 토대, 그리고 바로 그 역사의 가능성 자체와 돌이킬 수 없이 결부되어 있는 역사의 창조를 따로 구별해냈다. 종교의 문화적 윤곽에 대한 프로이트의 관심이 다소 경박스럽게 일신교에 매달린 바 없지 않다 해도, 그가 이룬 업적은 과학이 (규정 가능한 한계들 속에서) 그 자체의 역사적 발전을 단지 열거하기만 한 것은 아니었음을 보여준 것이다. 프로이트가 발굴해낸 진정한 계시는 우리 존재가 놓인 과거와 현재의 조건들이 갖고 있는 여백들을 의무적으로 재규정하는 것이며, 이는 당신이 야만스러운 반복을 추구하려는 생각이 없는 이성적 존재라면 절대 무시할 수 없는 것이다.

라깡뿐만 아니라 프로이트에게도 종교는 다름 아닌 이 세상, 즉 현세와 이해관계를 갖고 있다. 현세는 근대 과학과 근대 과학이 낳은 주체가 설립된 이후, 그리고 그 관계 속에서만 적절성을 갖는다. 그러나 종교문제가 분석담론에서 제기될 때 이 문제는 합리적 실증주의의 과학적 형상들을 통해서 검토되지는 않는다. 이런 종류의 과학들은 적어도 표면상 종교의 "의고주의"를 외면해 버린다. 실증주의 과학들은 의심받지 않는 증거라는 모델을 진리추구의 기반으로 삼아 일체의 첫 번째 혹은 최종적인 원인조차 부재한 정보의 축적을 가속화하며, 또 자유롭게 그것을 즐기려고 한다. 만일 이 실증주의 과학에서 단 한번이라도 종교가 관심의 대상이 되었다면 그건 그저 표면상 인간성의 진보를 향한 불가사의한 매진을 가로막는 장애물쯤으로 간주할 때뿐이다. 이와 관련되어 라깡이 전략적으로 종교적 사상을 동원하는 대목에서 그의 지혜로움이 드러난다. 라깡의 전략은 과학적 사유의 구성적 가설을 제공한 냉정한 교리들을 교란시키는 것이었다. 분노로 가득한 라깡의 위트가 선사된 수혜자는 인과성 문제에 대한 과학의 젠체한 무관심이다. 라깡은 맡은 바 소임을 다하듯 데이터를 만들어내어 전유하는 용기容器로서의 세상에서는 불가피하게 우리의 경험이 납작하게 눌려버려 미리 결정된 조합들 이상으로는 아무런 객관적 영역이 남아 있지 않게 되었다는 적신호를 보낸다. 이에 어쩔 수 없이 무기력한 모순들과 몽상들이 뒤따르고, 아무 희망 없이 생산품들을 도입함으로써 잠시나마 원인 없는 이 노력들을 유지시켜 보려 애쓰는 기술-허섭스레기들의 문화라는 형태로 보상받게 된다고 주장할 수 있다. 이 자잘한 쾌락들의 일회적 소모성은 과학적 의제들이 당면하게 될 결과들을 가리킨다. 과학적 의제는 애착의 필요와 동시에 그 애착을 추구할 때 노정된 한계를 부지불식간에 인정하게 되어 결국 자신의 원천들을 몽땅 낭비해 버리게 된다. 과학적 인간의 유아론幼兒論을 가속화시킨 파멸을 향해 돌진하는 열정을 인정하지 않으려 할 때 야기될 심각한 정치적·경제적 결과들을 라깡이 대항하는 과정에서 종교성의 영역이 출현하게 된다. 정신분석은 지식 그 자체와 그로 인해 필연적으로 우리에게 남겨질 부산물들을 경솔하게 향유하는 일은 순수한 종교 그 자체보다는 존재 자체와 우리가 맺는 관계의 부재를 통해서 구성하는 종교적 기능의 불가침성에 대한 선험적 무지 혹은 증오 때문이라고 주장한다.

형식적·존재론적 환원을 통해서 분석은 종교의 역사가 증언하고 있는 회복 불가능한 소외를 경험할 필요가 있다고 제안한다. 그러나 과학을 향한 의심이 영구적이었던 것과는 달리 정신분석은 종교적 광분의 원인을 캐려고 하지 않는다. 그 대신 분석은 신의 이름으로 발언하여 자신의 욕망을 안다고 주장하는 저 소수의 공명정대한 이들을 물리치려고 헌신할 때 더 적합하다. 앎의 위치에서 발언하는 경건함이란 고작해야 자신의 신도들을 순응시키고 경계를 순찰하려 드는 간악한 시도에 불과할 뿐이며, 어디에도 존재하지 않는 그 무언가가 되려고 할 뿐이다. 따라서 정신분석은 종교와 관련해서 지속적으로 이 지점, 즉 대타자에 대한 질문—어떻게 완전히 텅 비었음에도 불구하고 신이라는 지위를 유지할 수 있는가—에 이론적 노력을 기울인다. 분석은 종교적 형상들과 비유를 환기시키면서도 이 입 벌리고 있는 텅 빈 구멍을 채울 방도를 결코 찾으려 하지 않는다. 차라리 이 종교적 형상들과 비유들을 욕망에 봉사하고 욕망을 탐색하는 일에 사용한다. 다시 말해서 일체의 담론적 전유를 피해나가는 모호한 요소에 대한 우리의 모색을 부정하거나 몰아가기 위해 사용한다. 신은 우리 자신의 불투명성을 보증하는 것으로서만, 부재를 위한 공간을 보존해 주는 동시에 우리가 그것을 손에 쥘 가능성을 봉쇄해 버리는 기표로 남아 있는 한에서만 분석에서 의미를 갖는다. 종교는 우리의 쥬이상스가 갖는 바로 그 불투명함을 유지하기 위해서 필요한 이성적 한계와 조건들 안에 위치해 있다. 바로 이렇게 유리한 고지에 있기 때문에 정신분석의 주체는 자신의 창조주와 동등하게 마주할 능력이 있는 척하지 않는다. 그처럼 균형 잡힌 행위들이 구조적으로 불가능하다고 전제한다면 분석은 도덕적 도그마의 망각 저 너머에 서 있다. 도덕적 도그마들은 오직 불안하고 과잉된 금지들 외에 아무것도 생산하지 않으며, 궁극적으로는 욕망을 경색시킬 뿐인 화해에 대한 신념을 통해서만 지속될 뿐이다.

그러니 종교에 관해 정신분석적으로 말하려 하는 일이 더 어려워질 수밖에 없다. 분석적 사고가 맡은 사명은 불가능성, 즉 "사이"의 장소를 점유하는 것이고, 이곳에서 종교성의 숨겨진 진실들을 변형시키거나 폐기하려고 선택하게 될 일체의 위치를 소멸시키고 도모한다. 원인과 동맹을 맺으려면 종교의 객관적 지위를 재사유할 필요가 있다. 이 재사유는 어둡고 모방적인 욕망에 헌신해 온 종교의 전통에 굴복하지 않은 상태에서 이루어져야 한다. 그렇다면 이제 우리의 과제는 내재적이고 불순한 일자에 충실하는 일이다. 창조의 문제, 일자의 존재론적 지위, 예외, 희생, 신성성과 사랑—이러한 일체의 공통되는 형상들을 종교가 갖는 거대한 역사로부터 모아볼 수 있다. 그렇다고 되돌아가는 것은 아니다. 이런 개념들에 부여된 의미는 주체와 신성 사이의 부조화를 해결하려는 어떤 입장에서부터 엄정하게 떨어져 나왔다. 한편, 우리에게 추파를 던지는 대타자를 내재적으로 분리시켜버리는 하품하듯 입을 벌리고 있는 틈새를 망각하려는 어떠한 논리에서도 공제되었기 때문이다. 따라서 우리에게는 돌이킬 수 없고 절대적인 차이에 대한 증언들만 남아 있을 뿐이다. 무한소의 사유의 행위들만을 증식해내는 바로 그 믿음과 확신들 말이다.

주

1_ Jacques Lacan, *The Seminar of Jacques Lacan, Book XI : The Four Fundamental Concepts of Psychoanalysis*. Jacques-Alain Miller 편집, Alan Sheridan 번역 (New York : Norton, 1981), 275쪽.

2_ Sigmund Freud, *The Future of an Illusion, The Standard Edition of the Complete Psychological Works of Sigmund Freud*. James Strachey et al. 편역(London : Hogarth Press, 1953-1974), 2 : 43쪽.

3_ Lacan, *The Four Fundmental Concepts of Psychoanalysis*, 259쪽.

마크 드 케젤

비판으로서의 종교, 종교로서의 비판

만일 당신이 붓다를 만난다면 붓다를 죽이시오.

작자미상

비판자들은 우주를 마주한 인간의 덧없음, 무능력함을 인정하는 사람을 "심오하게 종교적"이라고 부른다. 하지만 종교적 태도의 본질을 구성하는 것은 이런 감정이 아니라 이에 뒤따르는 단계, 즉 그런 느낌을 해결할 방법을 찾으려는 대응방식이다. 더 이상 앞으로 가지 않고 인간 존재가 이 커다란 세상에서 차지하는 소소한 역할에 순종하는 사람은 이와 달리 진정 비종교적이다.

지그문트 프로이트[1]

종교에 관한 내 입장은 지금 이 순간 상당히 중요하다고 볼 수 있다. 이 점에 대해 나는 지금 말하려고 한다. 내 학생들 중에도 종교적인 이들이 있다. 의심할 여지없이 앞으로 나는 최고 권위자들이 결정을 내리기 위해서 그들이 이해하고자 하는 문제들에 관해서 교회와 관계하게 될 것이다. 이번 9월 로마에 가서 의회에 관한 보고를 해야 하는데, 이 보고의 주제는 공교롭게도 정신분석에서의 언어(여기서 로고스를 의미한다)의 역할이다.

자크 라깡[2]

콩트의 역설

어거스트 콩트의 철학에서 우리는 종교란 어린아이들이나 인류의 유아기에서 벗어나지 못한 사람들을 위한 우화에 불과하므로 언젠가는 역사의 뒤로 사라질 것이라는 생각을 발견한다. 어린 시절에는 종교가 확실히 교육적 역할을 하지만 결국에는 현실에 대한 덜 "우화적"이고 더 합리적인 접근법이 종교를 대체하기 마련이다. 우리는 마침내 성숙의 수준에 도달하게 되어 구체적이고 "실증적"인 방식으로 종교적 우화나 형이상학적인 합리화 과정이 없이도 현실을 마주할 수 있게 된다. 이것이 당시 콩트가 생각했던 것이며, 오늘날 여전히 많은 사람들이 내세우는 의견이다. 종교가 시대에 뒤떨어졌다고 생각하지 않는 사람들조차 적어도 종교는 과학과 공적 생활과는 분리되어야 할 고작해야 사적인 문제일 뿐이라고 치부하곤 한다.

하지만 콩트는 또한 현실에 대한 실증주의적 접근만이 유일하게 진실된 종교라고 가르치지 않았는가? 그는 자신을 새로운 보편적 "인류의 종교" 설립자—"사도 바울"—로 스스로를 내세우지 않았던가? "실증철학"을 "실증주의 철학"으로 이름을 바꾸면서[3] 콩트는 자신의 철학을 교리와 종교로 만들었고 자신을 그 종교의 "최고 성직자"로 임명했다. 자신의 글을 그 유명한 "실증주의적 교리문답"이라고 부른 것에는 전혀 아이러니가 담겨 있지 않다.[4] 콩트에게 세상에 대한 근본적 실증주의 접근법이란 오직 "입증된 종교"일 때만 효력이 있다.[5] 따라서 실증주의 과학은 새로운 교조주의를 수행하지 않고는 새 문명을 창조할 수 없다. 한 해석자가 지적하듯이 "콩트의 연구가 갖는 특별한 목표는 멸망하게 될 문명의 초자연적 토대들을 확실히 대체하는 것임은 부인할 수 없다".[6] 그러나 문명의 붕괴에 대한 콩트의 대답은 종교를 파괴하거나 극복하리라는 희망과 함께하는 것이 아니라, 모든 비의적인 우화들로부터 자유롭고 실증적 과학의 명징함을 특징으로 갖는 새로운 과학적 종교를 세우는 것에 있다. 그럼에도 불구하고 콩트의 종교 비판은 궁극적으로 종교로 다시 귀결되게 된다.

콩트의 "실증주의 종교"는 우리에겐(당시 그의 가까운 제자들에게도) 순진하며, 심지어 과대망상으로 보인다. 말년에 콩트는 실제로 과대망상증에 시달리기도 했다. 그렇지만 루시앙 스쿠블라Lucian Scubla가 최근에 주장한 바에 따르면, 콩트는 여타 종교 비판들이 종종 **사후에** 대면하지 않을 수 없는 상황을 **미리 앞서** 인정하는 듯이 보인다. 마르크스주의의 경우 종교를 지배자들의 손아귀에 들어 있는 정치적 무기라고 비판하면서 그 가면을 벗기려 했지만 결국에는 스스로 종교로 기능하거나 종교가 되어버렸다고 스쿠블라는 지적한다.[7] 콩트와는 달리 마르크스는(그리고 이후 수많은 혁명적 사상가들과 정치지도자들은) 그 자신의 교리가 궁극적으로 획득하게 될 종교적 성격을 예견하지 못했다. 종교에 대한 그의 교리가 순진해 보일지는 몰라도 콩트는 그의 이론을 현대 과학이나 근대성 일반에 관한 것만이 아니라 종교로 고려했다. 최근 역사의 관점에서 볼 때 이런 입장이 겉으로 드러난 것처럼 그렇게 어리석은지의 여부를 따져볼 만하다. 콩트가 종교를 비판하면서 동시에 자신의 비판이 갖고 있는 종교적 지위를 인정했다는 것은 무엇을 의미하는가?

콩트의 종교와 종교 비판이 구닥다리 같아 보이긴 해도 현대 비평이 최근에 고군분투하고 있는 문제를 제기해 주고 있다. 수세기 동안 우리는 열렬히 종교를 비판해 왔으나 종교는 아직도 살아 있을 뿐만 아니라 종교에 가해지는 비판마저도 접수하고 있다. 한때 "대중의 아편"이라고 간주되었던 종교는 콩트가 그렇게도 소망했던 "입증된 종교"가 되지 못한 채 헛것을 만들어내며 사람들을 정치와 실제 생활로부터 등을 돌리게 만들었다. 종교는 아편처럼 헛것을 보게 해도 오늘날 사람들을 정치로 다시 이끌어 오는 듯이 보인다. 현재의 전 지구화된 세상에서 벌어지는 전투들은 종교를 거짓되고 피상적으로 끌어들이고 있긴 해도 종교라는 이름 하에 치러지고 있다. 어떤 의미에선 오늘날의 비서구인들이 전 지구적 민주주의에 참여할 때 그들에게 필수적인 비판적 목소리를 제공하는 것은 종교이다. 우화와도 같은 아편의 신들이 이제는 비판적 입장을 제공해 주며 각 집단들이 전 지구화된 (혹은 시구화된) 세상에 속할 수 있도록 해준다. 종교가 한때 이데올로기 비판의 주된 목표물이었다면 지금은 영감을 제공해 주거나 보증서가 되진 못하더라도 그런 비판이 가능할 조건이 되었다.

우리는 여기서 종교에 대한 현 단계의 비판들이 **실증적인** 관심을 보이는 한 가지 이유와 마주하고 있는 것이 아닐까? 현대 정치 비평에서도 그러한 방향 전환, 특히 기독교를 향한 전환이 일어났다. 사도 바울은 바디우, 아감벤, 지젝 등과 같은 좌파 정치사상가들에게 실증적인 참조점을 제공해 준다.[8] 현 단계 비평은 기독교와 싸울 뿐만 아니라 기독교를 거울상으로 삼기도 한다. 그것은 마치 기독교의 변환들 속에서 비평이 스스로를 확인하는 것과 같다.

기독교는 근대성의 중요한 문제들에 대응할 수 없었다. 하지만 현대 비평 역시 실패하지 않았는가? 1989년 베를린 장벽이 무너진 것은 자신이 그리도 오랫동안 비판해 왔던 전통적인(자본주의 부르주아) 체계에 대한 효과적인 대안을 세울 수 없었던 현대 비평의 최종적 무능력을 보여준 신호가 아닐지? 만일 이 오래된 비판 전통이 이제 와서 공격을 받게 되었다면 이는 바로 기독교가 한때 공격을 받았던 이유와 아주 동일한 이유 때문이 아닐까? 그러나 기독교는 그 공격들에 맞서 저항했을 뿐만 아니라 비판의 세계 속에 자신의 본거지를 세웠다. 아마도 현대 비평은 존재하는 정치체계에 대한 대안을 수행해낼 수 없게 되자 그 무능함을 해결하려는 노력에서 기독교로 방향 선회를 하는지도 모른다. 어떻게 우리는 제안할 어떤 대안도 없이 현존 상황을 비판할 수 있나? 이것이 바로 우리가 맞닥뜨린 현대적—혹은 동일한 형태의 포스트모던적인—문제이다. 이것은 (포스트) 현대적 기독교가 해결해야 할 문제에 근접한 것이 아닌가? 그 문제란 여전히 오로지 헛것을 대안으로 제시할 수밖에 없으면서 현존 (포스트) 현대적 헛것을 비판할 수 있는가이다.

우리는 여기서 정신분석 비평의 중요한 지점에 다가서 있다. 정신분석의 입장에서 볼 때 종교를 헛것이라고 비판한다고 해서 헛것을 완전히 넘어설 대안을 효과적으로 제시할 수 없다. 물론 종교는 문명이 그 위에 건설된 무의식적 트라우마를 억압하는 우화이다. 하지만 무의식은 여전히 정신분석의 대상이 아니라 바로 그 조건이라는 사실을 강조할 필요가 있다. 따라서 정신분석은 무의식을 발견한 과학이 아니라 모든 의식과 앎(정신분석적 앎을 포함해서)은 무의식(즉 일체의 의식을 벗어난 것) 위에 세워진 것이라는 사실을 인식하고 있는 과학이다. 정신분석은 여타 과학들 중에 속하는 과학이 아니라 과학의 근대적 (데카르트적) 전제들에 대한 비판이다. 정신분석은 과학에서 그 기초적인 **확실성**을 박탈하고 앎과 비판의 조건을 재규정하는 것이다. 정신분석적 시각에서 볼 때 비판은 더 이상 사물의 실제 상황에 대한 통찰력에 기초할 수 없다. 비판은 더 이상 현실을 비현실과 구별하고 본질을 허구와 분리시키는 "플라톤식"으로는 소용없다. 존재하는 있는 그대로의 세상은 이제 "허구"로 간주되며, 진리는 더 이상 이 허구적 지평 바깥에 (플라톤의 가르침대로) 발견할 수 있는 것이 아니라 그 지평 안에 통째로 놓여 있다. 니체와 프로이트 이래로 진리는 더 이상 허구와 우화의 대안이 될 수 없다. 다시 말해 정신분석은 억압된 소망과 트라우마를 찾아낼 수 있지만 억압과 트라우마를 완전히 제거할 수는 없다. 또한 정신분석은 종교적 "우화" 밑에 도사리고 있는 억압된 트라우마적 구조를 지적해 낼 수 있지만 그 억압을 극복할 수는 없다. 정신분석은 우화 없이 사람들이 살아가도록 할 수는 없다.

우리가 콩트의 역설로 회귀하면 그 역설이 과학뿐만 아니라 비평에도 영향을 미치는 것을 목도하게 된다. 종교적 우화에 대한 정신분석적 비판은 새로운 우화를 도입하는 것으로 귀결된다. 정신분석 비판은 억압을 제거할 수 없고, 오직 "더 나은" 억압으로 대체해 줄 뿐이다. 이렇게 정신분석과 종교 모두 억압을 설치하고 유지한다면 이 둘의 차이란 무엇인가? 분석치료의 목표가 더 나은 억압을 설치하진 않는가? 정신분석 역시 자신의 종교를 생산하고 있지 않은가? 그것이 콩트의 실증주의 과학적 "종교"는 아닐지 모르지만 일종의 비판적 종교, 종교로서의 비판으로서 자신이 맞서 싸우는 헛것을 치료할 대안을 갖지 못한 채 오직 자신의 비판적 몸짓만을 찬양할 수 있을 뿐이다. 자신의 비판을 든든히 붙잡아 줄 진정한 닻을 갖지 못한 채 이러한 비판은 토대를 향한 자신의 비판적 움직임에 의존한다. 그것의 최종적 지지대는 자신의 비판적 몸짓에 대한 믿음에 결박되어 있다. 이는 칸트의 이성신앙Vernunftglaube 개념에 근접한 비판이다. 이로써 비판은 다시 한 번 종교로 귀결되게 된다.

그러나 왜 우리는 이렇게 빨리 움직여야 하는가? 왜 우리는 이렇게 곧장 종착지로 뛰어가야 하나? 어쩌면 우리가 현재 마주한 문제들과 질문들을 회피하지 않은 채 정확히 그것들을 깊이 파헤치기 위해서는 우리의 시발점이자 최초의 질문이었던 종교로 돌아가 보는 것도 나쁜 생각이 아닐지 모른다.

비판으로서의 종교

모든 것들이 종결될 뿐 아니라 시작되는 종교는 단순히 하나의 종교가 아니라 바로 일신교이다. 수세기 동안 일신교는 현대 비평의 중심이었고, 아마도 종착역이 될 것이다. 일신교가 종교라고 한다면 그것은 분명 특별한 종교이다. 적어도 그것은 종교가 결코 단순하지 않으며, 우리는 결코 단순히 종교이기를 주장하는 종교를 신뢰해서는 안 된다고 주장하는 종교이다. "단순한" "자연적인" 종교들은 스스로를 신뢰하고, 그들의 신에 대해 갖는 그들의 믿음을 신뢰한다. 일신교는 정의상 이런 종류의 신뢰감에 대해 비판적이다. 하나의 신에 대한 믿음이 아니라 일신교는 오직 신만이 신이라는 주장 혹은 통찰력이다. 즉 우리가 신들 혹은 신이라고 가정하는 것은 사실상 신이 아니라고 주장한다. 신은 결코 우리가 자발적으로 믿고 신뢰할 수 있는 어떤 것이나 사람이 아니다. 이런 신은 거짓이며 우상이다. 자발적 혹은 "자연적" 종교는 전혀 종교가 아니라고 일신교는 주장한다. 진정한 종교는 "기본적 신뢰"에 기초하지 않고, 우리가 믿는 것에 대한 영원한 비판적 탐구를 토대로 한다. 신의 이름으로 우리는 그에 대한 우리의 신뢰감을 믿어선 안 된다. 우리는 우리의 신뢰감을 불신해야 한다.

오직 비판적 태도만이 일신교적 신의 보증서인 계시에 우리가 민감하게 반응하도록 해준다. 안전하게 정착해 있는 기반들을 교란시킴으로써만 근본적인 외부에서 들어오는 것에 우리를 열어둘 수가 있다. 이 도달할 수 없고 상상할 수 없는 "외부"는 일신교적 신이 우리의 세상으로 침투하는 출발지점이며, 그 신은 비자연적이고, 교란적이며, 전복적으로 간섭한다. 야곱에게 이스라엘이라는 새로운 이름을 준 신은 낯설고 이상한 신이다. 정당한 적자인 이사우 대신에 기민한 나이 어린 아들을 선호하는 이 신은 그의 이름을 "신과, 인간과 사투를 벌여 정복한" 자(야곱의 새 이름이 의미하는 내용)로 바꾸기 위해서 죽음을 건 싸움을 한다. 창세기의 유명한 한 구절은 이렇게 말한다.

> 그날 야곱은 … 홀로 남아서 한 남자와 새벽녘까지 씨름을 했다. 그 남자는 야곱을 힘으로 이길 수 없다는 것을 알고 나서 야곱의 항문을 건드렸고, 싸울 때 야곱이 엉덩이가 비틀렸다. 그러자 그 남자는 말했다. "나를 놓아달라. 이제 새벽이다." 하지만 야곱은 "당신이 날 축복하기 전에는 놓아줄 수 없소"라고

> 대답했다. 남자는 "그대의 이름이 무엇인가?" 하고 물었다. "야곱이요"라고 대답하니 남자는 "네 이름은 이제 야곱이 아니라 이스라엘이다. 너는 신과 인간을 싸워 물리치고 정복했기 때문이다." 야곱은 말했다. "당신의 이름을 말해주시오." 하지만 그는 "왜 내 이름을 알려고 하는가?"라고 대답한 뒤 야곱을 그 자리에서 축복한다. 그래서 야곱은 그 장소를 페니엘이라고 명한다. "내가 신을 독대한 곳이며, 내 목숨을 구했기 때문에"(창세기 32 : 22-31).

이 구절은 전체 일신교 전통의 핵심을 다룬다. 종교는 신성과 맺는 긴장관계이며, 투쟁이자 신성과의 맞대응이다. 신이 은총이라는 믿음은 그와 한판 싸움을 벌이지 않고는 결코 얻을 수 없다. 오직 다른 거짓 신들과 싸운 뒤—그들의 가면을 벗기고 나서야—이 믿음이 생겨난다.

진실로 일신교는 다른 무엇보다도 거짓 신들과의 싸움이다. 유대교와 기독교의 경전들에서는, 심지어 코란에서도 거짓 신들과의 끝없는 전투가 반복해서 등장한다. 유대교 전통은 그런 싸움—모세가 황금 소를 부쉈던 일—에서 시작하고, 세 일신교의 경전에 담긴 묵시록적 시나리오는 이 거짓 신과의 최종적인 싸움에 대한 각자의 설명을 제공함으로써 끝난다. 이것이 바로 일신교가 의미하는 바이다. 사람들이 신이라고 가정하는 것은 신이 아니며, 오직 신만이 신이다. 신에 대한 자연적이고 자발적인 사고와 감정들은 헛것이며 공허하다. 진정한 종교는 그런 헛것들과 싸울 때 존재한다. 그러나 일신교는 자기 내부에 고집스럽게 존재하는, 우리가 신이 무엇이고 누구라고 생각하는 믿음을 갖는 정상적이고 자연스러운 종교로 뒷걸음치려는 경향과의 싸움이기도 하다. 일신교는 "종교적 불신"을 종교의 핵으로 삼는 종교이다. 다시 말해서 최고 형태의 비판 종교인 것이다. 종교로서 자기 자신에 대한 이 비판적 태도야말로 일신교의 종교성을 보여주는 핵심이다.

분명 일신교는 한때 "단순한" 종교였을 것이다. 즉 권력과 번영을 보장하는 신으로서 신뢰심으로 갖는 사람들의 종교 말이다. 다비드가 왕이었을 당시 초기 이스라엘에서는 분명 그랬다. 하지만 현대 유대교, 기독교, 이슬람교를 낳은 일신교의 진정한 기원은 히브루 민족이 그들의 "단순한" 종교와 함께 사라져 가기 일보 직전이었던 시대에서 찾아야 한다. 이 단순한 종교가 거짓이라고 해석된 것은 그들이 바빌론에 잡혀 있을 때였다. 바빌론에서 그들은 진정한 종교란 한 민족의 정치적 힘이나 번영에 있지 않다는 것, 따라서 이런 유의 종교는 "거짓 신들"이라고 거부하게 된다. 진정한 종교는 사적인 개종과 관련된 것이며, 정신적이고 도덕적인 삶으로 이끌고 "고아와 과부", "가난한 자와 궁핍한 자"[9]들에 대한 생활방식과 연관된 마음의 종교였다. 이는 예언자들이 귀양되기 이전 수세기 동안 예언해 왔던 것이다. 당시 예언자들은 권력자들을 따르려 하지 않았던 비순응자들로 간주되었다. 그 뒤 "바빌론의 강가에"(시편 137) 앉아 눈물을 흘리면서 사람들은 이 비순응적 예언자들을 기억했다. 이집트를 탈출하는 것에 대한 여타의 전통적 이야기들 속에서도 사람들은 그들이 믿는 종교의 핵심이라고 예언자들이 말해주었던 법을 받게 된다. "신의 민족"이 된다는 것은 힘 있는 땅의 주인이 되는 것과 같을 수 없다. 왜냐하면 "신의 민족"이란 무엇보다 "내면적" 범주로서 어디에 있건, 어떤 상황에서도 신의 법에 복종하는 사람들을 의미하기 때문이다. 바빌론의 강가에서도 모든 것을 잃었음에도 그들은 그들의 신이 명령했던 것, 즉 일자이신 신에게 충실하며 종교적이기보다는(필멸과 불멸 사이의 경제를 구축하는 법) 인간적인(정의로운 사회를 구현할 것이라는) 그 법에 순종하는 민족이 될 수 있었다. 신에 봉사하는 일은 "고아와 과부", "탈법자와 아무 권리도 없는 자"에게 봉사하는 것이다. 신을 오직 봉사하기만 하려는 자는 우상숭배자이며, 그들의 종교는 거짓된 것이다. 실제로 그런 종교는 종교라 할 수 없다. 진정한 종교는 결코 순수하게 종교이지 않으며, 신과 인간 사이의 순수한 관계도 될 수 없다. 진정한 종교는 결코 오직 종교이기만 할 수는 없다.

일신교적 시각에서 볼 때 "종교"가 무엇인지를 정확히 정의하기란 쉽지 않다. 한편으로 종교는 일신교가 맞서 싸우는 거짓 신념, 우상숭배, 인간과 신, 필멸과 불멸 사이의 모호한 교류 등이다. 일신교는 이런 종류의 종교에 대해 극단적으로 의심을 가질 수밖에 없다. 의심은 일신교의 핵심이다. 따라서 일신교는 그 자체로 종교에 대한 진정한 비판이다. 일신교의 신은 정의상 멈추지 않는 비판적 태도의 결과이다. 우리가 신이라고 생각하는 어떤 것도 신이 될 수 없다. 오직 신만이 신이다. 신을 제대로 대하는 일은 다름 아닌 이웃, 그들 중에서도 특히 "가난한 자와 약한 자"를 제대로 대하는 일에 다름 아니다.

다른 한편 이러한 종교 비판은 또 하나의 종교로 귀결된다. 비판은 컬트가 되어 그 자체의 의식, 기도, 성자와 성물, 성스러운 행위 등을 갖게 된다. 간단히 말해 일신교는 "성스러운 경제"를 구축한다. 일신교는 희생, 특히 인간의 희생에 비판적이며, 이를 노골적으로 금한다.[10] 일반적으로 일신교는 신성이 부여한 생명은 신성에게도 다시 돌려주어야 한다는 생각을 비판한다. 일신교적 신은 이런 "생명/죽음의 교역"에 대해 지나치게 주권적이다.[11] 일신교의 신은 살기 위해서 자신이 창조한 이들에게 선물을 요구하지 않는다. 그렇기 때문에 이교도 신들은 거짓이다. 살아남기 위해서 그들은 인간과 다른 것들을 제물로 취해야 한다.[12] 만일 일신교적 신이 배가 고프면 이는 음식이 필요하기 때문이 아니다. 전적으로 "주권을 가진" 신으로서 그는 아무것도 요구하지 않는다. 하지만 일신교의 신은 계속해서 희생을 요구한다(그리고 그의 아들이 했던 희생을 제외하고는 일체의 인간적 희생을 배제한다). 대놓고 궁극적인 희생(희생의 희생)을 요구했던 기독교도 종교로 남아 있다. 인간이 신을 경배하기 위해 신에게 선물 제물, 그리고 희생을 제공하도록 요구하는 문화이다. 일신교도들은 사람들이 (일신교도들 자신을 포함해서) 신이라고 부르는 것에 대해서 비판적이어야 한다. 그들은 그들이 자발적으로 믿음을 갖는 신을 믿어서는 안 된다. 왜냐하면 오직 신만이 신이므로. 하지만 이 신은 그럼에도 불구하고 믿어야 하고, 이 믿음은 종교적 방식으로 표현되어야 한다. 이 신에게 기도를 올리고 선물과 비인간적인 제물을 제공하는 것으로 찬양해야 한다. 이것이 바로 일신교적 종교의 역설이다. 일신교는 자신을 종교라고 내세우면서 종교를 비판하는 것이다.

종교의 비판

일신교적 종교는 이 문제에 대해 전형적으로 현대적인 역사적·진화론적 접근을 수용하지 않는 사람들에게는 역설일 뿐이다. 또 다른 사람들에게는 일신교의 "종교에 대한 종교적 비판"은 서구 문명의 진화과정에서 필수적인 단계이다. 이러한 진화는 점점 더 정화되어 가는 무신론을 향해 가는 것이 아닐까? 어느 쪽이든 서구 문화—더 강력하게는 현대 문화—는 종교에 대한 비판과 단절의 산물이다. 그러나 이 단절이 실현되기까지는 시간이 걸렸다. 처음에는 종교 비판이 오로지 내부에서만 전체 종교적 이론구조 내에서 작용할 수 있었다. 종교적 우화의 가면을 종교의 개념들을 사용해서 벗겨내는 것, 이것이 바로 일신교가 했던 일이다. 일단 일신교가 지배하게 되었어도 그 비판은 멈추지 않았다. 따라서 중세의 절정기에 일어난 기독교의 신격화는 자기 비판의 씨앗(종교개혁)을 이미 뿌려둔 셈이다. 그 결과 계몽주의의 종교 비판을 위한 초석을 놓았고, 프랑스 혁명 이후 부르주아 사회의 비종교적 기후를 낳게 된다. 이 비종교적 분위기에서 이후 광범위하게 퍼진 오늘날의 무신론이 시작된다. 따라서 무신론은 계몽주의 이성이 전제한 것처럼 기독교 일신교의 정반대가 아니라 일신교의 연장이자 심지어 실현이라고 볼 수 있다. 일신교를 실현시키기 위해서는 신을 없앨 뿐만 아니라 일신교의 신마저도 제거해야 한다. 궁극적으로 진정한 일신교는 무신론이다. 무신론이 유일하게 진정한 일신교가 되듯이.

수많은 현대 사상가들이 바로 이렇게 주장했다. 헤겔이 기독교의 핵심은 신의 죽음 이외에 다른 무엇이 아니라고 한 주장을 떠올려 보라. 이런 진술은 이미 17세기 루터종파의 찬양에도 나타난다.[13] 헤겔에 의하면 기독교에 의해서 종교의 진리는 그 가면을 벗고 구원되었으며, 계몽주의의 무신론에 의해서 기독교에도 동일한 일이 일어났다. 종국에는 종교와 그것의 대립물 사이의 차이 혹은 무신론과 그 대립물들 사이에서 우리는 그에 버금가는 것을 지양하게 되었고, 헤겔이 "절대적 지식"이라고 칭한 것으로 종결되게 된다. 이런 생각이 비판을 받는다 해도 우리가 기꺼이 인정하고 싶은 정도 그 이상으로 정확하게 종교에 대한 우리의 통념을 표현해 준다. 진정 종교와 그것의 대립물(혹은 무신론과 그것의 대립물) 사이의 차이가 갖는 중요성은 상실된 듯하다. 종교와 무신론이 갈수록 개인적 믿음의 문제가 되어가는 현상은 과거에 이 둘이 정반대였다는 사실을 중화시켜 준다. 종교 혹은 무신론을 위해 기꺼이 싸움을 불사하려 하고 현존 세상을 양측 각각의 원칙대로 재정돈하려는 사람들은 현재는 "근본주의자"가 되는 추세이고, 이 이름은 흔히 그들이 "틀렸다"는 의미를 담고 있다. 우리는 그들이 종교와 무신론의 대립구도를 넘어서 어느 쪽도 개인적 믿음에 불과하다는 지식이 존재하고 있음을 알아야 한다고 정한다. 이러한 지식은 의식적이든 아니든 "절대적" 지식으로 작용한다.

그러나 절대주의는 분명 아닌 여타 철학들이 종교와 무신론 사이의 차이를 초월하고 있다. 최근에 가장 격렬히 반헤겔주의 철학을 대표하는 질 들뢰즈는 전통적 사상가들(던 스코터스, 스피노자, 라이프니츠 등)이 제시한 신에 대한 가장 추상적이며 세련된 사색들을 가리켜 실제로 자유사상이 도달할 가장 뛰어난 순간들이라고 주장한다.[14] 신의 무한성이 유한적 인간을 그의 거짓과 억압된 한계들로부터 해방시켜 주었다. 신에 대해 사유하는 것, 그리고 신을 사유의 출발점으로 삼는 것은 무신론적 사유를 방해하지 않았다. 이와 반대로 들뢰즈는 그런 사유가 자유로운 사유를 제법 멋있게 자극시켜 주었다고 강조한다.[15]

종교와 무신론에 대한 또 다른 현대적 시각은 프로이트주의의 비판과 이 비판에 담긴 예기치 않은 "기독교중심주의"이며, 우리는 이를 주의 깊게 살펴볼 필요가 있다. 의심할 여지없이 프로이트는 근대성의 무신론적 전통을 인정하며 드러내놓고 미래에는 종교가 과거의 것이 되기를 희망하고 있지만,[16] 바로 이 점이 프로이트가 기독교에 빚지고 있음을 보여준다. 종교를 떠받치고 있는 원초적 트라우마를 억압하고 있는 기독교적 우화는 너무도 피상적이고 "얄팍해서" 쉽게 가면을 벗기는 이야기로 읽혀질 수 있다. 기독교에서 "아들"이 유대교와 그 외 다른 종교들에서 중심부를 차지하고 있는 "아버지"의 자리를 빼앗는 것은 우연이 아니라고 프로이트는 주장한다. 종교의 기원은 아버지에서 시작하는 것이 아니라, 아들들에서 시작하고 더 정확히는 아들들이 아버지를 살해하는 데서 비롯한다. 프로이트의 원초적 집단에 대한 근대적인 "과학적" 우화에서 괴물과도 같은 아버지는 모든 여자를 차지하기 위해서 아들들의 리비도 만족을 금지한다. 생명의 원칙인 리비도는 아버지의 방해를 제거하기 위해서 유일하게 부성살해라는 방법밖에 다른 방도가 없었다. 사라지지 않고 괴롭히는 죄의식 때문에 아들들은 새로운 아버지—토템으로 시작해서 나중에 신이 되는—를 만들지 않을 수 없었고, 아들들은 그들의 죄책감을 새 아버지에게 토로할 수 있게 된다. 따라서 종교는 상상으로 만들어진 신들—살해된 아버지들—에게 느끼는 참을 수 없는 죄의식을 (똑같이 상상적 방식으로) 덜어내어 그들이 진 빚을 갚으려는 시도이다. 이런 방식으로 사회의 기원은 종교의 기원과 동시에 발생한다.

그러나 기독교는 사회의 유대를 형성하는 트라우마적 죄의식의 억압을 변형시킨다. 자신을 희생하는 기독교의 "신의 아들"은 아버지의 살해를—더 이상 비밀이 아닌 것으로—고백한다. 인류의 원죄를 대속할 수 있는 유일한 행위는 자살 혹은 자기 희생이며, 죄를 대속하기 위해서는 살인의 형태로만 행해질 수 있을 뿐이었다. 이것이 기독교에서 억압된 죄의식이 거의 의식화된 방식이다. 신의 아들을 찬양함으로써 기독교는 드러내놓고 "아들들의 종교"가 되었고, 이렇게 해서 아버지의 죽음(살해)을 온전히 인정하는 것이다. 그리스도의 희생은 아들의 희생이며, 따라서 아버지의 희생/살인을 적절하게 반복한다. 이 반복은 사실상 고백의 형태이다. 기독교는 무의식을 의식으로 바꾸는 쪽으로 결정적인 조치를 취하게 되고, 이것이 바로 프로이트의 "기독교중심주의"를 낳게 한다.

오직 헛것의 한계에서만

기독교에서는 억압된 것이 거의 의식화되었다. 여기서 주목할 말은 "거의"이다. 이 말은 프로이트의 입장에서 보이는 주저함을 나타낸다. 그는 기독교의 숨겨진 의식이 백일하게 드러나서 기독교의 존재 이유뿐만 아니라 여타 종교의 존재 이유와 함께 종교 일반의 존재 이유를 없애주기를 희망한다. 이것이 『환상의 미래』에서 프로이트가 공공연히 표현한 프로이트의 입장에 담긴 계몽주의적 측면이다. 이 책에서 프로이트는 언젠가 우리에게 종교라는 헛것이 더 이상 필요하지 않을 때가 오기를 소망한다. 다른 한편 프로이트는 기독교가 여타의 종교와 마찬가지로 "헛것"이라는 사실, 완전히 리비도적 산물이라고 정의된 환상임을 깨닫는다. 그러나 이런 사실은 우리가 헛것에 기대지 않고도 살아갈 수 있다고 확신하는 것과는 전혀 다르다. 억압과 헛된 믿음은 정신분석에 의해 분석되고 가면이 벗겨진다고 해도 여전히 리비도적 주체에게 기본적이며 필수불가결한 구조로 남아 있다. 그렇다면 프로이트의 헛된 믿음에 관한 이론을 좀 더 자세히 살펴보자.

프로이트는 우리의 조상들이 종교적 허상을 만든 세 가지 이유를 제공한다. 첫째, 인간의 리비도적 구성은 자연에 적응하기 어렵도록 되어 있어서 자연에 대한 공포를 몰아내야 한다. 둘째, 우리의 운명과 화해하기 위해서, 그리고 셋째로 문명이 야기한 좌절들을 보상하기 위해서이다. 종교는 "두 가지 방향들로" 우리를 보호하기 위한 "생각의 저장소"이다. 이 두 가지 방향들이란 "자연이 초래하는 위험들과 운명[삶과 죽음이라는 비극적 조건들]에 대항해서, 그리고 인간 사회 그 자체가 우리를 위협하는 상처들에 대항해서"이다(『프로이트 전집』 21 : 18). 자연과 운명의 문제들을 다루기 위해서 우리는 더 이상 신들이나 종교적 허상이 필요하지 않다. 우리는 이제 과학을 사용할 수 있기 때문이다. 프로이트는 계속해서 그러나 과학 그 자체도 우리를 좌절시키며, 문명 일반은 좌절감을 주는 허상에 호소하기도 한다고 지적한다. 과학과 문명이 우리의 소망과 욕망을 만들기는 하지만 가장 기본적인 리비도의 차원에서 과학과 문명은 동시에 욕망을 제한함으로써 좌절과 불만족은 피할 수 없게 된다. 프로이트의 유명한 문구에 따르면 문명은 그것에 대한 "불만족"이 없이는 존재할 수 없고, 바로 이런 이유로 문명에는 결코 허상이 없을 수 없다. 문명은 완전히 리비도적 소망과 현실적 요구를 조화시킬 수 없으므로 불만족과 허상은 피해갈 수 없는 동일한 동전의 양면으로 남아 있게 될 것이다. 물론 『환상의 미래』에서 프로이트가 이 점을 명확히 말하고 있는 것은 아니다. 그보다는 그가 제공하는 엄격한 "심리적" 분석이 이런 진술을 가정하고 있다. 그는 허상의 가면을 벗기는 일은 그가 진행하는 탐구의 범위에 포함되지 않는다고 분명히 말한다. "종교적 교리들의 진리가치를 따지는 것은 이 글의 탐색 범위 안에 있지 않다. 우리는 그 심리적 본성상 그 교리들이 허상이라는 것을 인식하는 것으로 충분하다"(21 : 23).

『환상의 미래』의 마지막 네 장을 대충 읽어봐도 프로이트가 열거하는 거부와 부정들에 대한 긴 촌평이 그가 비판하는 종교에 관한 것일 뿐만 아니라, 더 중요하게는 그 자신의 비판이 갖는 지위에 대한 것임을 분명히 알 수 있다. 이런 심리적 분석이 진정 사람들이 갖는 거짓 믿음의 가면을 벗길 수 있는가? 좀 더 정확히 말하면 사람들은 그런 믿음이 허상이라고 "합리적으로" 이해하게 되면 신을 믿지 않게 되는가? 프로이트는 이 점을 아주 분명히 짚어낸다. 정신분석은 결코 믿는 자를 무신론자로 개종시킬 수 없다.[17] 신앙심은 상당히 "심리적"인 것으로서 무의식적 소망들과 가정들에 관련된 문제이다. 정신분석이 이런 소망들의 일부를 의식으로 깨운다 해도 무의식 그 자체를 의식적으로 만들 수 없다. 무의식은 의식 자체의 근본적 구조이기 때문이다.

이것이 정신분석이 신앙과 종교에 대한 새로운 토대를 제공한다는 것을 의미하는가? 프로이트는 정신분석의 유용성을 분명 인정했다.[18] 물론 그는 반복해서 이와는 정반대로 향해가야 한다고 말하고는 있기는 하다. 종교가 "사유의 금지"를 제공하는 한, 우리의 "심리적 이상"은 "지성의 우월성"을 확고히 하는 것임은 분명하다(21 : 48). 프로이트는 기꺼이 "〔그의〕 열광을 가라앉히고, 〔그도〕 허상을 좇고 있을 가능성을 인정"하려고 했지만,[19] 그렇다고 합리적 비판의 필요성에 대한 자신의 믿음을 표현함으로써 종교를 비판하려는 의도를 중단하지는 않았다. 프로이트 이론은 믿음에 근거하지 않는가? 합리적 사유, 지성, 비판적 태도에 대한 믿음 말이다. 그의 정신분석 이론은 칸트의 이성종교Vernunftglaube, 지성과 합리적 사유의 우월성에 대한 충실한 믿음의 하나로서 우리를 무의식의 속박으로부터 해방시켜 줄 유일한 길로 제시되는 것은 아닌가? 그러므로 이 길은 믿음, 따라서 최종적으로 허상이 아닌가? 그 결과 종교에 대한 총체적 비판을 무력화시키고 있지는 않은가? 허상으로서의 종교의 가면을 벗기는 비판의 가면 벗기기가 허상에 의존하고 있다면 그것은 의미가 있을까? 프로이트의 종교 비판은 결국 기본적으로 종교가 아닐까?

향유

비록 이 역설적 문제를 해결할 수는 없었지만 라깡은 정신분석을 더 밀고나간다. 그의 개념적 도구들은 프로이트의 이성신앙에 담긴 취약성—혹은 일정한 순진함—을 발견할 수 있게 해준다. 하지만 그렇다고 해서 프로이트가 마주한 아포리아를 피해가기가 더 쉽다는 말은 아니다. 라깡의 이론이 지적하는 프로이트이론의 취약성은 무엇인가? 우리가 이미 알고 있듯이 문명은 필수불가결한 것이지만 필연적으로 좌절과 불만족을 낳게 된다고 프로이트는 주장한다. 리비도적 시각에서 볼 때 문명은 무의식적 충동과 소망을 제한하는 "법"이다. 이 법은 권위를 주장하기 위해서 종교에 지원사격을 요청한다. 인간의 합리성에 기초하고 있으면서도 문명은 존경심을 얻기 위해서 헛것의 도움이 필요하다. 전통적으로 종교는 이 역할을 맡아 그 힘을 입증했다. 그 결과 문명과 그 법은 신에 대한 믿음에 의존하게 되었고, 이 믿음은 합리적 관점에서는 예측 불가능한 위치에 있다. 법을 보장한다고 하는 것이 법과 문명 일반에 위험한 것으로 판명된다. 프로이트는 우리가 신에 부여된 어떤 허상으로서의 권위가 아니라 사회의 법들이 갖는 권위 그 자체를 이유로 법에 밀착할 때만 오직 올바른 방향으로 나아가는 첫걸음을 내딛게 될 것이라고 주장한다.[20] 현대적 자유는 우리가 우리 자신의 인간적 이름으로 말하도록 요구한다. 프로이트의 분석에서 신의 고유한 역할이란 인간의 법을 보증하는 것, 법의 금지적 성격에 과외의 상상적 힘을 부여하는 것이다. 이에 대해 라깡은 프로이트를 좇아서 법은 부정적(금지)일 뿐만 아니라 욕망을 구성하므로 긍정적이라고 대답한다. 그 최종적 대상을 분명히 표지함으로써 법은 욕망의 기본적 정향을 부여한다. 금지적 성격에도 불구하고, 혹은 바로 그런 성격 때문에 이 대상은 욕망을 만족시키지 않으며, 만족되지 않은 욕망이기 때문에 이 금지는 바로 우리의 존재조건을 구성하게 된다.

라깡은 프로이트의 통찰을 더욱 밀고 나가 금지된 대상이란 향유의 대상이라고 덧붙인다. 향유를 가능하게 해주는 것이 바로 금지이기 때문이다. 『세미나 7』에서 라깡은 향유의 대상은 상징질서 바깥, 다시 말해서 법의 영역 바깥에 놓여 있다고 설명한다. 이곳은 기표들의 영역 바깥이며, 이곳에서는 인간은 자기 자신의 존재가 되기 위해서 지속적으로 다른 기표들을 참조해야 하고, 쉼 없이 그가 갈망하는 "대상"을 지연시키게 된다.[21] 이 대상은 다가갈 수 없는 곳에 있지만 주체는 그것을 "향유"할 수 있다. 하지만 이 향유를 위해서는 대가를 치러야 한다. 향유는 주체의 소멸과 동시에 일어난다. 향유는 오직 주체가 그것과 함께 현존할 능력을 상실할 때만 가능하다. 당신은 향유를 갈망하고 기억할 수는 있지만 향유가 일어나는 바로 그 순간 향유와 함께 할 수 없다. 이 점이 라깡의 쥬이상스 개념에서 가장 중요한 대목이다. 주체의 차원에서 리비도적 만족이 일어나는 사이 주체는 소멸되어 간다. 이로써 리비도 경제의 전체는 종국에 근본적 환상에 의해 지탱되는 것이다.

프로이트가 우리의 욕망이 도달하는 최종적 대상은 불법적이라고 강조한 반면에 라깡은 법이 우리의 욕망을 그 대상으로 이끌고 가서 대상에 구성적 지위를 제공한다고 덧붙인다. 불가능하고 환상적인 이 금지된 대상은 우리의 리비도 경제를 지탱하는 궁극적 토대인 것이다. 쥬이상스와 함께 주체가 사라져 가는 동안에도 이 대상은 지지대의 역할을 하게 될 것이다.

승화로서의 종교

앞의 논의는 이제 종교를 약간 다르게 조명해 준다. 종교는 법의 권위를 지탱해 줄 뿐만 아니라, 인간이 법을 위반함으로써 금지된 대상을 향유하려는 경향을 지원해 주기도 한다. 종교는 진짜 위반을 허락하지는 않지만(쥬이상스는 환상이므로) 위반을 향한 욕망을 지원한다. 법의 한계 너머에 있는 것을 찬양함으로써 법은 욕망이 욕망하도록 해준다. 이것이 라깡이 종교를 승화로 정의할 때 염두에 둔 것이다. 『세미나 7』에서 승화는 욕망의 대상을, 당시 라깡에게는 욕망의 최종적 대상에 대한 개념적 용어였던 "큰 사물"의 차원으로 고양시키는 방식으로 정의된다.[22] 승화에서 임의적인 기표 하나가 상징질서로부터 따로 떨어져 나와 욕망의 최종적 대상이라는 도달 불가능한 장소에 놓여진다. 그 외 다른 기표들은 이 기표 주위를 끊임없이 선회하되 절대 그것에 도달할 수 없는 방식으로 놓여진다. 대상을 찬양할 때 사실은 욕망이 찬양받는 것이다.

이런 의미에서 종교는 욕망을 단순히 억압하는 것이 아니다. 종교는 욕망의 승화로도 기능하면서 이런 승화의 능력에서 욕망에 일정한 자유를 부여할 수 있다. 종교는 사실 욕망이 원하는 것을 주지 않는다. 왜냐하면 향유는 기표가 아니라는 전제 하에 의식적으로 주어질 수 없는 것이기 때문이다. 그러나 종교는 우리가 향유를 갈망한다는 사실을 추인해 줌으로써 우리가 진정 누구인지를 이해하고 있다. 왜냐하면 한번 더 반복하자면 우리는 바로 욕망이기 때문이다. 승화는 욕망을 궁극적으로 해소해 주지는 않지만 적어도 욕망을 억압하지 않고 우리 삶의 기본적 현실로서 추인해 준다.

하지만 이 라깡주의 시각은 근본적으로 종교의 개념과 종교 비판을 변형시킨다. 이는 라깡주의가 진리와 현실의 개념을 바꾼 것과 같은 방식이다. 라깡에 의하면 심리적·사회적 현실의 진리는 허구와 구별되는 현실에서 발견될 수 없다. 현실 자체, 우리가 살고 있는 세상을 구성하는 현실은 근본적으로 허구로서 기표들이 무한히 모여 있는 집합이다. 이 기표들의 집합은 현실에 기반하지 않기 때문에 그 의미화 작용은 전적으로 기표의 효과이다. 라깡이 레비스트로스의 기본 개념을 언급할 때 그가 상징적 우주라고 부른 것이 바로 이것이다. 이 우주는 실재로부터 근본적으로 분리되어 있는 기표들의 물질로 구성된 세상이다. 의미화 작용은 더 이상 현실을 언급할 수 없다. 의미는 자율적으로 작동하는 기표들에 의해서 발생한다.

그렇다면 라깡주의 우주에서 진리는 어디에 있는가? 무미건조한 포스트모던적 주장들과는 반대로 라깡에게 진리는 전적으로 유효한 개념이다. 하지만 말이나 사유가 실제적인 사물들에 대응하도록 해주는 것으로 진리를 정의하지는 않는다. 라깡의 진리란 욕망의 우선성이라는 지평 안에 존재한다. 하나의 담론이나 태도는 오직 이 욕망의 우선성을 인정할 때에만 진리가 되는 것이다. 좀 더 정확히 말하면 진리와 비진리의 문제는 오직 주체가 허구의 세상 안에서(상징질서) 자신의 위치를 어떻게 인식하는가, 어떻게 인간이 자신을 자기 스스로의 주체가 아니라 대타자의 욕망의 주체로 인식하는가를 가리킨다. 이것이 라깡의 입장이다. 그의 주체는 자신의 존재를 지탱하도록(존재의 플랫폼) 기능하는 데카르트적 주체가 아니다. 라깡적 주체는 존재를 향한 욕망, 타자의 욕망에서 베껴온 욕망을 지지한다. 리비도적 존재가 기표들의 질서 안에서 자신을 소외시킴으로써만 자신의 원형적 트라우마, 즉 존재의 결여를 억압시킬 수 있기 때문에 이 존재는 자신을 기표들의 주체로서 현실화한다. 라깡은 오직 기표들로 재현된다는 조건에서만 우리가 생각하는 그런 존재로서의 개인으로 존재할 수 있을 뿐이라고 주장한다. 이것이 바로 정체성의 가장 초보적 차원에서 우리 각자 라깡이 주체라고 가정한 것, 기표가 또 다른 기표에 재현되는 것과 동시에 발생하도록 해준다.[23] 주체는 기표의 지지대이다. 주체는 기표가 발생하고 일어나도록 하며, 기표에게 "토대"를 제공한다. 그러나 나라는 주체는 있는 그대로의 기표가 아니다. 그보다는 기표의 효과가 됨으로써 나는 기표 아래 존재하는(그리고 그곳에 숨어있는) 것이다. 말 그대로 나는 어떤 실재적 혹은 "존재론적" 토대 없이 그것의 "가정"인 것이다. 라깡의 이론에서는 이런 식으로 우리가 근대 주체를 규정해야만 한다. 즉 근대 주체는 말 그대로 허구적 "가정"으로서, 우리 자신의 상상력으로 환원될 수 없지만 우리가 자리 잡고 있는 이 익명적이며 소외시키는 상징질서 안에서 작동하는 상상력으로만 환원될 수 있는 자율적인 환상Einbildungskraf에 의해 만들어진 것이다. 내가 나 자신의 진정한 자아(나의 진실)를 만날 수 있는 곳을 찾으려 할 때 나는 그곳이 질문의 물질성을 피해가는 것을 목도할 뿐이다. 진리는 피해 달아나는 이 지점을 추인함으로써 내가 욕망이라는 것을, 내가 기껏해야 존재를 향한 욕망에 불과하다는 것을 추인하게 될 이 특수한 태도, 라깡이 마지막에 주장하게 될 "행위"를 특징짓게 된다. 이 진리의 순간 혹은 행위는 근본적으로 다른 어떤 것으로도 주어질 수 없는 고유한 순간으로서 정신분석적 치료에서 찾을 수 있다. 이 순간의 사회적 형태, 그 문화적 찬양은 바로 승화이다.

진리와 주체에 대한 라깡의 이러한 이론에서 우리는 종교와 종교의 비판성을 어떻게 찾을 수 있을까? 계몽주의적 비판과는 달리 라깡의 이론은 종교를 허구라고 비판하지 않는다. 기표들로 구성된 현실 전체는 허구여야 하기 때문이다. 종교의 진리가치는 종교가 주체를 현실과의 관계에서 위치지우는 방식, 종교가 욕망에 자유를 부여하는 방식에서 찾을 수 있다. 종교는 우리가 욕망이라는 것을 인식하고 "배양하도록" 도와주는가? 종교는 우리의 정체성을 우리 자신의 토대가 되어야 할 실체적 주체로서가 아니라, 우리가 동시에 효과이기도 한 어떤 것을 역설적으로 지지하는 주체로서 인식하도록 도와주는가? 이런 질문들은 종교에 대한 비판적 접근법에서 필요한 안내자가 될 것이다.

우리는 이제 라깡주의 이론이 종교를 어느 정도 이해하고 있음을 알게 되었다. 상징질서(대타자)에서 근본적으로 소외되어 있으므로 힘든 시기에 사람들이 그와 같은 질서, 즉 그들이 사적으로 관계할 수 있는 것을 찾아가는 것은 이해할 수 있다. 분명 그들은 대타자 안에서 늘 상실된 상태이지만 이는 언제나 무의식적으로 그렇다. 고통에 처한 그들은 대타자 안에서 상실되었다고 느끼게 되고 대타자가 그들을 버리지 말아달라고 기도함으로써 그들이 놓여 있는 구조적 조건을 어떻게든 표현하는 것이다. 바로 나라는 이 고유한 개인을 구원해달라고 대타자에게 기도하는 것은 나의 전 개체성이 그에게(즉 상징질서에) 의존해 있음을 드러낸다. 따라서 기도에는 적어도 숨겨진 진리가 존재한다. 기도는 내가 기도하고 있는 대타자가 존재하고 있지 않다는 사실을 부인하려는 행위이다.[24] 그는 고작 내가 살아가고 있는(혹은 내가 살아가는 이유인) 끝나지 않는 허구이며, 내가 인정해야 할 유일하게 가능한 구원이란 내가 대타자 속에서 철저히 상실되는 것이다. 대타자로부터의 유일한 출구(내 의지로는 절대 다루거나 조종할 수 없는 출구)는 헛된 쥬이상스이다. 내가 쥬이상스란 종교가 믿는 안식처라고 가정하는 것도 이해할 만할 것이다. 그러나 정신분석은 이런 생각을 해체시키기 위해 존재한다. 그럼으로써 점차적으로 충족되지 않는 욕망이라는 근본적 진실의 가면을 벗겨서 내가 그것과 마주하도록 한다. 이 충족되지 않는 욕망 때문에 나의 향유가 가능하다. 오직 향유만이 내게 내가 갈망하는 주권을 준다. 조르쥬 바타이유가 말하듯이 "주권은 무이다."[25]

여기서 다시 무신론은 인간이 그들의 신들, 즉 그가 쉽게 실재라고 받아들였던 소망들과 벌인 투쟁이 이르게 될 종착역이어야 한다. 이것은 적어도 라깡이 프로이트와 프로이트의 "기독교중심주의"와 다르지 않게 "로마의 종교"(기독교)를 "진정한 종교"라고 정의했던 이유들 중 하나이다.[26] 이 점은 무신론이 존재하는 가장 어려운 것이라고 했던 라깡의 주장과 모순되지 않는다. 그리고 이것이 바로 정신분석이 우리를 이끄는 곳이다. 신에 대한 어떤 욕망이든 그것의 진실은 신이 아니라 바로 신이 부재한 욕망이다. 그러나 이것이 일신교에 아무런 위험이 없다거나 일신교가 욕망의 우위성을 자발적으로 추인하게 된다는 것을 의미하지는 않는다. 일신교는 종교, 즉 누군가 신의 이름으로 발화하도록 허락하는 담론으로 남아 있고, 따라서 (신을 향한) 욕망을 인정하는 것이 아니라 신 그 자신을 인정하게 된다. 누군가가 그의 이름으로 말하도록 허락한다는 것은 신의 절대적 권력과 함께 도달 불가능한 지위를 전유하도록 허락하는 일이다. 타자들의 욕망에 여지를 주기보다는 그 욕망을 채우려 드는 사람은 타자들이 그 혹은 그들의 욕망에 대한 절대적 대답으로 그의 신을 받아들이도록 강요하게 된다. 이는 그들의 욕망을 궁극적으로 거부하는 절차이다. 그 자신 스스로 쥬이상스의 자리를 차지하고 있는 최종적 대상으로부터 욕망을 분리시키는 한계를 위반하는 한편, 그는 타자들로부터 그들의 욕망과 쥬이상스를 훔쳐와서 모두가 마치 그 혹은 그녀의 욕망이 만족된 듯이 행동하도록 제약하게 된다.

바로 여기서 우리가 "기독교의 도착적 핵심"이라는 것을 만나게 된다. 신(욕망의 대상)에 대한 모든 전유를 비판함으로써 기독교는 욕망의 우위성을 인정한다. 하지만 이런 주장을 하는 과정에서 은밀하게 그와 정반대의 결과를 초래할 수 있으며, 이것이 정확히 기독교가 다른 두 일신교와 마찬가지로 일반적으로 작동하는 방식이다. 신을 모든 것이 비판받을 수 있는 준거점으로 언급함으로써 기독교는 바로 이 준거점을 전유하고 스스로를 모든 비판에서 면제되는 듯이 가정한다. 이것이 기독교가 드러내거나 감추고 있는 형태로 언제나 비판받는 이유이다. 여기서 우리는 일신교적 비판의 내재적 위험을 마주하게 된다. 일신교의 비판적 주장은 그 자체로 공격하려고하는 욕망의 억압을 공고히 할 수 있는 도구로 판명된다. 그러나 이것이 오직 일신교적 비판의 위험이기만 할까? 비록 드러내놓고 피해가려고 하지만 라깡의 이론도 어쩔 수 없이 이러한 위협에 영향을 받게 되기 마련이다. 따라서 우리는 마지막으로 라깡의 승화 개념과 승화가 종교와 종교 비판과 맺는 관계에 대해 숙고해야 한다.

현대 비평의 일신교적 지위

라깡의 이론에 의하면 승화는 근대성이 실재와 맺는 변형된 관계를 일컫는 이름이다. 비록 인간의 "욕망하는 기계"는 오로지 대상을 향해 있지만 욕망의 대상으로서 실재는 도달 불가능하다. 따라서 라깡은 실재는 무의식과 연결되어 있다고 주장한다. 계몽주의 전통이 주장하는 바와는 정반대로 실재는 인간의 앎에 대한 어떠한 단단하고 존재론적인 토대를 보장해 주지 않는다. 앎의 궁극적 대상으로서 실재는 결코 앎의 주체가 될 수 없고, 그것의 물적 토대Hypokeimenon가 될 수 없다. 이러한 통찰력은 라깡의 이론 전체에 걸쳐서 그가 반복해서 말하듯이 근대성의 핵심을 규정한다. 실재는 앎의 근거가 아니라 무의식적 핵이다. 앎은 이 핵으로 향해 있긴 하지만 동시에 그것으로부터 떨어져 있다.

이는 라깡이 또한 근대 과학을 승화로 해석한 이유이기도 하다. 근대 과학은 인간의 (앎에 대한) 욕망에 자유를 주고, 그 욕망이 최종적 목적 주위를 끝없이 순환하면서도 결코 그 대상은 얻을 수 없도록 했다. 근대 과학은 무의식(미지의 알 수 없는 실재)을 의식과 앎의 토대로 "인정"하지만 오직 역설적으로 그것을 부정함으로써 인정한다. 알 수 없는 미지의 것(무의식)은 토대나 핵으로 기능하기보다는 뭔가 발견되어야 할 어떤 것으로 가정되어야 한다. 앎의 순간은 이제 미래로 지연되었다. 우리는 지금 우리가 알지 못하는 것을 알게 될 것이다. 따라서 과학은 그 자체의 실천이 구성되는 내재적 한계를 부정한다. 무의식, 미지의 그것이 자신의 토대라는 것을 부인함으로써 과학은 실재와의 어떠한 단절도 부인하게 되어 결과적으로 근대 과학은 무제한적이다. 과학은 실재를 좇고 실재는 지속적으로 후퇴함으로써 이 추적을 무제한적이고 헛된 것으로 만들어 오직 이와 동일한 헛된 쥬이상스를 통해서만 만족될 수 있을 뿐이다. 무제한적 과학에는 분명 위험이 노정되어 있다. 이 점은 과학이 저지른 수많은 재난들로 입증되었다. 일례로 20세기의 핵 재난은 과학이 자신의 한계를 마주할 능력이 없는, 측정할 길 없는 과학의 힘이 낳은 결과이며, 과학이 자신의 쥬이상스에서 길을 잃은 결과이다. 모든 것을 전멸시킬 능력을 가진 과학은 자신이 자신의 주체를 날려버릴 수도 있다는 사실에 눈을 감고 있다. 이런 목표를 이루기 위해서 과학은 인류 그 자체를 파멸시키려 준비된 듯이 보인다.

종교는 라깡이 구별한 두 번째 승화로서 좀 더 정확한 진리가치를 갖고 있다. 적어도 종교는 인간의 욕망이 지시하고 있는 미지의 핵을 단순히 부인하는 것이 아니다. 종교는 이 핵의 자리에 미지의 신을 놓아두고 욕망이 의식적으로 충족되지 않고, 따라서 계속 진행되도록 만든다. 종교는 욕망의 우위성을 처음으로 인식하면서 작동하지만, 세 번째 승화인 예술적 승화의 명징성을 결여하고 있기 때문에 미성숙한 채 남아 있다. 라깡의 시각에서 예술은 가장 최고의 진리가치를 갖는 것이다. 그리스 비극을 언급하면서 라깡은 예술이 욕망이 그 최종적 대상에 도달할 수 없는 그 불가능성을 가장 분명히 드러내놓고 제시하며, 따라서 승화 중에서 가장 현혹적이라고 주장한다.

라깡 자신의 이론은 어떤 위치에 있는가? 라깡의 이론은 욕망에 여지를 주는 승화로 고려되어야 할까? 이것은 라깡이 주장하는 바가 아니다. 정신분석은 비록 욕망을 부인하는 유의 과학(욕망의 "본성" 혹은 "본질"을 아는 척하면서)은 아니지만 과학이다. 정신분석은 욕망의 지도를 그리고 리비도 경제의 꽤 까다로운 게임에서 주체가 스스로를 감추도록 해주는 지점들의 지형학을 구성하는 과학이다. 고전적 과학이 종교(승화의 기능을 담당)와 공통된 어떤 것을 공유하고 있다면, 정신분석적 과학은 아주 엄격하게 욕망을 분석하는 "구조적" 방식을 유지한다. 따라서 라깡주의의 이론은 종교로 귀결되지는 않는 듯 보인다.

그러나 라깡은 사정이 그렇게 분명하지만은 않음을 인정한다. 1974년 10월 29일에 열린 기자회견에서 라깡은 자신이 정신분석과 종교의 관계에 대해 조만간 발언하리라고 발표한다. 그는 그 발언의 주제는 "정신분석 아니면 종교"가 될 것이라고 주장하는데, 이는 말 그대로 "종교가 승리한다면 정신분석은 실패한 것"이라는 주장과 같다.[27] 라깡의 입장에서 정신분석은 종교에 대한 대안을 제공해 주어야 하며, 이는 프로이트의 비판에 매우 근접한 것이다. 그렇지만 몇 분 뒤에 "종교에 대한 정신분석의 승리"를 어떻게 설명할 것이냐는 질문을 받자 라깡은 자신의 진술을 철회하면서 "정신분석은 결코 종교를 이길 수 없다. 종교는 파괴 불가능하다. 정신분석은 결코 승리할 수 없다. 정신분석은 살아남거나 죽을 것이다"라고 주장한다.[28] 프로이트와는 달리 라깡은 종교에 미래가 있다고, 혹은 적어도 종교가 정신분석에게조차 일반적 지평으로 남아 있을 것이라고 인정하는 듯 보인다.

라깡이 나중에 이 기자회견에서 주장한 바에 따르면 종교는 정신분석 이상으로 승리하리라는 것이다. 근대성이 실재의 토대를 상실한 이래, 그리고 실재가 더 이상 과학에 한계를 부과하지 않게 된 이래 의미sense는 그 존재론적 근거를 상실하게 된다. 우리가 사는 이 "과학의 시대"에 종교가 계속에서 "의미를 부여하는" 역할을 담당한다는 것은 놀라운 일이 아니다. 이것이야말로 종교가 전통적으로 해오던 일이며, 인간 존재가 실재에서 토대를 갖도록 보장해 줌으로써 인간과 인간의 삶에 진정한 의미를 부여해 준다. 그러나 "진정한 의미"가 도대체 무엇을 의미하는지 이해하려면 오직 정신분석과 같은 비판 이론들에서만 출발할 수 있다. 이런 이론들은 현실성 너머에 있는(즉 상징질서 너머) 것으로서 실재를 마주하도록 해준다. "과학들" 사이에서 오직 정신분석과 특정한 여타의 비판 이론들만이 우리의 욕망이 목표로 삼고 있는 주권적 무의미성으로서 실재를 보여줄 수 있다. 이것이 바로 라깡의 쥬이상스가 의미하는 바가 아니고 무엇인가? 아마도 이 문제는 라깡의 기자회견에서 제시된 다음 질문의 배경이 될 것이다. "정신분석이 종교가 될 것인가?"라는 질문을 받은 라깡은 "그러지 않길 바란다. 하지만 아마도 종교가 될지도 모르겠다. 어떻게 알겠는가? 또 그러지 말아야 할 이유가 있는가?"라고 대답한다.[29]

라깡은 정신분석이 종교가 된다면 아마도 정신분석이길 멈출 것이라는 것을 알고 있다. 불가능한 실재가 일종의 숨어 있는 의미라고 생각하며 무의식의 지식을 갖고 있는 척하는 것은 무의식을 부정하는 것과 동시에 발생한다. 왜냐하면 정신분석은 무의식에 대한 지식이 아니라 무의식이 어디서 출발하는지, 어떤 것에 기초를 두고 있는지, 즉 아는 것이 불가능성에 기초하고 있음을 알고 있는 앎이다. 이런 점에서 정신분석은 역사의 징후이자 정확히 말하자면 다가갈 수 없고 불가능한 실재에 대한 근대성의 발견의 징후이다. 이 점이 라깡이 기자회견에서 받은 질문에 그렇게도 간단하게 대답을 했던 것이 의미하는 바이다. 정신분석은 진정 오직 징후일 뿐이다. 근대성은 실재에 대한 완전한 지식을 얻을 수 있을 것이라고 믿음으로써 자신이 발견한 것을 부정했기 때문이다. 이로써 왜 불가능한 실재가 오로지 근대성의 이데올로기와 과학들에서만 출몰하는지를 설명할 수 있다. 실재는 징후를 통해서만 우리의 세상으로 들어올 수 있는 것처럼 실재는 오직 징후들에서만 등장한다. 이런 시각에서 볼 때 정신분석은 징후를 진지하게 다루는 몇 안 되는 과학이자 비판 이론들 중 하나이다. 정신분석은 과학을 징후의 우위성(즉 비정상이 정상보다 우위라는 것)에서 비롯되는 것으로 재규정한다.

"징후들을 진지하게 다루는 징후"란 바로 정신분석(그리고 아마도 일반적인 현대의 비평)이 취하고 있는 역설적 입장을 정확하게 묘사해 주고 있다. 이러한 규정은 동시에 정신분석의 비판적 몸짓에 내재한 취약성을 보여주고 있다. 가령, 만일 스스로가 징후라면 징후들—실재—을 진지하게 다루는 비판이 갖는 진리가치란 무엇인가? 어떻게 이런 종류의 비판이 어떤 토대, 근거 혹은 지지대를 가질 수 있는가? 그것은 "긍정적으로" 자신이 비판하는 징후만큼만 지속되는 징후적이고 덧없는 순간 이상의 어떤 것일까? 라깡은 솔직하게 이 점을 인정한다.[30] 비록 이 징후만이 우리가 도달 불가능한 실재에 다가갈 유일한 통로라고 해도 "실재의 과학"으로서 정신분석 비평은 분석대상인 징후에 의미를 부여할 수 없다. 정신분석

비평은 실재에 대한 "진정한" 앎에 도달할 수 없는 채 실재의 "정상적" 지식을 탈중심화할 수 있을 뿐이다.

따라서 우리는 일신교적 종교의 중심에서 작동하는 것과 유사한 취약성에 마주치게 된다. 일신교가 신들 혹은 신에 대한 인간의 믿음을 비판하지만 그 자체로 진정한 신 혹은 신이라는 이름을 받은 "실재"와의 어떠한 접촉도 이룰 수 없는 한, 일신교는 일체의 모든 가정된 앎을 비판한다. 그러나 그 비판은 어떤 진정한 지지도 결여하고 내세울 진정한 대안도 갖고 있지 않다. 적어도 이것은 일신교가 우리를 이끌어 가는 아포리아이다. 최종적으로 이런 종류의 비판은 오직 그것이 비판하는 것을 탈중심화할 뿐이다. 이런 비판은 앎으로부터 가정된 중심, 스스로를 만나려고 하는 장소, 그 자신의 앎에 대한 완전한 (데카르트적) 주체를 박탈한다. 그러나 일신교적 비판은 신 이외에 어떠한 대안도 제공하지 않는다. 진정한 신은 신에 대한 현존 개념이나 존재하지 않는 신에 대한 어떠한 개념도 신이 아니라는 믿음만을 요청하는 것이라고 주장한다. 이러한 역설이 바로 일신교적 비판의 핵심이며, 비판이 쉽게 절대권력으로 변형될 수 있는 한 그 자체가 내포한 취약성이다. 이 미지의 신의 위치를 취함으로써 나는 모든 것과 모든 사람을 알고 통제할 수 있는 척할 수 있다. 일신교의 근본적 허약함은 전능한 위치를 요구하는 기만적 방식으로 둔갑할 수 있다. 이것이 일신교의 도착적 핵심이며, 일신교의 역사를 통해 명백히 드러난다. 아마도 이것이 왜 진정한—진정 비판적인 것—일신교란 오직 일신교의 역사의 여백 혹은 징후들에서만 발견되는 이유일 것이다.

라깡주의 비판은 일신교의 취약성보다 더 허약해지려는 목표를 분명히 한다. 이 취약한 지점이 신의 지지를 얻고 신의 전능한 이름을 부르도록 허락을 받을 강한 메시아적 위치로 변할 것이라는 희망을 여전히 갖고 있는 일신교적 비판과는 달리 라깡주의의 비판은 희망도 절망도 거부한다. 취약한 허점의 이름으로 말하는 것은 그것을 숨겨진 절대권력으로 바꾸어 버릴 수 있다. 라깡주의 비평이 자신의 비판적 몸짓을 찬양할 수 있기만 한다면 자신의 탈중심적 성격을 강조하는 데 사용될 수 있을 것이다. 일신교적 비판의 취약함을 물려받은 정신분석은 진정 나약해지려고 시도한다. 정신분석은 "지양"의 순간을 취하지 않기 때문이다. 그렇지만 그 나약함이 더 "실재적"이고 더 실재의 불가능성을 존중한다고 가정하거나 "희망"한다. 이런 가정에서 비판은 일신교를 넘어서지 못하고 있다. 비록 우리가 앞서 검토해 온 일신교의 전형적 함정에 빠지지 않도록 저항하고는 있기는 하지만.

라깡주의 비판은—그리고 진정 이떠한 근대적·포스트모던적 비판은—콩트의 실증주의가 예전에 했듯이 "입증된 종교"라고 고백해서는 안 된다. 또한 자신이 단순히 일신교를 너머서는 것이 아니라는 점을 인식하고 있다 해도 비판적 종교, 즉 일신교처럼 행세해서도 안 된다. 이 약점을 신중하게 받아들이기 위해서 비판은 지속적으로 자신의 일신교적 배경을 사색해야 한다.

주

*이 논문은 본래 2004년 5월 Heyendaal Instituut K.U. Nijmegen과 Jan van Eyck Academie Masstricht 주최로 열린 학회 "Ending up with Religion again? Christianity in Contemporary Political and Psychoanalytical Theory"에서 했던 강연이었다.

1_ Sigmund Freud, *The Future of an Illusion, The Standard Edition of the Complete Psychological Works of Sigmund Freud*(추후 *S.E.*로 표기). James Strachey et al. 편역(London : Hogarth Press, 1953-1974), 21 : 32-33쪽. 앞으로 인용은 본문에 괄호로 표기.

2_ 1953년 4월 7일 자크 라깡이 마크 라깡에게 보낸 편지. 〈http://www.lutecium.org/Jacques_Lacan/transcription/scans_lacan/lettre_07_04_53/lettre_jacques_marc_07_04_53.htm〉(2005년 5월 1일, 편집자의 해석)

3_ "실증철학"에서 "실증주의"로의 변화는 1848년 혁명의 해에 콩트가 *Discours sur l'ensemble du positivisme*을 출간하고 국제실증주의학회를 창설했을 때 일어났다. Auguste Comte, *A General View of Positivism*. J. H. Bridges 역(New York : R. Speller, 1957) 참조.

4_ Henri Gouhier, *La vie d'Auguste Comte*(Paris : Vrin, 1965), 245쪽.

5_ Comte, *The Catehism of Positive Religion*. Richard Congreve 역(Clifton, N.J. : A. M. Kelley, 1973), 4쪽[번역 수정됨].

6_ Patrick Tacussel, "Auguste Comte. l'œuvre vécue," Comte, *Calendrier positiviste, ou système généralé de commémoration publique*. Tacussel 역(Paris : Editions Fata Morgana, 1993), 49쪽.

7_ Lucien Scubla, "Les hommes peuvent-ils se passer de toute religion? Coup d'oeil sur les tribulations du religieux en Occident depuis trois siècles," *La Revue du MAUSS 22*(summer 2003) : 90-117쪽.

8_ Alain Badiou, *Saint Paul : The Foundation of Universalism*. Ray Brassier 역(Stanford : Stanford University Press, 2003) ; Giorgio Agamben, *The Time that Remains : A Commentary on the Letter to the Romans*. Patricia Dailey 역(Stanford : Stanford University Press 2005) ; Slavoj Žižek, *The Fragile Absolute, or Why is the Christian Legacy worth fighting for?*(London : Verso, 2000) 등을 참조.

9_ "피억압자들이 수치심을 갖고 물러나게 하지 말라. 가난한 자와 궁핍한 자들이 네 이름을 찬양할지니"(시편 74 : 21). 출애굽기 22 : 22, 신명기 10 : 18, 시편 10 : 14도 참조.

10_ 여기서 아브라함이 이삭을 제물로 바치는 일이 중단된 것(창세기 22)이 종종 언급된다. 일신교, 특히 기독교가 인간의 희생이라는 논리를 넘어서고 있다는 생각을 비판한 것으로는 Manuel de Diéguez, *L'idole monothéiste*(Paris : Presses Univeritaries de France, 1981)를 참조.

11_ 디게즈는 가톨릭주의와 대중의 희생을 "신성의 권력과의, 실질적으로 느낄 수 있는 교환체계"라고 정의하는데, 이는 육화라는 기독교의 개념이 일종의 생명/죽음의 교역을 다시 들여온다는 의미이다. 같은 글, 46쪽[번역은 편집자의 것].

12_ 가령 제우스와 다른 신들이 원래 양성적 인간들이 신들을 공격하기 시작한 바로 그 순간에 인간들을 간단히 죽여버리지 못했던 이유이다. 아리스토파네스는 플라톤의 『향연』에서 이렇게 설명한다. "천상의 의회에 의심이 가득 찼다. 예전에 거인들에게 했던 것처럼, 천둥번개로 [양성]인종을 전멸시켜 버리면 인간이 신들에게 바치던 희생제물과 숭배는 끝이 날 것이다. 하지만 신들은 인간들이 통제 없이 건방지게 구는 것을 더 이상 참을 수가 없었다." *The Dialogues of Plato*, vol. 1. Benjamin Jowett 역(Oxford : Clarendon Press, 1953), 521-522쪽.

13_ "오 크나큰 슬픔!/신이 죽어서 누워 있네." 헤겔은 1641년 요하네스 리스트가 쓴 이 찬양을 *Lectures on the Philosophy of Religion*, vol. 3,

Peter C. Hodgson 편집, R. F. Brown, P. C. Hodgson, J. M. Stewart 역(Berkeley : University of California Press, 1985), 125쪽에 인용한다. Jean Wahl, *Le malheur de la consciecne dans la philosophie de Hegel*(Paris : Presses Universitiares de France, 1951), 73쪽도 참조.

14_ 이와 유사하게 전통적 기독교 회화는 신에 대한 교조주의적 개념에서 제약이 아니라 자유로운 예술을 위한 진정한 자극을 만났다. "들뢰즈는 제안한다 … 엘 그레코, 틴토레토, 지오토와 같은 위대한 화가들의 손에서 이 [신학적] 제약이 진보적 해방의 조건이 되었다. 신성을 그리는 과정에서 신이 재현되어서는 안된다는 개념을 말 그대로 취하는 화가는 선, 색감, 형태와 움직임을 놀라울 정도로 자유롭게 구사하게 되었다. 다른 경우에서라면 불가능했을 이런 결과는 신 때문에 가능했고, 신에 의해서 회화는 자유를 찾게 되었다. 이것이야말로 회화적 무신론이라 할 만한 것이다." Daniel W. Smith, "The doctrine of univocity : Deleuze's ontology of immanence." *Deleuze and Religion*. Mary Bryden 편집(New York : Routledge, 2001), 167쪽.

15_ Jean-luc Nancy, "The Deconstruction of Christianity." Simon Sparks 역, *Religion and Media*. Hent de Vries and Samuel Weber 편집(Stanford : Stanford University Press, 2001), 112-130쪽도 참조.

16_ 프로이트가 비종교적 교육을 옹호했던 것을 상기해 보라. *S.E.* 21 : 47-48쪽.

17_ "나는 내가 쓴 글이 한가지만큼은 분명 해롭지 않다고 주장한다. 믿는 자들이라면 나의 글이나 혹은 그와 유사한 논의들 때문에 그의 믿음으로부터 길을 잃게 내버려두지 않을 것이다." 같은 글, 47쪽.

18_ "만일 정신분석적 방법을 적용해서 종교의 진리들에 대한 새로운 논의를 찾아낼 수 있다면, 종교 옹호자들은 똑같이 정신분석을 종교적 교리들의 정서적 의미에 완전한 가치를 부여하기 위해서 사용할 수 있을 것이다." 같은 글, 37쪽.

19_ 프로이트는 계속해서 이렇게 말한다. "아마도 사유에 관한 종교적 금지의 결과는 내가 생각하는 것만큼 나쁘지 않을지 모른다. 교육을 남용해서

사람들을 종교에 종속시키려고 하지 않아도 인간본성은 아마도 변하지 않을지 모른다. 나는 모른다, 그리고 당신도 모른다. 이러한 우리 생의 커다란 문제들만이 현재 해결할 수 없는 것처럼 보일 뿐만 아니라 이보다 덜 중요한 문제들도 대답하기 어렵다." 같은 글, 48쪽.

20_ "그러나 우리는 살인금지에 대해 이 합리적 설명을 공표하지 않는다. 우리는 살인금지가 신에 의해서 선언되었다고 주장한다. 따라서 신의 의도를 추측하는 것은 우리의 책임이고, 신 역시 인간이 서로를 해하는 것을 꺼려한다는 것을 알게 된다. 이런 방식으로 행동함으로써 우리는 문화적 금기들에 상당히 특별한 경건성을 부여하면서도 동시에 신에 대한 믿음에 의존함으로써 금기를 지키려는 위험을 무릅쓴다. 이 과정을 되밟아보면 … 우리는 문화적 금기를 절대 바꾸려하지 않으며, 그러면서도 금기의 위험을 피해가는 것이 사실이다." 같은 글, 40-41쪽.

21_ Lacan, *The Seminar of Jacques Lacan, Book VII : The Ethics of Psychoanalysis, 1959-1960*. Jacques-Alain Miller 편집, Dennis Porter 역(New York : Norton, 1992), 191-204쪽.

22_ 같은 글, 122쪽.

23_ Lacan, "The Subversion of the Subject and the Dialectic of Desire," *Écrit*. Bruce Fink 역(New York : Norton, 2002), 304쪽.

24_ 혹은 지젝은 욥이라는 성경의 한 인물을 분석하면서 대타자(이 사례에서는 신)는 "불능"이라고 한다. *The Puppet and the Dwarf : the Perverse Core of Chris-tianity*(Cambridge : MIT Press, 2003), 125-127쪽.

25_ George Bataille, *La souverainité. in Oeuvres complètes* VIII(Paris : Gallimard, 1976), 456쪽[번역은 필자의 것]. 바타이유가 라깡에게 미친 영향에 대해서는 Jean-Francois de Sauverzac, *Le désir sans foi ni loi : Lecture de Lacan*(Paris : Aubien, 2000), 21-60쪽.

26_ Lacan, "Conférence de presse du docteur Jacques Lacan au Centre culturel francais, Rome, le 29 octobre 1974," *Lettres de L'École freudienne 16*(1975) : 14쪽(이 글의 모든 인용문은 편집자의 번역).

27_ 정신분석과 종교는 "서로 우호적이지 않다. 요약하면 이것 아니면 저것이

다. 종교의 승리가 아마도 가장 일어날 법한 결과일 텐데, 내가 하고 싶은 말은, 진정한 종교, 즉 유일하게 존재하는 단하나의 진정한 종교가 승리한다면 이는 정신분석이 실패했다는 신호가 될 것이라는 점이다." 같은 글, 7쪽.

28_ 같은 글, 13쪽.

29_ 같은 글, 14쪽.

30_ "아주 짧은 순간에만 실재의 침입이 무엇인지 지각할 수 있다. 분석가는 바로 그곳에서 시간을 끈다. 그는 그곳에 징후로서 존재하며, 오직 징후의 형태로만 지속할 수 있을 뿐이다." 같은 글, 15쪽.

천사와의 씨름 한판

사도행전에는 다마스커스로 향하는 길 위에서 일어난 사도 바울의 그 유명한 개종의 일화가 나온다.

그가 길을 따라 다마스커스를 향해 가던 중 갑자기 하늘에서 한줄기 빛이 그에게 내려왔다. 그는 땅에 엎드린 채 한 목소리를 듣게 된다. "사울아, 사울아 왜 너는 나를 벌하느냐?" "주여, 당신은 누구십니까?" 그는 물었다. "나는 네가 벌을 주고 있는 예수니라. 이제 일어나 도시로 가거라. 그곳에 당도하면 네가 해야 할 일이 무엇인지 듣게 될 것이다." 그와 함께 여행을 하던 사람들은 아무 말도 못 하고 서 있었다. 그들은 목소리를 듣긴 했지만 아무도 볼 수가 없었다. 사울은 자리에서 일어났으나 그의 눈은 뜨고 있으되 아무것도 볼 수 없어서 그들이 그의 손을 잡아 이끌어 다마스커스로 데려가 주었다. 3일 동안 사울은 시력을 잃은 채 먹지도 마실 수도 없었다(사도행전 9 :

3-9).

알랭 바디우는 다마스커스의 사건 이후 바울이 목소리를 제외한 일체의 권위로부터 등을 돌렸다고 한다. 이 목소리는 그를 개인적으로 호명하여 주체로 만들어 주었다.[1] 그러나 정확히 그 목소리가 말한 것은 무엇인가? 목소리가 그에게 말을 했다 해도 특별한 지시사항이나 복음에 대한 해석을 전달해 주는 것은 아니다. 그 대신 신의 발화를 전하는 대변인 역할을 했던 모세와 히브리민족의 다른 예언자들과는 다른 경로를 따르게 될 대본이 없이 진행된 "개종 경험"의 단초였다.

이 목소리를 성실히 따르는 것에 관한 바울의 글에서 중요한 것은 무엇인가? 목소리는 다마스커스로 향하는 길 위에서 바울을 호명했다. 뿐만 아니라 기독교인을 법에서 해방시킨 자유의 내면적 목소리이다. 그러므로 바울의 글에서 목소리는 그리스의 지혜나 유대인의 신호와는 대립하고 정신의 신비스러운 "현현"과 나란히 놓인다. "유대인들은 신호를 요구하고 그리스인들은 지혜를 욕망하지만 우리는 십자가형을 당하신 그리스도를 공표한다. 이 그리스도는 유대인에게는 장애물이요, 속세인들에게는 어리석어 보일지 몰라도 이름이 불리운 자, 그대들은 유대인이건 그리스인이건 그리스도는 신의 힘이요 지혜이다"(고린도전서 1 : 22-24).

목소리가 예언과 이성을 능가하는 권위를 갖긴 하지만 목소리 자체는 이상하게도 알아들을 수가 없다. 고린도인들에게 쓴 두 번째 편지에 등장하는 이 기묘한 문단을 생각해 보라. 이 글에서 바울은 목소리에 의해 호명된 경험에 대해 3인칭 시점으로 이렇게 말한다. "나는 그리스도에게서 14년 전 세 번째 하늘로 붙잡혀간 사람을 알고 있다. 육체 안에 있든 육체 밖이든 나는 모르지만 신은 알고 계신다. 나는 이 사람이 천국으로 붙잡혀 갔다는 것을 안다 … 그는 발언될 수 없는 것들, 인간이 발언하도록 허락되지 못한 것들을 들었다"(고린도후서 12 : 2-4). 그는 목소리가 그에게 말한 것을 듣지 못한다—혹은 들었어도 전달하지 못한다. 그는 오직 목소리가 자신을 불렀다는 사실만 알 뿐이다. 내가 여기서 다루고자 하는 것은 바울의 글에서 이 목소리의 권위가 차지하는 위치와 그리고 그것이 신앙의 문제와 맺는 관계이다. 유대인이 법 너머에 존재하는 목소리로 그들의 귀를 열어야 한다고 바울이 주장할 때 중요한 것이 무엇인가? 왜 유대 전통은 이 목소리를 들을 수 없거나 들으려 하지 않는가?

엠마뉴엘 레비나스는 「동맹」이라는 글에서 이스라엘 민족에게 전수된 법에 관한 『바빌로니아 탈무드』의 한 구절을 해석한다. 이 구절에서 랍비는 「신명기」에 보고된 법이 수여되는 장면에서 이스라엘 사람들이 법의 개별 항목들을 복종할 뿐만 아니라 "이 법의 자구 하나하나" 모두 지키라는 명령을 받았다고 지적한다. 법은 전체로서 그 정신에 따라 받아들여야 한다.[2] 그러나 왜 이 법은 특수와 일반 형식을 나누어 따르라고 요구한 것인지 레비나스는 묻는다.

> 법을 전체로서 그 일반적 의미에 맞게 따르기란 법이 규정하는 특별한 조항들에 "네"라고 말하는 것과 구별될 수 있을까? 통상 법에는 일반적인 헌신이 필요하다. 법제조항이 만들어진 정신은 이해되어야 한다 … 내면적 복종이 진실되려면 일반화의

> 과정은 불가피하다. 그러나 왜 법 일반의 정신을 아는 것과 법이 특수하게 표현된 정신을 아는 것을 구별할 필요가 있는 걸까? 그 이유는 우리가 법 제정이 규정하는 특수한 법들을 인정하지 않고는 법 제정의 정신을 이해할 수 없기 때문이다. 따라서 두 가지 구별된 절차를 나누어 따지는 것은 여러 가지 특수한 관점들을 통해서 정당화될 수 있다. 모두가 유대주의를 몇 가지 "정신적" 원칙들로 형식화하려는 시도에 대응한다. 모두가 토라의 천사적 본질이라 불리는 것에 유혹된다. 이 토라의 천사적 본질로 수많은 시편들과 계명들이 환원될 수 있다. 법의 이러한 "내면화"는 우리의 자유로운 영혼들을 매혹시키고, 우리는 토라의 "합리성"과 "도덕성"에 저항하는 듯 보이는 어떤 것도 거절하려고 한다(219쪽, 필자 강조).

바울의 이름이 위 인용문에서 언급되고 있진 않아도 이 구절은 법을 그 "정신"으로 환원시키는 것에 질문을 던진다는 점에서 바울이 제시한 논점을 다루고 있다. 뿐만 아니라 "그리스의 지혜"와 "유대인의 신호" 이 둘을 연결한 표제 하에 바울이 비판했던 바로 그 논리적 입장을 긍정한다는 점에서 바울이 제기한 문제 지형에 참여하고 있다.[3] 하지만 레비나스의 해석에서 중요한 것은 목소리와 같은 존재에 대한 무관심이다. 레비나스는 "유대주의가 항상 인식하고 있는 것은 … 즉각적으로 내재화될 수는 없는, 유대주의 속에 들어 있는 어떤 요소들이다. 우리 모두가 정당하다고 인정하는 법인 미쉬파팀mishpatim과 나란히, 토라를 조롱하는 사탄의 즐거움에 담겨 있는 정당화할 수 없는 법, 후킴hukkim이 존재한다"(219쪽). 붉은

숫양의 제의, 음식에 관한 비의적인 금지들과 포경시술 등이 터무니 없긴 해도 레비나스는 이것들을 법의 "정신"에 대한 일반적 준수와 비교해서 종종 이해할 수 없는, 불필요하거나 부적절한 준법행위로 치부할 수는 없다고 주장한다. 법의 문자는 그가 "천사적 본질"이라고 부른, 법의 순수하게 정신적 차원에 필수적인 검토를 제공한다.

곧이어 레비나스는 천사와 야곱이 벌인 결투에 관한 성경의 이야기를 법의 "천사주의"로 쉽게 포섭될 위험을 지적한 경고성 이야기로 읽는다. 그는 이렇게 쓴다. "우리 내부에서는 법의 정신에 대한 준수와 법을 문자 그대로 따르는 것 사이에 지속적인 갈등이 존재한다. 이 두 가지 모두 반드시 필요하기 때문에 토라를 받아들일 때 이 두 분리된 행위가 주목받은 것이다. 야곱이 천사와 벌인 결투는 이와 동일한 의미를 갖는다. 바로 이스라엘의 존재 속에 천사주의 혹은 순수한 내재성의 내세성을 극복한다는 의미이다. 결투에서 승리하기 위해 들인 노고를 떠올려 보라! 하지만 진정 승리한 것인가? 승자는 없다. 천사의 틀어진 손아귀에서 놓여나면 남은 것은 약간 멍이 든 야곱의 종교이다." 천사는 "정신"을 나타내면서 동시에 또한 "순수한 내재성"의 매혹, 즉 법과의 동일성을 통해 법의 대타자성이 멈추게 될 때의 매력을 의미하기도 한다. 따라서 레비나스의 해석에서 중요한 것은 야곱이 씨름을 한 존재는 야곱 자신이 믿었던 것처럼 신이 아니라 천사라는 사실이다. "순수하게 정신적인 존재"로서 천사는 "관대함의 원칙이지만 원칙에 불과한 것이다. 물론 관대함을 따르기를 요구한다. 하지만 원칙을 따르는 것으로는 충분하지 않다. 원칙에는 유혹이 따르므로 우리는 조심하면서 자신을 지켜야 한다." 여기서 유혹이란 정확히 무엇을 말하는가? 일반적인 원칙들뿐만 아니라 관대한 원칙들마저도 그것을 적용하는 과정에서 전도될 수 있다는 사실, 혹은 레비나스의 표현에 따르면 "모든 관대한 사상은 그 자체의 스탈린주의의 위협이 따른다"(220쪽)고 했던 유혹이다.

이러한 위협은 랍비가 창조한 구전법 혹은 탈무드에서 인정된 사실이다. 레비나스에 따르면 탈무드는 "법에 구현된 원칙으로부터 그것을 수행할 가능성, 즉 구체적인 효과들로 넘어가는 과정과 관련된다. 만일 이 과정이 단순히 연역 가능하다면 법은 특수한 형식에서는 분리된 준법을 요구하지는 않았을 것이다." 탈무드의 논리적 변론은 "내부에서 일반적 법칙이 그 대립물로 변화할 위험이 생길 정확한 순간을 집어내려고" 노력하며 "일반을 특수의 관점에서 관찰한다." 이런 방식으로 탈무드는 "우리를 이데올로기로부터 지켜준다"고 레비나스는 말한다. 간단히 말해서 "탈무드는 천사와의 투쟁이다"(같은 쪽). 이 투쟁은 천사를 "인정"하지 않으려는 것, 혹은 자신이 본질과 친숙한 척하려는 투쟁인 한편 관대함, 혹은 심지어 사랑으로 변장한 채 등장하는 위험에 대항해서 투쟁하라는 경고이기도 하다.

장 프랑스와 료타르는 바울이 육화의 신비에 대해 호소하면서 이 투쟁을 방해한다고 말한다. "말씀은 육화되었고 우리 사이에 왕림하셨다는 구절이야말로 목소리가 스스로 목소리를 내는 것이라고 공표하며, 목소리가 꼼꼼히 점검받고, 해석되며, 이해되고 정의를 실현시키기 위해 행동으로 옮겨야 하는 것이 아니라 사랑받기를 요구한다고 말하는 것이 아닌가?"[4] 유대교의 윤리를 규정하는 이 투쟁은 이처럼 전도된다. 우리가 투쟁해야 할 것은 더 이상 목소리의 "천사주의"가 아니라 열락상태에 이른 이 고집을 제한하는 법의 문자이다. 목소리는 검토되고 행동으로 옮겨지는 것이 아니라 "사랑받기를" 요구한다.

그렇다면 바울이 선언한 "자유", 목소리가 그에게 계시한 자유의 의미는 무엇인가? 한편으로 그것은 법의 금지적 형식들**로부터의** 자유와 연관되며, 다른 한편으로는 법의 **뒤에서** 법을 충족시키는 동시에 구닥다리로 만드는 원칙과의 동일시를 암시한다. 이런 점에서 바울은 칸트의 조상이다. 한나 아렌트가 말하기를 "칸트의 정신은 한 사람이 … 복종의 단순한 호명을 너머서 법이 생겨나는 원류인 법 뒤에 있는 원칙과 자신의 의지를 동일화시키도록 요구하는 것"이다.[5] 그러나 그들은 또 근본적으로 다르다. 칸트에게 "법 뒤에 있는 원칙"은 실천이성인 반면에 바울에게는 목소리의 권위이다.

이런 구별을 나는 줄리엣 플라우어 맥케넬Juliet Flower MacCannell의 파시즘과 양심의 목소리에 관한 책에서 빌려왔다. 이 책은 바울이 아니라 아돌프 아이크만Adolf Eichmann을 연구한 것이다. 히틀러의 최종적 해결책[역주1]을 책임졌던 아이크만은 칸트의 정언명령을 지침 삼아 자신이 도덕적 행위를 한 것이라고 주장했다. 아렌트의 해석을 따라 맥케넬은 아이크만이 동일시했던 "법 뒤의 원칙"이란 실천이성이 아니라 소대상 a인 목소리로 육화된 퓌러Fuhrer,[역주2] 즉 히틀러의 의지였다.[6] 맥케넬은 아이크만의 입장을 도착의 구조에 맞춘다. 라깡은 도착의 구조를 "발화가 아니라 목소리로서의 대타자의 쥬이상스에 대한 … 반응"이라고 정의한다. 라깡의 발화는 상징적 협약, "우리를 상호 공격자의 위치로 구분시키는 사회적 계약"의 장으로 정의된다.[7] 이와 대조적으로 "목소리는 이미 소대상 a로, '법 뒤에 있는 원칙'의 구현체 혹은 담지자이다. 목소리는 라깡의 담론에서 네 가지 기본적인 소대상 a(응시, 목소리, 가슴, 용변) 중 하나에 속하며, 이 소대상들 주변으로 충동을 구성하는 환상이 순환한다." 기표의 장으로서 발화는 쥬이상스를 막기 위한 장벽을 세움으로써 쥬이상스의 고집을 제한하는 작용을 하는 반면, 소대상 a의 목소리는 환상 내부에 고집스럽게 존재하는 치명적인 쥬이상스의 담지자이다. 따라서 협약으로서 발화는 타자들의 침입뿐만 아니라 목소리 자체의 침입에 대항하는 보호벽이다. 도착의 구조에서 도착자는 법이 제공한 보호막을 내려놓고, "자신을 대타자의 쥬이상스를 작동하는 행위주체자인 소대상 a와 동일시한다."[8] 한 예로 사드의 책에서 이러한 동일화 과정은 난봉꾼이 모성적 목소리에 집중하는 것으로 드러난다. 이 목소리는 상징적 권위에 대한 체계적인 비판에서 난봉꾼이 지침으로 삼는 거세되지 않는 "자연의 목소리"의 형태로 등장한다.

내가 바울이 파시스트이거나 도착자라는 주장을 하려는 것은 아니다(물론 나는 두 번째 가능성, 즉 도착자일 가능성을 전적으로 배재하지 않으려다. 이는 바울에 관한 니체의 악명 높은 심리연구의 결과였다). 중요한 것은 바울에게는 목소리의 권위를 제한하는 것은 아무것도 없다는 점이다. 료타르는 "유대의 신호나 그리스의 증명들도 제공되지 않을 것이다. 일체의 중간단계를 훌쩍 뛰어넘어서 육화된 목소리가 당신에게 말하고, 당신을 통해서 당신 속에서 말할 때만 당신은 육화를 듣게 될 것"[9]이라고 말한다. 혹은 바울 자신이 「고린도전서」에서 말했듯이 "'어떤 눈도 보지 못하고, 어떤 귀도 듣지 못하고, 어떤 인간의 심장도 품어내지 못한 것, 신이 자신을 사랑하는 이들을 위해

준비해 놓으신 것'을 신은 우리에게 영혼을 통해서 계시해 주셨다 … 우리는 이 계시를 인간의 지혜가 아니라 영혼을 통해서 말로 전달한다. 영혼을 소유한 이들에게 정신적 진리를 해석해 주는 것이다. 영적이지 않은 사람은 신령의 선물을 받지 못한다. 왜냐하면 그 선물은 그런 사람들에겐 어리석은 것으로밖에 보이지 않는다. 이 선물들은 영적으로 분별되기 때문에 그들은 이해할 능력이 없다. 영적인 인간은 모든 것들을 판단하지만 누구도 그를 판단할 수는 없다"(고린도전서 2 : 9-10, 13-15). 바울이 신비는 발화를 통하지 않고 오직 영적으로 분별될 수 있다고 주장할 때 우리는 레비나스가 법의 "천사주의"라고 부른 것에 담긴 고집스러움을 만날 수 있다. 이 천사주의는 법의 권위를 떠받칠 뿐만 아니라, 그것을 능가하는 "법 뒤에 있는 〔정신적〕 원칙"에 호소하는 것이다.

앞의 인용문 마지막 줄에서 나타나듯이 "영적인 인간"을 "누구도 평가할 수 없다"는 것은 무슨 의미인가? 물론 영적인 인간은 기독교인의 자유를 "질투"하는 사람들에 의해 좌지우지되는 법의 판단에 종속되지 않는다. 그러나 이것이 단순히 평가받지 않고 "풀려나는" 문제는 아니다. 왜냐하면 누구로부터 평가받지 않는다면 그 대가로 목소리의 **절대적 권위**라는 형태로 나타나는 **대타자의 폭력에 자신을 무조건 내놓아야** 한다. 바울은 반복해서 말한다. "나는 법으로부터 자유롭기 때문에 예수의 노예가 될 수 있다." 다마스커스의 사건 이후 「사도행전」에 따르면 예수는 다음과 같이 말한다. "나 자신 스스로 그에게 그가 내 이름을 위해서 얼마나 고통을 받아야만 하는지를 보여줄 것이다"(사도행전 9 : 16). 슬라보예 지젝은 신의 가장 공포스럽고 초자아적인 차원은 종종 사람들이 주장하듯이 유대교에서가 아니라 기독교적 사랑 자체에서 발견된다고 주장한다.[10] 레비나스의 해석은 이 초자아적 성질을 법의 정신 혹은 "천사주의"에 위치시킨다는 점에서 통찰력을 보여준다. 법의 천사주의는 그 본질적인 자비로움 때문에 레비나스가 "스탈린주의"라고 부른 것을 향하게 된다.

놀랍게도 바울은 이 초자아적 폭력에의 노출을 윤리의 가장 기본적 사항으로 삼음으로써 목소리, 즉 이 목소리의 사랑뿐만 아니라 폭력에까지도 자신을 열어두기를 거부하는 행위를 해석학적 실수나 믿음의 결여뿐 아니라 심각한 윤리적 실패 혹은 겁에 질린 태도로 본다. 아마도 이것이 라깡이 "기독교는 자연적으로 자유롭게 풀려난 자로서의 신을 발명하기에 이르렀다"[11]고 주장할 때 의미하는 바이다. 이 신은 무제한적 쥬이상스의 신이다. 한편 이스라엘은 이 향유에 언제나 기꺼이 굴복하려고 애쓰지는 않는다. 이스라엘은 보호막이 없는 채 신의 "사랑"에 자신을 노출시키는 것에 대한 유보사항들을 갖고 있다. 이런 점에서 레비나스가 법의 천사주의를 해석한 내용이 시나이에서 법을 얻는 사건, 즉 목소리와는 전혀 다른 개념을 함축하는 이 사건에 관한 탈무드의 한 구절을 해석할 때 등장하는 것은 의미심장하다. "그리고 신이 이 모든 말씀을 말하셨다"는 구절(출애굽기 20 : 1)로 시작되는 히브리어로 된 십계명에 대한 해석에서 중세의 랍비 라쉬는 단 하나의 공포스러운 발화의 형태를 취한 신의 목소리가 너무나도 참기 힘들었던 이스라엘 민족이 모세에게 십계명을 대신 발언함으로써 이 경이로운 힘을 중재해서 신의 목소리로부터 그들을 보호해달라고 간청했다고 말한다.[12] 이와 같은 해석은 유대주의가 신의 부재라는 비극, 인간의 공동체로부터 신의 후퇴를 알리는 신호탄인 "죽은" 문자로부터 신의 물러섬을 표지로 달고 있다는 정형화된 해석에 맞서는 것이다. 라쉬는 신과 이스라엘 민족의 관계는 매개되지 않은 신성의 현존에 대한 심오한 두려움으로 점철되어 있다는 사실을 분명히 한다. 이는 유대법이 갖는 의미에 대해 다른 시각을 제공하게 될 통찰력 있는 주장이다.[13]

그의 도발적인 논문 「희생의 희생」[14]에서 프랭크 밴드비어는 초기 유대주의에 일어난 중요한 혁신들 중 하나는 인간 희생의 제식으로부터 법에 기초한 의식으로 바뀐 것이라고 말한다. 성경에서 그 증거를 찾아볼 수 있다. 신이 아브라함이 아들의 목을 자르려고 준비할 때 이삭을 위해서 개입하는 대목이다. 밴드비어는 이러한 전환이 낳은 부차적 결과는 신성한 공포를 더 이상 관리하는 일이 불가능해진 것이라고 주장한다. 신은 더 이상 선물로 꼬드기거나 달랠 수 없다. 그 결과는 희생의 "정신화"로 법에 대한 무조건적인 존경심의 형태를 취하게 된다. 이런 의미에서 이삭이 희생되지 않은 것은 전적으로 비경제적·무조건적 희생에 대한 요구와 상응한다. 이런 희생은 어떤 순간에라도 미리 경고를 주지 않은 채 요구할 수 있는 것이다. 한 예로 밴드비어는 「출애굽기」에 수록된 악명 높은 일화를 인용한다. 여기서 신은 모세를 자신의 예언자로 호명한 뒤에 갑작스럽게 그를 죽이기로 결정한다. 모세는 지포라의 지략으로 살아남게 된다. 지포라는 재빨리 자신의 아기에게 포경수술을 한 뒤 피 묻은 음경의 포피로 모세의 발을 쓰다듬어서 모세에게 있을 악마적 공격을 물리치게 된다(출애굽기 4 : 24-26). 밴드비어는 이 즉흥적 포경수술을 신이 언제라도 그의 만족할 수 없는 요구들을 부과할 수 있다는 사실을 상기시키는 것으로 해석한다. 이렇게 읽을 때 포경행위는 신성한 공포에 대항하는 보호막이라기보다는 그것을 확대하는 것이며, 이스라엘 민족이 신성한 분노의 파괴적 힘에 깊이 종속되어 있음을 보여주는 표지이다.

하지만 나는 이 일화를 좀 다르게 해석한다. 내가 보기에 이 구절은 유대 전통에서 포경이 갖는 중요성을 가장 잘 표현해 주고 있다. 유대 전통에서 포경은 목소리에 대항한 한계로서의 발화기능과 긴밀히 연관된 신성에 맞서는 방어벽으로 등장한다. 포경행위는 단순히 신성의 터무니없는 요구들에 굴복하는 것만이 아니라, 그 요구들로부터 보호해 주는 부적과 같은 것이다. 이는 순수하게 상징적 희생이며, 궁극적으로는 다소 겸손한 희생으로서 좀 더 급진적인 어떤 것을 피하는 데 도움이 된다. 모세의 포경을 인정해 주고 나서 신은 더 이상 그 앞에 무력하게 서 있는 미미한 필멸의 존재를 멋대로 내리칠 수 없게 된다. 그는 더 이상 팔, 다리 등을 요구할 수 없게 된다. 신과의 서약을 봉해주는 행위로서 포경은 외부에서 비롯된 요구일 뿐만 아니라 맹세요, 서약이다. 좀 더 분명히 말하면 포경은 신의 보호 하에 신과의 서약에 있어서 당사자를 두는 선택의 표지이며, 이보다 중요한 것은 신 자신의 매개되지 않은 분노에 맞서 서약 당사자를 보호하는 행위이다.[15] 이스라엘이 신과 맺은 서약은 상호 구속력을 갖는 계약으로 양측이 서로에게 일정한 의무를 지고 있다(밴드비어가 정확히 지적하듯이 이 의무들이 불균형적이라는 사실, 그리고 신이 한 약속이 제법 열려 있는 시간 속에서 효력을 갖는다는 점을 부정할 수는 없다). 이런 의미에서 법은 법을 따르는 주체만이 아니라 신성 자신의 만족을 제한하는 것이다.

「로마서」에서 바울은 법 아래에서 살아가기란 법을 충실히 따르는 일의 불가능성과 함께 살아가는 것이라고 주장한다. 왜냐하면 법을 충실히 따르려면 법의 항목들 전체를 만족시켜야 하는데, 이는 육신을 가진 인간은 결코 이룰 수 없는 것이기 때문이다(갈라디아서 3 : 10). 유대법이 "충족"될 수는 없지만, 법의 한계 내에서 살아가는 동안 함께 살아가기가 더 어려운 대타자의 무제한적 쥬이상스에 맞서는 보호벽이 되어줄 수는 있다. 라깡은 십계명을 "따르느냐의 여부와는 별개로 우리는 여전히 십계명을 듣지 않을 수 없다. 십계명이 **발화의 법칙들**에 다름 아니라는 사실은 그 파괴 불가능한 성격이 증명해 준다"[16]고 말한다. 이는 "발화의 필수조건"이 "주체와 물자체 사이의 거리"이기 때문이다.[17] 이 물자체란 주체의 궁극적 "충만함", 초자아적 대타자로 인해 주체가 파멸되거나 흡수되는 상태를 의미하는 치명적 쥬이상스이다. 이와 대조적으로 예수의 산상설교(마태 5)에서 제시된 "마음속의 죄짓기"라는 개념을 생각해 보라. 이 죄는 아내가 아닌 여자에 대해 음탕한 생각을 하는 것만으로도 이미 간음을 저지르는 것이라고 정하고 있다. 간음행위를 하지 않아도 간음을 생각하는 것만으로도 죄를 저지르는 것이라는 논리에 따르면 법을 단순히 위반하지 않거나 법이 비천하다고 지정해 놓은 대상을 피하는 것만으로는 법을 충분히 따를 수 없다. 그 결과 법은 보호벽으로서의 기능을 잃게 된다.

두 가지 윤리 사이의 차이는 거짓말하기 혹은 "거짓 증언하기"를 금하는 계명을 통해서 가장 잘 예시될 수 있다. 라깡은 이 계명이 가장 잔인하다고 지적한다. 주체는 거짓말 할 수 있는 능력과 분리될 수 없다.[18] 만일 거짓말을 금하는 계명이 있다면 이는 히브리 법의 범위에서 거짓말을 할 가능성이 있기 때문이다. 유대교에서는 신성의 전지적 능력을 가정하지 않는다. 이와 반대로 예수가 마음 속의 죄짓기라는 개념과 신에 대한 마음의 투명성을 도입할 때 그는 거짓말을 할 가능성이 더 이상 없다고 암시한다. 이 과정에서 예수는 유대교의 핵심인 신성에 대항한 보호벽을 철회하게 된다. 이런 점에서 요한복음이 예수가 "우리 안에 산다"고 주장한 것은 유명하다(요한 1 : 14). 기독교의 교리가 신과 인간의 이러한 동거가 갖는 긍정적 측면을 강조하는 경향이 있다면(기독교인은 혼자가 아니며, 타락한 상태에서 구원받은 것이며 등등) 유대주의에는 없었던 어떤 새로운, 불길한 전조가 깃든 가능성도 도입하게 된다. 즉 주체가 신성의 침입에 무방비하게 노출되어 있을 가능성 말이다. 이런 의미에서 정신병자 슈레버가 신에 의해 항문 강간을 당하는 환상에 시달린 것은 기독교의 논리로부터 과대망상적 도피를 하는 것이 아니라, 신과 인간 사이의 친밀한 관계에 내포되어 있는 초자아적 폭력에 대한 직관을 표현한 것이다.[19]

바디우에 따르면 바울의 복음에 담긴 메시지는 "우리가 우리의 무능함을 극복할 수 있고 법이 우리를 갈라놓았던 것을 재발견할 수 있다"는 것이다.[20] 이런 해석은 유대법을 주체가 전능한 대타자 앞에서 무능해지는 법으로 설정한다. 그러나 이 해석이 인정하고 있지 않은 점은 이런 무능함 역시 일종의 능력으로서, 대타자에게 한계를 설정함으로써 무능하게 만들어서 주체가 살아갈 수 있는 공간을 만들어낸다는 사실이다. 다시 말하면 유대법은 우리를 완전하거나 충만하게 만드는 대상뿐만 아니라 대타자의 초자아적 쥬이상스로부터 "우리를 떼어놓았다." 바울이 법을 다루는 방식은 협약의 문제를 이 대타자의 폭력에 대한 보호벽으로 새롭게 조명해 줄 방법을 제공한다. 그런 의미에서 그는 예수의 적자로 볼 수 있다. 예수 역시 형제를 자매와 분리시키고 아버지를 아들로부터 분리시켜서 모든 협정들을 폭력적으로 파기한 당사자로 자신을 제시한다. 마태복음에서 예수는 "나는 평화가 아니라 칼을 전하러 왔다"(마태 10 : 34)라고 말한다. 이런 입장이 갖는 중요성은 야곱이 천사와 벌인 사투에 내포된 법을 향한 태도를 바울이 역전시킬 때 분명이 드러난다. 이 역전에 함축된 의미가 미치는 영향력은 크며, 때로는 모순적이다. 천사와의 사투는 다마스커스 사건에서 이미 함축되었거나 암호화되어 있는 듯이 보이며, 이 사건이 은근히 암시하거나 전치시키려는 유산이다. 다마스커스로 가는 길에 바울은 야곱처럼 매복해 있던 천사를 마주하게 된다. 바울과 야곱 둘 다 어떤 대결 가능성을 예상하면서 홀로 여행 중이었다. 야곱은 그의 형제 이사우와의 만남을, 바울은 다마스커스의 기독교 개종자들과의 만남을 기대한다. 이 두 사건에서 신성의 개입은 상처를 남기게 된다. 야곱은 다리를 절게 되고 바울은 단기간 장님이 된다. 야곱과 바울 모두 이름을 바꾸게 되고, 두 사건 모두 새로운 서약을 낳게 된다. 아브라함의 약속을 잇는 상속자로서 이스라엘이라는 이름을 짓게 되고 이방인들과의 "새로운 동맹"이 바울의 새로운 임무가 된다.

하지만 이 두 일화는 그들의 주체적·해석학적 함의를 따져보면 완전히 대립적이다. 야곱의 이야기에서 사투 이후의 새 이름 짓기는 이스라엘이라는 민족을 탄생시킨다. 이스라엘이라는 이름은 전통적으로 "신과 투쟁을 하는 이" 혹은 "신이 고군분투하다"는 의미로 해석되었다. 그들의 투쟁은 서로 간에 상처를 입히는 결과를 낳게 되고, 각자 상대에 맞서 고군분투하면서도 상대 위로 올라서지 않으면서 상대를 상처로 표지한다. 싸움이 끝나 새벽에 서로 헤어지는 것은 일종의 "비폭력 상호 협약"이며, 서로에 대한 축복의 말을 협약의 일부로서 나누게 된다. 하지만 레비나스가 법의 전달에 대한 알레고리로 해석하는 이야기가 법을 생산하게 된다는 사실은 중요하다. 이 법은 후킴*hukkim* 혹은 "정당화할 수 없는 법들" 중 하나로 야곱의 상대가 야곱에게 상처를 입힌 곳, 즉 엉덩이의 좌골신경계 근육을 먹지 말라는 터부와 관련된다. 이런 의미에서 이야기는 법을 "소화"하려는 시도, 법의 정신을 내면화하려 드는 태도에 깃든 위험들과도 관련되어 있다.[21] 야곱의 이야기가 우리에게 말해주는 바는 대타자, 그리고 대타자가 주체의 육신에 남겨놓은 흔적들은 "소화"되거나 지양될 수 없다는 것이다. 터부는 대타자와의 만남이 주체가 자신의 일부를 잃게 만든다는 것, 그의 존재 일부가 지워지도록 만드는 이름의 한 속성이라는 사실을 상기시킨다. 하지만 상처를 전달하는 천사 역시 제지당하고 자신의 한계를 인정하게 된다. 야곱의 이야기가 보통 거세의 알레고리로 읽혀지기는 하지만 거세당하는 것은 야곱만이 아니라 신 자신도 그렇다는 사실이 언제나 받아들여지는 것은 아니다. 싸움의 결과는 상호 제지이며 상호 거세이다.

바울의 개종 장면은 창세기 이야기를 회상시키면서 동시에 전치시킨다. 바울은 눈이 먼 채 "계시"만 보게 된다. 즉 상처를 입음으로써 전체가 되는 것이다. 레비나스의 해석에서 이 싸움으로 다소 상처를 입게 되는 것이 야곱의 "종교"라면, 여기서는 온전히 손상되지 않고 등장하는 것은 바로 바울의 신앙심이다. 야곱이 자신의 이름이나 성격을 드러내지 않고 축복의 말을 전달하는 적과 사투를 벌인다면 바울의 계시는 완전하다. 예수는 바울에게 신의 살아있는 말씀으로 그 모습을 드러낸다. 목소리는 그에게, 그리고 그에게만 말을 걸고, 그를 무로부터 나온 존재로 호명하게 된다. 바울은 고린도인들에게 "신의 은총으로 나는 현재의 내가 되었다"(고린도전서 15 : 10)고 말한다. 다마스커스로 향하는 길에서 나타난 계시는 현존하는 협약을 재확인해 주는 것이 아니라 폭력적인 균열이다. 그가 본 계시는 사울의 잿더미에서 태어난 바울을 표지하며, 또한 유대 전통의 전치이자 말소로서 기독교를 탄생시킨다. 계시는 법과 맺는 이스라엘의 관계에 함축된 투쟁의 전복을 나타낸다. 이 관계에서 투쟁은 목소리의 출현에 의해서 "영원히" 잠들게 된다(히브리서 10 : 10). "왜 너는 나를 벌하느냐?"라는 말에서 바울은 목소리의 처벌뿐 아니라 목소리에 대한 투쟁까지도 호명을 듣는 것처럼 보인다.

바울의 논쟁점은 여기서 끝나지 않는다. 신앙에 대한 그의 독해는 법의 천사주의에만 귀 귀울일 때 생겨나는 "스탈린주의"와 함께 그 천사주의를 유대인들을 향해 겨누게 된다. 이것이 내가 왜 바울을 다마스커스로 향하는 노상에서 호명한 목소리가 하나의 특수한 발화, "왜 너는 나를 벌하느냐?"만으로 모든 의미를 갖게 되는 점에 흥미를 갖게 된 이유이다. 바울은 이 질문을 적어도 처음에는 다음과 같이 이해하는 듯이 보인다. 유대인 사울아, 왜 너는 나, 살아있는 목소리이자 부활인 나를 죽은 문자인 법으로 벌하려 하느냐? 그러나 기독교인이 된 바울이 수사적 독해를 시작할 때 목소리는 목소리로 나오지 않은 목소리의 형태라는 새로운 방식으로 새로운 질문을 고집한다. 왜 너는 나 대신 유대인을 벌하지 않느냐? 목소리가 자신의 처벌에 대해 울부짖을 때마저도 목소리는 희생을 요구한다.

어거스틴은 『신의 도시』에서 야곱의 이야기를 다르게 해석한다. 이 해석에 따르면 천사는 유대인에게 상처를 입히지만 기독교인은 건드리지 않는 그리스도 자신이다. 어거스틴은 이렇게 쓴다.

> 이 천사는 그리스도의 한 유형을 제시하는 것이 분명하다. 야곱이 그를(물론 숨겨진 의미를 상징화하기를 기꺼이 실패하는 천사) "이겨 승리했다"는 사실이 유대인들이 이겨 승리했던 그리스도의 수난을 나타내기 때문이다. 하지만 야곱은 그가 이겨 물리친 바로 그 천사에게 축복의 말을 얻는다. 여기서 이름을 수여하는 것이 축복이다. "이스라엘"은 "신을 본다"는 의미이며, 신의 비전은 세상의 종말에 모든 성인들이 받을 보상이다. 더욱이 천사는 명백히 승리자인 사람의 넓적다리를 만짐으로써 이 승리자를 불구로 만든다. 이 승리자, 야곱은 축복받은 동시에 불구가 된다. 이스라엘 민족 중 그리스도를 믿게 된 사람들 속에서 축복받았지만 믿지 않은 이들을 위해 불구가 된 것이다. 넓적다리의 이 평평한 부분은 따라서 이 민족의 일반군중을 의미한다. 실제로 이 민족의 대다수를 위해서 예언적 진술인 "그들은 절룩거리며 그들의 길을 벗어났다"가 적용되는 것이다.[22]

어거스틴에게 기독교인이란 무엇보다도 "상처입기"가 더 이상 필요하지 않은 사람이다. 왜냐하면 그리스도는 "기꺼이 패자가 되려는" 마음으로 상처를 입음으로써 그들의 상처를 예방했기 때문이다. 그러나 유대인들에게 신의 천사는 복수의 천사이며 묵시록의 천사이다. 신앙심을 잃은 이들은 상처입고, 유산을 박탈당하며 노예로 속박될 것이다.

어거스틴을 잠시 살펴본 것이 언뜻 논점에서 벗어난 듯이 보일지 모르지만 그렇지 않다. 이를 증명해 주는 텍스트는 바울이 하가와 사라를, 아이들과 노예상태에 있던 "육신의 예루살렘"과 약속을 통해 자유롭게 태어난 "천상의 예루살렘"(갈라디아서 4 : 22-31) 사이의 차이를 대표하는 것으로 유형학적으로 읽은 것이다. 바울이 아브라함 가문의 이야기를 해석할 때 두 가지 대립항들인 노예와 자유, 믿음과 사역으로 구성했다는 것은 잘 알려진 사실이다. 하지만 좀 더 근본적인 것인데도 잘 다루어지지 않았던 것은 이 이야기에 함축된 믿음과 의심 사이의 대립구도이다. 바울이 창세기 17절, 신이 아브라함과 아이를 갖지 못하는 그의 부인에게 서약을 통해 아이를 갖게 될 것이라고 약속하는 부분을 이렇게 요약한다. "그가 이미 죽은 것이나 마찬가지인(그는 약 100살이다) 자신의 몸을 생각할 때, 혹은 사라의 불모한 자궁을 생각할 때 그의 신앙심은 약해지지 않았다. **신의 약속에 관해서는 그는 전혀 불신감을 품지 않았다.** 오히려 그는 신에게 영광을 바침에 따라 신앙심이 두터워졌고, 신이 약속한 것을 지킬 능력이 있다는 것을 완전히 확신했다. 그것이 그의 신앙심이 그에게 '정당성으로 다가온' 이유이다"(로마서 4 : 19-22, 강조는 필자의 것). 그러나 창세기 본문에는 아브라함이 신의 말씀을 듣고 좀 다르게 반응한다. "아브라함은 얼굴을 떨구고 웃었다. 그리고 속으로 말했다. '100살 먹은 몸에서 아이가 태어날 수 있단 말인가'"(창세기 17 : 17). 동일한 약속이 다음 장에서 사라에게 내려졌을 때 아브라함의 것과 똑같은, 믿지 못한다는 듯한 웃음이 다시 한 번 떠오른다. 이 웃음은 여러 가지 방식으로 해석되어 왔지만 내 생각에 단순한 신앙심의 표현으로 읽기는 어렵다고 본다.[23] 분명 창세기의 신은 이런 식으로 읽지 않았다. 사라의 웃음이 터져나오자 곧장 그는 아브라함에게 말한다. "왜 사라가 웃으면서 '제가 이렇게 늙어서 진정 아이를 가질 수 있습니까?'라고 말하는 것인가? 어떤 일이라도 주에게는 진정 경이롭지 않겠는가?" 이 말을 듣자 "사라는 웃었다는 것을 부인했다. '저는 웃지 않았습니다.' 그녀는 두려웠던 것이다." 이에 신은 "아니야, 넌 웃었어"라고 대답한다(창세기 18 : 13-14).

비록 신이 웃음을 의심과 불신의 신호로 읽은 것은 분명하지만 그가 벌하지 않았다는 사실은 중요하다. 신이 사라를 책망한 것은 엄격하다기보다는 코믹하다. 이 부분은 나중에 아브라함이 소돔과 고모라의 몇몇 올바른 소수가 죄인들과 함께 죽어가야 한다는 사실이 정당한 것인지를 물었을 때 신이 인내심을 가지고, 심지어 사랑스러움을 담아 아브라함의 의심을 즐거이 대할 것임을 예견한다. 그러나 왜 바울은 이 의심이 가득한 웃음을 봉쇄해 버린 것일까? 신의 말씀에 대한 아브라함의 불신은 목소리 자체가 거세당했을지 모를 가능성, 기표를 통과해야 할 때 그 목소리가 자신의 힘의 일부를 반드시 상실해야만 한다는 가능성을 담고 있기 때문이다.[24] 이런 의미에서 어거스틴이 유대인의 믿음 결여를 "상처"로 규정한 것은 의심을 인정하지 않으려고 고안된 전치이다. 의심은 신 자신이 받은 상처를 가리키고 있다.

바울은 "마음의 포경수술"로 포경을 재해석했다. 살을 잘라낸다는 것은 신앙심의 내재적인 표지로 대체된다(로마서 2 : 25-29). 그러나 믿음의 계시에 도달하기 위해서 바울은 히브루인의 성경을 어떻게 "포경수술" 했어야 했나? 무엇을 "잘라버리고" 다듬어야 했나? 내 생각에는 그것은 법의 "문자"와 함께 그 문자가 유지하는 의심, 즉 목소리의 권위를 약화시키거나 불신하게 되는 어떤 것이다. 다마스커스로 향하는 길 위에서 그를 호명한 목소리에서 바울은 또 다른 질문을 듣는다. 왜 너는 사랑의 길을 방해하는 의심, 목소리를 거세하려고 하는 의심을 처벌하고 기소하지 않는가? 아마도 이것이 료타르가 "바울의 고통, 즉 그의 열정은 자신이 속한 전통의 아버지를 죽여야 하는 것, 혹은 적어도 그를 죽었다고 선언해야 하는 것에 있을지 모른다"[25]고 말했을 때 함축된 의미일지 모른다. 유대 전통에서 아브라함을 정의했던 그 의심을 바울은 죽여야 했던 것이다.

주

역주1 제2차 세계대전 중 유럽의 유대인들을 인종학살하려는 독일 나치의 계획을 일컫는 말로 우리가 익히 알고 있는 홀로코스트를 낳게 한 것이다.

역주2 히틀러가 자신을 독일 3제국의 절대권력자로 등극시키기 위해 사용했던 칭호.

1_ Alain Badiou, *Saint Paul : The Foundation of Universalism*. Ray Brassier 역(Stanford : Stanford University Press, 2003), 17쪽.

2_ Emmaunuel Levinas, "The Pack," *The Levinas Reader*. Seán Hand 편집(Oxford : Basil Blackwell, 1989), 218쪽. 이 글에 대한 추후 인용은 본문에 괄호로 표기.

3_ "유대주의를 몇 가지 '정신적' 원칙들로 형식화하려는 시도"라는 대목에서 십계명을 사랑의 원칙으로 환원하려는 기독교적 찬양(마태 22 : 37-40)에 대한 언급을 어렵지 않게 들을 수 있다. 바울이 유대법을 공격하기 위한 증거이다.

4_ Jean-Francois Lyotard, "On a Hyphen." Lyotard and Eberhard Gruber, *The Hyphen : Between Judaism and Christianity*, Pasclae-Anne Brault and Michael Naas 역(New York : Prometheus. 1999), 15쪽.

5_ Hannah Arendt, *Eichmann in Jerusalem : A Report on the Banality of Evil*(New York : Viking, 1963), 121쪽.

6_ Juliet Flower MacCannell, "Facing Fascism : A Feminine Politics of Jouissance." Willy Apollon and Richard Feldstein 편집, *Lacan, Politics, Aesthetics*(Albany : State University of New York Press, 1996), 73, 70쪽.

이 글의 개정판에서는 인용문과는 다소 표현이 달라진다. MacCannell, *The Hysteric's Guide to the Future Female Subject*(Minneapolis : University of Minnesota Press, 1999), 127-152쪽.

7_ MacCannell, "Facing Fascism," 69쪽.

8_ 같은 글, 70쪽.

9_ Lyotard, "On a Hyphen," 23쪽.

10_ 특히 *The Puppet and the Dwarf : The Perverse Core of Christianity*(Cambridge : MIT Press, 2003)을 참조.

11_ Jacques Lacan, *The Seminar of Jacques Lacan, Book XX : Encore : on Feminine Sexuality, The Limits of Love and Knowledge, 1972-1973*. Jacques-Alain Miller 편집, Bruce Fink 역(New York : Norton, 1998), 76쪽.

12_ 공포스러운 목소리를 듣자마자 이스라엘 사람들이 황금 소를 빚으려고 했다는 것은 우연일까? 이는 마치 그들이 우상이라는 구체적인 이미지를 만들어서 그 목소리에 대항할 방패막을 세워 목소리의 고집을 제한시킬 필요가 있는 듯해 보인다. 이런 해석에 따르면 황금소를 빚는 일과 법을 수용하는 것은 겉으로 보기와는 달리 그리 대립적이지 않다. 왜냐하면 둘 다 목소리의 고집을 제한하는 기능을 담당하기 때문이다.

13_ "라쉬는 처음엔 모든 계명들이 신에 의해서 단 한순간에 언급되었다고 설명한다. 그리고 나서 신은 처음 두 계명을 자구 하나하나 반복해서 발언한다. 그 뒤에 사람들은 그들이 더 이상 신의 목소리에 담긴 경이로운 신성함을 참아낼 수 없다고 느끼고 모세에게 나머지 여덟 개의 계명을 대신 말해줄 것을 요청했다." *Aseres Hadibros/The Ten Commandments : A New Translation with a Commentary Anthologized from Talmudic, Midrashic, and Rabbinic Sources*. Rabbis Nosson Scherman and Meir Zloowitz 편집, Rabbi Avrohom Chaim Feuer 역(Brooklyn : Artscroll Mesorah, 1981), 23쪽. 라쉬의 해석과 십계명 전체의 논리 속에 담긴 목소리의 중요성에 대한 탁월한 해설은 Julia Reinhard Lupton and Kenneth Reinhard, "Lacan and the Ten Commandments", *diacritics*(2003)을 참조.

14_ Frank Vande Vere, "The Sacrifice of Sacrifice." *Wieder Religion? Christentum im zeitgenössischen kritischen Denken*(Lacan, Žižek, Badiou u.a.). Marc De Kesel and Dominiek Hoens 편집, Erik Vogt 역(Turia+Kant).

15_ 어떤 점에선 환영받기보다는 대항해서 지켜야 할 어떤 것으로서 개념화된 이 악마적 현신은 바울에게 나타난 목소리와 무관하지 않다. 쥬이상스에 내포된 이와 동일한 개념은 양쪽 모두 중요하다. 유월절 제식의 핵심에 놓인 피의 희생에서도 양의 피를 집의 상인방(上引房 역주: 창이나 문틀 윗부분 벽의 하중을 바쳐주는 부재)에 바르는 행위는 이집트인들보다 나은 이스라엘인들을 찬양하기 위해서이거나 무력으로부터 보호해 주는 것이 아니라 야훼로부터 가정의 구성원을 보호하기 위한 것이다.

16_ *Lacan, The Seminar of Jacques Lacan, Book VII : The Ethics of Psychoanalysis, 1959–1960.* Jacques-Alain Miller 편집, Dennis Porter 역(New York : Norton, 1992), 174쪽. 인용자 강조.

17_ 같은 글, 68쪽.

18_ "'거짓을 말하지 말라'는 욕망과 법 사이의 긴밀한 연결구조가 가장 실감나게 느껴지는 계명이다. 진실로 이 계명은 우리가 법의 진정한 기능을 느끼도록 해주려고 존재한다 … '거짓을 말하지 말라'는 부정적 계율로서 발화의 주체를 발화된 내용으로부터 후퇴시키는 기능을 갖는다 … 바로 그곳에서 나는 '거짓을 말하지 말라'고 말할 수 있다—그곳은 내가 거짓을 말하는 곳, 내가 억압하고 거짓말쟁이인 내가 말하는 바로 그곳. '거짓을 말하지 말라'는 법은 율법이 가장 근본적인 욕망이라는 가능성 속에 포함되어 있다. … 또 다른 증거는 대체로 그로테스크하고 신비한 형태로 거짓말탐지기를 사용하는 문제가 발생하는 때마다 변호사들이 내뱉는 고뇌의 외침이다. 이제 우리는 인간의 존엄성은 거짓말할 권리와 관련된다고 결론내려야 하지 않는가?" 같은 글, 81–82쪽.

19_ 프로이트의 슈레버 전기에 관한 논의를 "Psycho-Analytic Notes on an Autobio- graphical Account of a Case of Paranoia(Dementia Paranoides)"에서 참조할 것. *The Standard Edition of the Complete Psychological Works of Sigmund Freud*. James Strachey et al. 편역(London : Hogarth Press, 1953–1974), 12 : 3–82쪽.

20_ Badiou, *Saint Paul*, 23쪽.

21_ "소화"를 타자와 맺는 관계의 한 양태로 분석하는 레비나스의 글로는 "Metaphysics and Transcendence"라는 *Totality and Infinity : An Essay on Exteriority* 첫 장 참조. Alphonso Lingis 역(Pittsburgh : Duquesne University Press, 1969).

22_ Saint Augustine, *City of God*. Henry Bettenson 역(London : Penguine, 1984), 704쪽.

23_ 사라의 웃음에 대한 나의 해석에 대해선 *The Hostess : Hospitality, Femininity and the Expropriation of Identity*(University of Minnesota Press, 2006)의 "Israel, Divine Hostess"장 참조. 이 장을 짧게 줄인 글이 "Israel as Host(ess) : Hospitality in the Bible and Beyond"라는 제목으로 *Jouvert : A Journal of Postcolonial Studies*, 3. 1-2(1999) : 〈http://social.chass.ncsu.edu/jouvert/v3i12/mcnult.htm〉에 수록되어 있다.

24_ 료타르에 의하면 아브라함과 사라의 웃음은 신성의 기표를 전달할 때 반드시 따라오는 가능한 오인을 강조한다. "순수한 기표, 네 자로 된 말(tetragram) … 은 항상 결여되며 호명된 자가 그럴 거라고 생각했던 것과는 뭔가 다른 것을 의미하게 된다. 우리를 웃게 만드는 것은 바로 이 실패이다." "Mainmase", *The Hyphen*, 10쪽.

25_ Lyotard, "On a Hyphen," 16쪽.

케네스 라인하드

보편주의와 유대적 예외 :
라깡, 바디우, 로젠바이그

누가 야곱의 티끌을 셀 수 있고,
이스라엘의 먼지구름을 헤아릴 수 있겠는가?

민수기 23장 10절

보편주의는 플라톤에서 중세에 이르는 인식론과 존재론에서 불협화음을 일으킨 중요한 문제였다. 계몽주의 이래(사도 바울에서부터 이미 시작되지 않았다면) 보편주의는 신학, 윤리, 정치 이론에서 결정적인 문제 지형이 되어 왔다. 특히 정치 이론에서 어네스트 라클라우, 슬라보예 지젝, 알랭 바디우, 에티엔 발리바르 외 수많은 사람들의 최근 저작에서 볼 수 있듯이 보편주의는 아직도 핵심적인 쟁점이 되고 있다. 서구의 정치-신학적 상상계에서 유대주의는 기독교의 "보편주의"에 맞서는 "특수"의 역할을 담당하곤 한다. 이런 식의 논쟁적 개념화에 대해 지난 두 세기 동안 유대 철학 내에서는 격렬한 논의를 통해 맞대응을 해왔고, 허만 코헨, 프란쯔 로젠바이

그, 마이클 왈쩌 등은 이 문제에 관한 중요한 논의들을 제시했다. 나는 "유대 보편주의"의 문제를 바디우와 라깡이 제시한 정신분석적이고 철학적인 통찰력에 특히 초점을 맞추어 다루어 보려고 한다. 이 두 이론가는 특히 프란쯔 로젠바이그의 "신사유"에 많은 시사점을 던져준다. 1970년대 라깡은 그가 성관계의 "불가능성"이라고 불렀던 것의 관점에서 "실재"라고 오랫동안 일컬어 온 근본적 트라우마를 새로 정의하는 일에 집중해 있다. 라깡에 의하면 남자와 여자 사이의 관계 불가능성은 보편주의의 통약 불가능성, 그리고 주체성의 고유한 구조와 연관되어 있다. 라깡의 사유는 라클라우, 지젝, 바디우에 의해서 균등하게, 그러나 동일하지 않은 방식으로 발전되어 왔으며, 특수한 유대주의, 보편주의라는 역설적 문제를 다루는 데 도움이 되리라 믿는다. 이 역설에서 출발해서 우리는 오늘날 절박한 보편의 문제로 돌아오게 될 것이다.

이 논문의 기획은 세 가지 근본적 질문을 제시하는 일과 관련된다. 첫째, "보편주의"란 무엇인가?라는 일반적 혹은 추상적인 질문이 있다. 오늘날 수많은 비평가와 이론가들은 "보편주의"를 유럽중심주의 혹은 서구 제국주의와 동의어로 이해한다. 따라서 보편주의란 언제나 특수한 민족과 문화들을 희생시켜 그들의 개별적 특수성을 무시하고 결국엔 지워버리는 "우리"로 함몰시킴으로써 존재한다. 하지만 반드시 그런가? 덧붙여 보편이 특수한 사례들에서 경험적으로 입증되어야 하는 것인가, 아니면 보편이란 순수하게 이론적인 주장이나 이상理想으로서 실제상황이나 조건과는 무관한 것인가? 그러한 보편적 진술들은 진정 절대적인가, 아니면 그 너머로는 제대로 기능할 수 없는 암묵적이거나 드러내놓은 경계들, 그 이전과 이후에는 효력을 상실하는 역사적으로 구체적인 순간들, 적용될 수 없는 예외적 사례들과 필연적으로 결부되어 있는가? 이 질문을 확대해 보면 이렇게 물을 수 있다. 보편적 원칙은 적어도 하나의 배제, 한 가지 예외로서 "규칙을 증명하는 것", 그것 없이는 원칙이 효력을 가질 수 없는 구성적인 예외가 필요한 것인가?

둘째, 나는 이 특수한 질문, 즉 유대 보편주의란 무엇인가?를 던져보고 싶다. 진정 특수한 보편, 즉 특수한 집단이나 텍스트의 입장에서 규정된 보편주의라는 것이 존재할 수 있는가? 유대 보편주의는 이와 관련해서 선택의 문제를 제기한다. "선택"은 보편주의의 이상과 그저 상충될 뿐인가, 아니면 특별히 "선택된" 민족이 보편주의를 구현하거나 예시할 수 있는가? 유대인들이 신이 선택한 특별한 보물이라는 생각은 선택이 유대인만이 아니라 전 세계를 구원하기 위한 것이라는 반박을 약화시키는가? 『구원의 별』*Star of Redemption*을 쓴 독일계 유대 철학자 로젠바이그는 유대교와 기독교를 이중적 보편주의의 모델로 제시한다. 유대교와 기독교의 이중적 보편주의는 각기 다른 기획들을 갖고 있고, 때로는 충돌하고 심지어 서로 적대적이긴 해도 각자 자신만의 보편의 논리를 갖고 있다. 로젠바이그가 라깡과 바디우의 전혀 다른 기획들과 만난다면 우리는 이를 기독교적 전부(All)와 유대교적 전부 아님(not-all)이라고 부를 수 있을지 모르겠다. 이 둘은 서로 보충적인 관계가 아니라 부차적인 관계를 갖는 기획이다. 즉 각자 상대방에 부족한 어떤 것을 드러내고 자기 자신은 상대방의 과잉이나 혹은 상대방이 생각하지 못한 어떤 것으로 제시하는 관계이다. 이 논문은 유대-기독교의 관계가 아니라 유대교의 전부 아님에 집중할 것이다. 이 논문에서 유대교적 전부 아님은 라깡, 바디우, 로젠바이그의 각 개별적 기획들 사이에서 형태를 갖추어 갈 것이다.

나는 성경과 랍비의 텍스트를 철학 및 정신분석과 함께 읽어가면서 유대교적 전부 아님을 개념화할 예정이다. 이들이 함께 모이면 내가 감산적 신학이라 부르는 것의 핵심적 매듭들을 대표한다. 감산적 신학은 "부정적 신학"과는 달리 전부를 그 완전성으로부터 해체시키고 실증적인 조건들에서 절합을 시도한다. 다시 말해 천상과 지상이 영원히 분리된 그 해방적 사건인 전부의 해체에 충실한 것이다. 마지막으로 나는 유대 보편주의가 보편주의 개념 자체에 가져올 결과들을 살펴보고자 한다. 즉 유대 보편주의 이후에 나타날 보편주의란 무엇인가? 유대교적 사유 혹은 경험은 보편주의 개념에 무엇을 제공하는가? 이러한 헤겔주의적 사유구조를 지속해 보면 유대주의 텍스트나 사상에 고유하지 않으면서도 그것들을 통해서만 사유될 수 있는 개인이나 "구체적인" 보편주의가 존재하는가? 나는 유대교의 사상이 아주 강한 보편주의 개념을 포함하고 있을 뿐만 아니라 비종교적 사유, 즉 사유 일반에 대해서도 높은 가치를 지녔다는 것을 보여주고 싶다.

정신분석에서의 보편주의 : 라클라우, 라깡, 바디우

소크라테스 이전의 사상가들에게서도 이미 나타나긴 했지만 보편주의는 플라톤과 아리스토텔레스의 저작에서 그 "고전적인" 기틀을 갖추게 된다. 플라톤은 우리가 살아가는 외양의 세상은 특수한 지각들과 잡다한 의견들로 가득하고 지식의 가능성이 제한되어 있는, 보편적 이념이나 형식들의 고차원적 현실에 대한 그림자에 불과하며, 고차원적 현실은 영원과 진리, 본질적 선의 차원에 동요되지 않고 유지된다고 한다.

플라톤은 흔히 "실재론"이라고 알려진 철학적 입장으로 분류된다. 철학적 실재론은 일반적 혹은 추상적 이념들이 특수한 개체들과는 독립해서 존재한다고 주장한다. 반면 아리스토텔레스는 흔히 "유명론"이라고 알려진 반대 입장을 제공한 원조로 알려져 있다(물론 아리스토텔레스의 사유는 좀 더 복합적이라서 유명론이라는 이름과 연결된 개념들을 완전히 승인한다고 말할 수는 없다). 아리스토텔레스는 보편적 실재와 특수한 외양들의 존재론적 스펙트럼이라는 플라톤의 개념을 인과성의 양식으로 재구성한다. 아리스토텔레스의 보편은 그 이름 밑으로 특수한 대상들을 한데 모으는 "형식적 원인" 혹은 "실체적 형식"이다. 나아가 보편은 우선 논리적 추론, 가령 "모든 x는 y"[1]라는 유형의 진술에 담긴 추론의 양식이다. 보편에 관한 플라톤과 아리스토텔레스의 이러한 차이점은 이후 "실재론자", "유명론자", "개념론자"들 사이의 논쟁을 열어주었고, 이 논쟁은 스콜라 철학 이후 가장 대표적인 철학적 쟁점으로 남을 것이다.[2] 신플라톤주의의 "방사"放射/emanations 이론은 초월적 관념의 본질적 실재가 다수의 개별적 존재들에게 직접 의사소통하며, 개별 존재들이 이 원천에 가까워질수록 그들은 더 큰 실재와 진리, 그리고 선을 유지할 수 있다고 제시한다. 어네스토 라클라우는 고전적 패러다임의 두드러진 특징은 어떤 매개 개념도 없다는 것이라고 주장한다. 우리가 보편을 존재론적 혹은 인식론적 실체로 이해하는가의 여부와 무관하게 특수는 보편을 변형시킬 수 없으며, 아무런 영향도 줄 수 없다.

다만 특수는 정도의 차이만 있을 뿐 보편을 반영한다. 보편과 특수 사이의 영역이 연속성을 구성하기는 해도 한 방향으로만 가로지를 수 있을 뿐이고 병리와 타락이 점증되는 쪽으로 하강하는 것이다.

플라톤주의의 보편 개념이 보편과 특수 사이의 본질적 연속성을 가정한다면, 라클라우가 "기독교적" 모델이라고 부른 것(이 개념은 기실 플라톤과 아리스토텔레스적 이념들을 복합적으로 결합한 것이다)은 그 근본적 비연속성을 가정한다. 아큼Ockham과 같은 유명론자들은 보편은 오직 마음속에만 순수한 주관적 구성물로 존재한다고 주장함으로써 실재론자들의 객관적 보편주의와 선을 긋는다. 신이 신성한 모델을 반영할 필요가 없는 자연계를 완전히 자유롭게 구성한다고 가정함으로써 유명론자는 경험론, 궁극적으로 이성의 세속화된 보편주의적 원칙을 발전시킬 가능성을 열어준다. 필멸의 세계라는 시간성에 놓여 있는 우리는 진정 보편적 시각에 다가갈 통로를 갖지 못한다. 이 보편적 시각은 오직 신만의 것이다. 시간의 종말이 올 때까지 우리는 "검게 칠해진 유리창을 통해서만", 즉 고차원적 의미로부터 단절된 특수를 통해서만 볼 수 있다. 신의 영원한 세계는 인간의 덧없는 세상과 절대적으로 단절되어 있고 육화라는 기적행위를 통해서만 신성과 인간이 순간적이나마 만날 수 있다.[3]

기독교의 유명론적 논리가 보편이 특수의 세상에 스스로를 "방사" 혹은 표현한다고 믿었던 고전주의와 신플라톤주의의 실재론과의 단절을 가져왔다면, 기독교적 모델은 또한 이성의 실체화hypostatization와 관련되어 라클라우가 제3의 모델이라고 부른 보편/특수의 변증법적 관계라는 "근대적" 개념을 낳게 되었다. 헤겔과 마르크스는 특수가 보편의 종속변수도 독립변수도 아니라 잠재적으로 보편 그 자체를 구현한다고 본다. 헤겔은 특수의 실재는 보편의 합리성과 동일하다고 본다. 보편과 특수 사이의 겉으로 드러나는 분명한 모순은 절대적 관념으로 향해가는 운동 속에서 해소된다. "구체적 보편"이라는 헤겔의 개념은 유명론과 실재론 사이의 대립을 변증법화함으로써 아리스토텔레스의 서술 개념과 신플라톤주의의 방사 모델 이 두 가지에서 모두 벗어나는 유명론의 길을 따라간다. 헤겔은 스콜라주의의 유명론은 기독교적 보편주의의 진실이 출현하도록 해준다고 본다. "보편은 일자이지만 추상적이지 않다. 보편은 모든 사물들이 그 자체로 이해되는 것으로 개념화되거나 사유된다. 아리스토텔레스의 철학에서 보편은 하나의 판단에서 문제가 되는 주체의 서술부였고 … 플라티너스와, 특히 프로쿠스는 일자란 여전히 소통 불가능하고, 따라서 종속적 형태들을 통해서만 알 수 있는 것이라고 생각했다. 하지만 기독교적 종교는 계시이기 때문에 신은 더 이상 도달 불가능하고 소통 불가능한 숨겨진 미스터리로 존재하지 않는다."[4] 헤겔은 보편이 특수를 포함한다고 말한다. "사유(그리고 보편)는 감각의 단순한 대립물이 아니다. 아무것도 사유로부터 벗어날 수 없지만 타자를 우월하게 이용함으로써 타자인 동시에 자신으로 존재한다."[5] 보편과 특수의 변증법은 사유의 근본적 작용방식을 보여주며 철학의 기획 자체에서 핵심적이다. 헤겔주의 역사의 변증법은 발리바르가 "허구적 보편성"이라고 부른 것의 실례이다. 발리바르의 이 표현은 보편성이 비현실적이라는 뜻이 아니라 보편주의 현실의 한 형태를 "구성하는" 제도들과 재현에 관련되지 않으면 안 된다는 것을 의미한다. 허구적 보편성은 "특수한 정체성들의 제한성과 조건들을 초월하는" 정체성들을 "개별화의 내재적

과정, 즉 일차적 정체성들을 가상적으로 해체하고 재구성하는 과정"을 통해서 생산함으로써 작동한다. 그러나 이 과정은 언제나 "정상화"의 강요를 대가로 치르기 마련인데, 좋든 나쁘든 이는 배제와 한계를 함축한다.[6]

마르크스는 보편주의에 대한 헤겔의 변증법적 설명을 그의 프롤레타리아라는 개념에서 취한다. 이 계급은 어떤 종류의 신성한 기적이나 육화라는 특별한 형상이 없이도 보편적 계급으로 스스로 구성할 수 있는 특별한 사회적 실체이다. 라클라우는 마르크스가 예견한 대로 역사가 진행되지 못했다는 사실이 바로 변증법적 보편주의의 한계를 보여주는 것이라고 주장한다. 생산수단의 총체성과 계급구조 폐지의 기획이라는 시각에서 보편성을 변증법적으로 개념화하는 일의 부적절성은 결국 정치와 문화 이론에서 새로운 특수주의들과 일체의 보편주의적 주장들에 대한 포스트모던적 회의를 초래했다. 라클라우는 다음과 같이 말한다.

> 이 이야기 전체는 불가피한 결론 하나를 낳게 된다. 보편과 특수 사이에 벌어진 틈을 메울 수가 없다. 이는 보편은 한순간 지배적이 된 특수에 다름 아니라고 말하는 것과 같다. … 하지만 나는 순수한 특수주의에의 호소가 현대 사회에서 우리가 맞닥뜨린 문제들을 해결하지는 못한다고 주장할 것이다. 무엇보다 어떤 내용과 초월적인 보편성에의 호소로부터 독립적인 순수한 특수주의를 주장하는 것은 자기패배적인 일이다. 왜냐하면 순수한 특수주의가 유일하게 받아들여진 규범적 원칙이라면 우리는 해결할 수 없는 역설을 마주치게 되기 때문이다. 나는

> 특수주의의 이름으로 성적·인종적·민족적 소수집단들의 권리를 옹호할 수 있지만, 순수주의만이 유일하게 유효한 원칙이라면 반사회적 실천들에 관련된 모든 종류의 반동적 집단들의 자기 결정 권리 역시 받아들여야만 한다.[7]

순수한 보편주의를 피하는 대신 이런저런 특수주의 혹은 전지구화globalism의 형태를 수용하기로 선택하는 문화비평가들은 종종 타자가 자신의 특수성에 대해 갖는 권리에 대한 옹호(레비나스의 용어로는 타자의 근본적 타자성에 대한 존중감)를 타자의 권리라는 개념과 충돌시키게 되는 불편한 상황에 놓이게 되곤 한다. 라클라우는 우리가 함축적 혹은 명시적으로 언제나 이런 딜레마에 봉착하게 되면 보편주의 원칙이나 초월적 주장에 항상 의존해 왔다고 주장한다. 이것의 핵심은 극단적인 특수주의, 가령 몇몇 다문화주의의 형태들은 자신을 그 자체로 인정하지 못하는 고전적 보편주의의 또 다른 모습에 불과하다는 사실이다. 근본적 특수주의란 현존 질서를 "분리되지만 동등한" 욕망의 문화적 표현들을 허용하는 토대로 승인하는 데 불과하다. 이런 문화적 표현들은 급기야 아파르트헤이트(남아프리카의 인종분리정책)에 거의 맞먹거나 그와 꼭 같은 결과들을 낳게 된다.

라클라우는 사회를 구성하는 서로 경쟁하는 권리들이나 욕망들은 그들 각자의 특수주의로 허용될 수 없고 보편주의라는 우산이 나타나는 세 가지 양식들 중 하나로 해소될 수 없는 적대주의를 생산한다고 주장한다. 따라서 그는 네 번째 모델을 제시한다. 그의 주장에 의하면 특수한 사회적 행위주체들의 관계는 그 자체로는

"불가능"하다. 이 관계란 어떤 보편적 원칙이나 독립체로 보장받거나 승인될 수 없다. 하지만 주체가 총체적 사회영역으로 완전히 기입될 수 없다는 바로 그 조건에서, 즉 주체의 요구와 욕망이 완전히 충족될 수 없다는 조건에서만 보편의 다른 형식이 등장한다.

> 보편은 내가 구성적인 결여로 침투되어 있는 한 나의 정체성의 일부이다. 즉 내가 남과 다른 정체성이 구성되는 과정에서 실패하는 한에서 그렇다. 보편은 특수를 통해서 등장한다. 이 보편은 특수를 떠받치고 설명하는 어떤 원칙이 아니라 탈골된 특수 정체성을 봉합하는 불완전한 지평이다 … 보편은 상실된 충만함의 상징이며, 특수는 오직 남과 다른 정체성을 주장하면서 동시에 차이를 무화시키는 매체로 흡수시킴으로써 정체성을 최소화하는 모순적 운동에서만 존재한다 … 모든 정치적 정체성은 내재적으로 분리되어 있다. 왜냐하면 어떤 특수성도 상실된 것으로서의 보편성에 대한 내재적 언급을 유지하지 않고는 구성될 수 없기 때문이다 … 보편은 … 그 자체의(자체적으로 종결된) 구체적인 내용을 갖지 않고 등가적 요구들의 불명확한 연쇄 고리의 확장에서 비롯되는 언제나 명멸해 가는 지평이다. 따라서 결론은 다음과 같다. 보편성이란 어떤 특수성과도 통약 불가능하지만 특수와 동떨어져서는 존재할 수 없다(28 ; 31 ; 34쪽).[8]

라클라우의 이론에서는 갈등하는 특수 개체들을 그 현실적 차이를 무시하지 않은 채 봉합시켜 주는 데 필요한 지평으로서 일정한 "보편주의"가 존재한다. 하지만 라클라우의 적대주의 이론은 그저 "만인의 만인에 대항한 전쟁", 자아표현을 향한 개별 의지들의 투쟁인 것만은 아니다. 그 대신 라클라우는 특수한 주체들이 근본적으로 서로 구별되고 그들의 충돌하는 요구들이 불완전하게 현실화된 보편들과의 관계 속에서 절합됨으로써 그들 자신으로 존재하는 사회적 장에 대한 개념을 제안한다. 예를 들어 민주주의라는 개념과의 관계 속에서 살아가는 주체로서 나의 요구가 "평등"의 개념으로 규정된다면, 이 요구는 가령 "자유"라고 정의된 민주주의 개념의 입장에서 절합된 내 이웃의 요구들과 갈등하게 될 것이다. 각각의 경우 주체성은 보편의 실패한 특수화로 결정되며, 이때 보편은 뭔가를 결여한 것으로 경험된다. 또 각각의 경우 보편은 서로 다른 조건으로 구성된다. 내 개별성 속에 완전히 반영되지 못한(따라서 나를 결여한 주체로 구성하는) 보편적 원칙들의 시각에서 나 자신을 이해하는 것을 통해서만 나의 특수주의는 타자성의 봉쇄로 귀결되지 않게 된다. 라클라우의 이론에서 헤게모니를 향한 투쟁은 다종다기하게 특수한 사회적 행위주체들이 스스로를 부재한 보편의 구현체로 제시하려는 시도와 결부되어 있다. 그러나 주체의 성공이나 실패 여부는 우연적이다. 왜냐하면 재현되어야 할 진정한 의미의 보편적 사회가치나 원칙이란 없기 때문이다. "현실" 보편주의(예를 들어 지구화)와 "허구적" 보편주의(민족, 종교 등에 기초해서 구성된 전체라는 개념), 이 둘 모두를 넘어설 발리바르의 "상징적" 혹은 "이념적" 보편성이라는 개념은 보편적 평등해방$_{\text{equaliberty}}$이라는 궁극적 지평의 이름이다. 상징적 혹은 이념적 보편성은 개인이 그 혹은 그녀를 "허구적" 보편주의의 규약에 따라서 정상화하려는 제도에 대항해서 내세우는 "무한한 주장들"에서 출발한다. 이 보편주의의 모델은 주체를 무한정한 "도발", 즉 보편주의에 위치한 모든 조건들을 향한 저항으로 생산하는 이념이다. 나아가 궁극적 이념은 "평등"과 "자유"가 반드시 함께 사유되어야 한다는 것, 다시 말해 단일한 보편적 원칙의 분리 불가능한 조건들로서 평등 해방, 즉 보편적 해방을 향한 투쟁의 동기를 유발시키는 불가능하면서 필연적으로 무한정한 질문이어야 한다는 것이다. 그럼에도 불구하고 언제나 이 이념들은 다수의 조화롭지 못한 판본들을 갖기 마련이다. 따라서 보편의 문제는 필연적으로 다수일 수밖에 없는 "갈등의 영구적 원천"으로 남아 있다.[9]

발리바르와 라클라우가 제시한 또 다른 보편주의의 이러한 모델들은 라클라우와 샹탈 무페의 기념비적 저작인 『헤게모니와 사회전략』에서 제시된 논의들에서 발전되어 나왔다. 분리된 주체의 특수성들과 그들의 지평을 형성하는 실패한 총체성 사이의 우발적인 관계에 대한 이 책의 논의는 사회라는 개념 자체의 붕괴를 초래한다. "모든 총체성의 불완전성은 필연적으로 우리가 분석 지형으로서 봉합되고 자기규정적인 총체성으로의 '사회'라는 전제를 폐기하도록 만든다."[10] 라클라우와 무페는 라깡의 결절점이라는 개념을 사용한다. 이 개념은 좀 더 큰 상징계 망과의 절합을 통해서 주체를 구성하는 근원적 기표이다. 라클라우와 무페는 이 개념을 통해서 담론 헤게모니가 내재적으로 통합된 사회구조의 부재 속에서 구성되도록 하는 부분적 고정점 혹은 "결절점"들을 설명한다. 실재라는 라깡의 개념도 라클라우와 발리바르 모두에게 보편주의의 조건들을 설명할 때 참조점이 되어준다.[11] 우리는 라클라우와 무페의 사회성이 그 원천으로 회귀 불가능한 것에 대한 논의에 담긴 라깡 이론의 요소들을 따라가 볼 필요가 있다. 라깡 후기 이론에 따르면 실재는 성관계의 불가능성으로 가장 정확히 규정될 수 있다. 성관계의 불가능성은 보편성의 두 가지 서로 다른 양식인 "남성성"과 "여성성"에 관련된다.

라깡에게 남자와 여자는 상호주관성의 관계에서 만날 수가 없다. 왜냐하면 남자와 여자는 각기 서로 다른 보편성과 특수성, 그리고 예외의 모델에 토대를 두고 있기 때문이다. 개별 남성은 "모든 남성"이라는 보편집단에 참여한다. "모든 남성"집단은 하나의 예외를 가정함으로써 상상적 봉합이 허용된 통일된 상징체계이다. 이 예외는 집단을 조직하는 선과 쾌락의 제한된 유통의 법칙을 행사하는(그러나 본인은 이 법칙에 영향받지 않는) 신화적 존재인 원초적 아버지이다. 한 남성은 남성집단이라는 보편적 범주의 특수한 사례이다. 남성집단은 각각의 구성원들이 하나의 예외에 동등하게 종속된 닫힌 집합체계로 정의된다. 한편 여성들은 남성들보다 남근법칙에서 더 자유롭다고 할 수는 없지만 그들에겐 예외의 원칙이 없다. 따라서 여성들은 근본적으로 개별적이며, 한 계층의 사례이거나 닫힌 집합체계의 구성원이 아니라 여성 각자가 예외로서 열린 집합체계의 구성원들이다. 이 열린 집합은 특수한 여성들의 환유적 일렬단위로서 개개 여성들이 "한 사람씩" 들어간다. 따라서 여성들이 자신을 여성으로 위치시킬 어떤 공통분모란 없으며, "여성 일반"을 규정할 방법도 없다. 이와 달리 남성들은 남성집단이라는 닫힌 집합이 있다는 가정에 의해서 결정된다.[12] 라깡은 「레뚜르디」L'Etourdit에서 인류는 두 가지 구별되는 보편성의 양식에서 "남자"와 "여자"

로서 성관계의 불가능성에 맞닥뜨림으로써 자신을 정립한다고 말한다. "바로 이 성관계의 불가능성으로부터 우리는 두 가지 보편을 발견해야 한다. 이 두 가지 '전부'는 발화자를(그들의 존재가 그렇기 때문에 스스로를 존재라고 믿는 발화자들) 두 개의 반쪽으로 구별시켜 주기에 충분히 일관적이다. 따라서 모든 것이 발언되고 끝났을 때 이 둘은 서로 엉키거나 지나치게 혼합되지 않는다."[13]

라깡에 의하면 남성적 주체의 장에 한계를 부여하는 "전부"와 여성의 위치를 열어주는 "전부 아님"에 해당하는 두 가지 양식의 보편주의가 있다. 레비나스의 유명한 반론을 떠올려 보라. 남성 발화주체의 보편성이 총체성을 구성한다면 여성의 보편성은 무한성으로 열린다. 그리고 이 둘 사이에는 어떤 통약 가능성이나 보충 가능성도 없으며, 이 두 얽힌 "반쪽들"은 함께 어떤 전체도 구성하지 않는 말 그대로 부차성의 관계이다.

남성의 보편성을 규정하는 예외성에 관한 라깡의 설명은 『토템과 터부』에서 제시된 원시적 무리의 신화에서 프로이트가 다윈을 재구성했던 장면으로 이끈다. "모든 남성"집단의 구성원인 형제들은 모든 쾌락을—모든 여성, 자원, 자유—자신만이 누리고 형제들에게는 금지한 아버지를 죽였다는 공통의 죄책감을 유지함으로써 구성원이 된다. 그 신화적 풍요로움에서 전부는 이기적인 향유의 아버지라는 형상이 그의 아들들의 쾌락을 박탈하면서 자신만이 쾌락을 누리지 않을 수 없도록 상상된 것이다. 각각의 남성은 집단 남성이라는 총체성의 일부로 존재한다. 아버지의 죽음 이후 남성 개체는 "거세"의 표지를 달게 되는데, 이 거세는 만족이나 전체성을 엄격하게 부인함으로써 점점 증대되는 상징적 행위성으로서의 부성적 금지를 내면화한 결과이다. 모든 남성이라는 집단은 개별 남성들이 겪는 거세를 부정하기 위해서 상호적 사랑이라는 상상계적 온전성으로써 항상적 질서로 둘러싸인 통일된 집단으로 속에 모두를 함께 묶는다. 아버지는 쫓겨났지만 이 과정에서 초월되어 손에 넣을 수 없는 쾌락의 유령적 투사 혹은 신화적인 상실된 풍요로움이 되었다. 아버지는 남근적 기표의 보편법칙을 증명해 주는 위대한 예외이다. 남성집단은 아버지의 육신과 그 육신의 과잉되고 트라우마적 향유의 상징적 잔여물들이 발견되는 곳은 어디에서나—희생양, 추방자, 죄인 등 그들이 고통당하는 지속되는 침략성을 집중시키는 초점 역할을 한다—새로운 배제들을 통해서 집단의 원초적 구성을 재상연한다.

프로이트는 가부장제적 집단이 자신을 "(하나가 빠진) 전부"의 보편으로 규정하는 이 원칙은 배제된 하나, 특별히 유대인의 하나에 역사적으로 기초해 왔다고 본다. 『문명과 불만』에서 프로이트가 했던 통렬한 아이러니를 떠올려 보라.

> 사랑하는 사람들을 상당수 모아 결속시키는 일은 오직 그들의 침략성을 드러낼 대상이 남아 있기만 한다면 언제나 가능하다 … 이런 관점에서 볼 때 여러 곳으로 흩어진 유대민족은 그들을 받아준 나라들의 문명발전을 이롭게 해왔지만, 유대인 학살로 인해 유감스럽게도 중세시대는 그들의 기독교인 동료들에게 좀 더 평화롭고 안전한 시대가 되기에 충분치 못했다. 일단 사도 바울이 그의 기독교 공동체의 기반으로 인간과 인간 사이의 보편적 사랑을 제시하고 나자 자신의 울타리 밖에 있는 사

> 람들을 향한 기독교 왕국의 극단적 불관용은 불가피한 결과가 되었다.[14]

반유대주의에 관한 프로이트의 분석에서 기독교의 "인간과 인간 사이의 보편적 사랑"이라는 기초 원칙에도 불구하고 유대인들은 기독교 문명의 상상계적 총체성과 그 봉합을 방해한다. 따라서 유대인들은 기독교 문명의 "원초적 아버지"라는 양면적 위치, 즉 이미 살해당한 법의 원천이자 구현체로서의 조상의 위치를 차지한다. 기독교 세계는 이 원천의 이질동형적heteronymous 독재로부터 해방되었음에도 불구하고 이 독재는 여전히 지속된다. 이 개종하지 않으려는 고집불통의 잔존 유대인들은 기독교 보편주의가 치른 비용과 여기에 노정된 한계들을 불편하게 상기시켜 줌으로써 더 잔인한 폭력을 초래한다. 이는 기독교 보편주의가 주장하는 것만큼 포용력이 없기 때문이 아니라 바로 보편적이기 때문에, 다시 말해서 기독교적 보편주의가 전부의 (특수한) 보편주의에 참여하고 있기 때문이다.

라깡의 "전부 아님" 개념은 지젝, 바디우, 모니크 데이빗-메나드, 조운 콥젝, 에릭 샌트너 등등의 이론에서 논의되는 보편주의의 새로운 모델로 향하는 의미 있는 전주곡이다. 여성적 섹슈얼리티의 논리에 기초한 "전부 아님"에서는 무한한 보편주의의 새로운 가능성이 출현한다. 이 보편주의는 〔한 방향만이 아니라〕 모든 방향을 향해 열려 있다. 〔남성이 대표하는〕 인간의 보편주의를 구축하는 안/밖의 근본적인 논리는 경계선을 중요한 지대로 만들게 되며, 이 위치에 등장하는 어느 것이라도(외부로부터 부성적 법을 집행하고 위반하는 주권이라는 단일한 형상을 취하든, 아버지의 상실된 쥬이상스를 불경하게 다수로 물질화하는, 귀양에서 돌아와 안으로부터 전부 앞에 출몰하는 유령적 사물이든) 불안감을 조성하게 된다. 적대주의, 실패한 주체화, 그리고 라깡의 이론에서 정치적 보편주의의 조건을 규정하는 헤게모니를 향한 투쟁은 따라서 전부의 보편주의에 노정된 문제 지형학을 보여주는 징후들이며, 진정 순수한 정치적 보편주의의 조건들이다. 하지만 전부 아님의 보편주의 또한 사유되어야 한다. 왜냐하면 우리는 "정치적인 것만은 아니기 때문"not-all political이다. 이렇게 말하는 것이 정치로부터의 유보, 가령 주권이나 전부의 정치적 보편주의의 조건들로부터 괄호쳐지거나 잠시 중단될 수 있는 윤리적 혹은 미학적 공간이 존재할 것임을 암시하지는 않는다. 하지만 전부 아님의 무한주의가 없이는 "다른 수단을 사용한 전쟁" 혹은 아무리 "우리"라는 의미를 확장시킬 수 있다 해도 여전히 총체적 지배를 위한 논리적 예외에 의존해 있는 봉쇄를 위한 나르시즘적 투쟁 이외에 다른 어느 것으로 정치를 사유할 방도가 없다. 전부의 보편주의는 내재적으로 항상적이고 자기방어적 체계이다. 쾌락원칙과 현실원칙의 변증법처럼 이 보편주의의 지상명령은 무엇보다도 자신의 체계성을 보전하는 것이다.

여성의 전부 아님에 대한 라깡의 논리는 보편주의에 무한성의 함수를 도입하며, 지젝과 바디우의 보편 이론에서 중요한 참조점을 제공한다. 지젝에서 예외는 그것이 우발성의 형식으로 드러나기 때문에 보편성을 확인해 준다는 의미에서 규칙을 "입증"하는 것이 아니라 그 자체로 보편의 지위로 고양된다. 지젝의 이론은 전부 아님의 정치적·철학적 결과들을 자세히 설명해 주고 있으며, 현 단계 대부분 문화 연구들이 보이는 특수주의에 깔린 다양하지만 취약한

"전부"의 양식들을 비판한다. 『까다로운 주체』*The Ticklish Subject*에서 지젝은 "보편이라는 라깡주의의 개념은 … 그 개념에 구성적으로 예외를 포함한다"고 강조한다. 그는 "징후적 독해의 기초적 전제는 따라서 모든 이데올로기적 보편성은 필연적으로 특수한 '내부의 외부' extimate 요소를 낳게 된다는 것이다. 이 요소는—정확히 보편성이 지시한 과정의 내재적이고 필연적인 산물로서—동시에 보편 자체를 침식한다. 징후는 보편의 예로서 보편을 전복시키는 예"[15]라고 주장한다. 지젝의 "징후적 독해"라는 개념은 보편을 사례와 예외의 응축이라는 입장에서 설명한 것으로서, 라깡이 주체를 소대상의 내재적 배제에 따라 결정된다고 개념규정한 것에 대한 주해이다. 라깡의 소대상은 대타자로부터 떨어져 나온 쥬이상스의 파편이다. 여기서 핵심은 주체에서 가장 주관적인 것은 바로 주체의 중심에 있는 이 근본적인 낯설음이며, 이것이 주체의 보편적 조건이라는 사실이다. 한 주체를 다른 주체와 완전히 결합시키는 유일한 연결고리는 각 주체가 보편의 중심에 놓인 "예외" 혹은 그러한 대상으로 탈종결, 즉 결정된다 de-termined 는 사실이다.

지젝은 보편과의 관계에서 주체의 기능과 진리의 의미에 대해 라클라우와 바디우 사이의 중요한 개념적 차이를 이렇게 설명한다.

> 라클라우에게 모든 헤게모니적 작용은 궁극적으로 '이데올로기적'이다. 이와 대조적으로 바디우에게 진리-사건은 해체될 수 없으며, 복잡하고 중층결정된 '흔적들'의 섬세한 조직의 효과로 환원될 수 없다 … 따라서 '미결정성'과 '동일성'이라는 해체주의, 그리고/혹은 포스트모던적 정치에 맞서 바디우는 진리를

> 정치적 요소로 (재)주장하기를 원한다고 할 때, 그는 진리의 어떤 영원한 중립적 질서 위에 정치를 세우는 전근대적 방식으로 돌아가기를 원하는 것이 아니다. 바디우의 진리는 그 자체로 신학적-정치적 개념이다. 종교적 계시가 진리-사건의 개념을 제공하는 드러나지 않은 패러다임이기 때문에 신학적이고, 진리란 중립적 직관의 방법으로 인식할 수 있는 상태가 아니라 (궁극적으로 정치적인) 참여의 문제라는 점에서 정치적이다. 결과적으로 바디우에게 주체화란 헤게모니적 이데올로기 진영의 봉쇄를 교란시키는 진리의 사건을 지시한다.[16]

지젝이 지적한 대로 보편문제에 대한 라클라우의 입장은 궁극적으로 해체주의적이다. 적어도 보편의 궁극적 기능이 이데올로기적이거나 혹은 고작해야 주체의 변화를 위해 필연적이거나 진짜가 아닌 소품이라는 점에서 그러하다. 주체는 보편에 헤게모니를 부여하는 작동인이며, 효과적으로 보편이 보편의 이해관계에 맞게 기능하도록 만든다. 이와 달리 바디우의 주체는 헤게모니적 이데올로기 "상황"을 정확히 방해한다. 이 상황은 새로운 진리가 이데올로기적 실패의 지점에서 출현하고 주체적 보편—보편으로서의 주체—을 생산해내는 지점이다. 만일 전부의 정치가 일상적인 세상사(바디우의 의미로는 "상황")를 결정한다면 전부가 아닌 정치는 바디우가 사건이라고 부른 가능성을 제시한다. 사건은 상황의 내부에서 돌출하는 새로운 것으로서 상황이 스스로 재구성되도록 강요한다.

바디우의 사유는 비록 대놓고 인정하지는 않지만 수학은 존재론이라는 주장을 필두로 구성된다. 따라서 철학은 존재에 대해서 말하는 것이 아니라(수학만이 존재에 대해 특수성을 갖고 말할 수 있다) 수학이 존재론을 한다고 할 때 무엇을 하는 것인지를 설명하고 발언하는 것이다. 한편 존재론이 아닌 것이 무엇인가에 관한 문제, 즉 스스로 존재로부터 감산되는 것, 그리고 바디우가 "사건"이라고 부른 것의 문제를 열어주는 것이 철학의 일이다. 바디우는 철학의 문제란 무가 아니라, 왜 어떤 것이 존재하는 것이 아니라(진정 바디우가 존재에 귀속시키는 유일한 실체는 공허다) 어떻게 어떤 일이 일어나고 새로운 것이 존재의 구조에서 등장하는가, 즉 우리가 우리 자신을 발견하는 상황에서 일어나는 일들에 관한 것이다. 바디우에 의하면 바로 사건 속에서 보편이 제 시간에 맞추어 등장한다. 우리가 "지식"이라고 부르는 것이 존재의 상징계적 경제에 속하는 것이라면 사건은 바디우가 하나의 진리라고 부른 것, 즉 지식 속에 존재하는 구멍, 우리의 상황이라는 확실성에서 감산된 어떤 것의 가능성을 표지한다. 바디우에게 주체는 네 가지 다른 담론적 장, 즉 과학, 정치, 예술, 사랑 가운데 하나에서 진리로 등장하는 사건에 충실하기이다. 각각의 진리는 그 나름의 사건의 양식을 갖고 있다(몇몇 이름을 떠올려 보면 과학에서는 갈릴레오, 정치에서는 프랑스 혁명, 예술에서는 쇤베르그, 사랑에서는 아벨라르와 엘로이즈, 혹은 좀 더 가까운 예로는 나와 내 연인). 그리고 각각의 진리는 이런 사건에 충실함으로써 보편의 가능성을 띤다.

바디우는 "보편에 관한 8가지 테제"를 제시한다. 이것은 다음과 같이 요약될 수 있다. 1) 보편주의의 적절한 매개체는 사유이다. 객관적 보편주의란 없다. 오직 주관적일 뿐이다. 2) 모든 보편주의는 고유하다. 특수성의 보편으로서의 지양은 가능하지 않다. 따라서 3) 보편은 존재의 질서가 아니라 존재를 방해하는 사건이다. 4) 보편은 우선 결정될 수 없는 것에 대한 결정으로 등장한다. 사건이 사라지고 나면 진술이 남는다. 5) 보편적 고유성은 사건에서 비롯되는 결과들로 제시된다. 6) 이 보편성을 표현하는 행위는 단일체이다 (양가적이지 않다). 7) 모든 보편적 고유성은 열려 있고, 불완전하며, 전부가 아니다. 이 여정은 무한하다. 8) 보편주의는 무한한 일반적 다양체를 충실히 구성한다.[17]

바디우에게 보편주의란 사유에서 일어나는 것으로서 결정, 성실성, 행위와 관련된 사유방식이다. 따라서 보편주의는 객관적으로 제시될 수 없고 포괄성으로만 결정될 수 없다. 보편주의는 보편에 성실하자는 결정을 내리는 과정에서 태어난 주체로서 제시된다. 무엇보다도 보편주의는 특수와 일반의 이데올로기와는 (어떤 형태를 띠는 것이든지) 구별되어야 한다. 어떤 것은 일반화에서 보편이 되는 것이 아니라 특수와 일반성의 체계들에서 일어나는 균열로 된다. 이 균열은 필연성, 가능성, 우발성의 구조로 실체화되는 "불가능성"이다. 보편주의는 결코 완결될 수 없는 진리과정의 결과이다. 보편주의는 결정된 "인권"의 목록과 같은 닫힌 집합을 낳을 수가 없다. 보편주의는 항상 열려 있고, 무한하다. 바디우의 보편을 예시해 주는 주요한 이론가는 물론 사도 바울이다.[18] 바울은 "예수가 부활하셨다"라는 선언이 가리키는 사건에 충실함으로써 보편의 새로운 주체의 모범이 된다. 이때 그의 성실성은 진술 자체가 허구적이라도 오직 성실하기 위한 결정의 진정한 결과들을 보여준다는 점에 한해서 그렇다. "'예수가 부활하셨다'는 주장은 마치 보편과 특수의 대립에서 감산된 듯하다. 왜냐하면 이 선언은 우리가 역사적이라고 가정할 수 없는 서사적 진술이기 때문이다."[19] 이 선언은 결정 불가능한 진술이며, 보편/특수의 변증법적 사유에서 감산됨으로써 그 선언이 일어난 전체 사회-개념적 조건들과 단절되고 그 사건과 무관한 조건들을 선언한다. 동일성, 법에 복종할지 여부에 대한 무관심, 남녀 구분이나 그리스인인지 유대인인지의 구분에 대한 무관함에 대한 이론화는 바디우에 따르면 차이를 없애기 위한 것이 아니라 절대적 적대주의를 낳는 차이의 양극화를 피하기 위한 것이다.[20] 차이는 명백하고, 도처에 널려 있다. 차이는 타자의 타자성과 만나기 위해 많은 것을 요구하지 않는다고 바디우는 말한다. 하지만 진정한 도전은 사건에 충실할 때 생겨나는 주체의 보편성에서 동일성을 찾아내는 일이다. 바디우는 이렇게 쓴다. "사도 바울의 준칙은 보편에서 주체의 보편화된 정체성을 해소하기로, 이 준칙에서 동일성은 우리 자신의 정체성을 필요하다면 바꾸어서라도 이루어내야 할 것이 된다." 바디우에게 사도 바울은 보편주의를 사유하기를 원하며, 보편주의를 살며, 보편주의가 출현한 세상 밖으로 나가는 것이 아니라 세상 속에 놓인 예외가 됨으로써 사건에 충실하려고 열망하는 주체이다. "오직 내재적 예외만이 보편적이다."[21] 바디우가 보기에 기독교의 역사는 대체로 바울의 보편주의에 대한 배신이지만 바울은 이 규칙의 예외로 남아 있다.

이 글에서 내가 시도하려는 프로젝트는 사도 바울의 사유에서 발전되어 온 기독교 보편주의에 대한 외연적 설명에 부차적인 내연적인 유대교 보편주의라는 개념을 정립하는 것이다. 보편주의가 "일반적 다양체"이거나 "일반적 집합"(바디우의 이론에서 핵심적인 것으로 수학자 폴 코헨의 개념)으로 구성된다고 진술한 바디우의 여덟 번째 테제는 여기서 핵심적이다. "일반적 집합"은 집합에 속하지 않는 상황, 즉 집합에 제시되어 있지 않거나 적절하지 않은 상황 또는 상황이라는 관점에서 식별하기 어려운 상황에 포함된 한 집합이다. 바디우는 진리의 과정은 일련의 원소들로 구성된 부분집합을 만드는 것이라고 한다. 이 원소들은 상황의 관점에서는 비가시적이며 미미하다고 해도 사건에 충실하며, 그 진실성을 입증해 준다. 일반적 집합들의 원소들을 통합시키는 이 성실함 이외에는 어떤 실증적인 서술부란 없다. 성실함은 "어떤 공통 성질도 공유하지 않고 공통 원칙에도 따르지 않는 무한히 많은 원소들로 구성된 집합들"로서 열려 있도록 해준다.[22] 『존재와 사건』에서 바디우가 일반적 집합에 대해 사용한 독특한 상징은 ♀인데, 이런 집합의 패러다임적 예가 바로 전부 아님의 여성의 집합임을 암시한다.

전부의 보편주의 논리에서 예외의 원칙은 희생이다. 원초적 아버지가 소유하고 있다고 상상된 쥬이상스를 위해서 그 아버지를 살해한 원초적 희생과, 형제집단이 아버지를 살해한 후 그들이 함께 공존하기 위한 조건으로 받아들여야만 하는 자유로운 쥬이상스를 향한 소망을 희생하기, 그리고 형제들에게 그들이 지은 죄를 상기시켜 주는 쫓겨난 쥬이상스의 잔재를 정기적으로 희생시킴으로써 형제들의 침략성을 재연과정을 통해 만족시킬 기회를 제공한다. 하지만 "전부가 아닌 여성들"의 집단에 제한이 없는 것은 아니다. 진정 여성을 표지하는 제한의 원칙은 어떤 예외도 없다는 사실이다. 그러나 여성적 섹슈얼리티에서 보편주의를 무한하게 해주는 "전부가 아닌" 어떤 것이 존재한다면 그것은 희생이 아니라 탈완전화 혹은 감산을 통해 기능한다. 전부는 여성의 경우 완전성을 박탈당한다. 여성의 장에는 통일성도 봉쇄도 총체성도 없다. 상실된 상상계적 완전성을 구성하고 "모든 남성"이란 개념과 존재라는 관념 그 자체를 보증해 주는 희생적 논리에서처럼 반드시 보상받아야 할 원초적 희생의 장면도 없다.

바디우는 존재의 전부에 대한 이와 같은 탈완전화를 감산의 행위라고 개념화한다.[23] 감산은 회복경제의 일부가 아니다. 감산은 더 고차원적 통일성으로 승화되지 않으며, "더하기"와 "빼기"의 대차대조표의 일부도 아니다. 감산은 보편적 진리와 탈완전성의 공간에서 주체를 절합하기 위해 자리를 열어놓는 순수하게 내재적인 행위이다.[24] 상황에 균열을 일으키는 사건은 새로운 것, 가령 촉매나 수정알을 넣어서 일어나는 것이 아니라, 뭔가가 떨어져 나가고 더 이상 상황의 세상을 지배하는 조건이나 원칙들로는 이해될 수 없게 될 때 일어난다. 우리가 더 이상 뭔가 특수한 대상의 의미를 결정할 수 없고 어떤 구별이 갖는 가치도 식별할 수 없게 될 때, 우리가 이름붙일 수 없는 어떤 것 때문에 주춤할 때 현실의 체계에 구멍이 생긴다. 이보다 더 중요한 것은 "감산"은 하나의 집단(다양체)이 사건 자체에 대한 무한한 성실함 이외에는 어떤 서술부에 의해서도 결정되지 않는(어떤 성질도 없을 때) 전체에서 등장할 때, 그리고 불가능성에 실체를 부여해 주는 응집력에서만 전체의 재구성이 근본적으로 새로운 조건을 갖게 될 때이다. 이 논의 상세한 사항들은 유대문제, 즉 유대 보편주의의 문제와 숭고하게도 관련되어 있다.

프란쯔 로젠바이그를 통해서 본 유대 보편주의[역주1]

유대사상가들 중 처음으로 정치적·신학적 보편주의 문제와 정면승부를 한 사람은 사도 바울이었다. 유대사상가들은 역사적으로 기독교의 신플라톤주의와 아우구스투스의 신학으로부터 유대 보편주의의 기획을 정당화해 줄 이론을 빌려왔으나 계몽주의에 이르러 유대주의의 배타성 혹은 부족주의를 비난하는 측에 맞서 유대주의를 옹호해야 할 필요를 느끼게 되어 유대 보편주의가 그리스 문명과 기독교의 보편주의에 견줄 만하다는 논의를 발전시키게 된다. 이러한 유대 보편주의 사상가로서 독보적인 이는 신칸트주의자 허만 코헨이다. 코헨은 칸트의 이성의 원칙들을 부활시키려 노력하는 한편 유대사상과 칸트의 실천이성이 초월적 기원과 목적론의 개념들을 공유하며, 따라서 특수한 형이상학적 신념들보다는 신이라는 구조적 가정의 필요성 속에서 작동한다고 주장한다. 코헨의 이러한 합리주의적 유대주의는 일종의 프로테스탄트적 순수성과 필적할 만하고, 어쩌면 위대한 독일-유대교적 통합으로 실현될 법도 했으나 아쉽게도 그의 상상은 시기를 잘못 만나 빛을 보지 못했다.[25]

하지만 로젠바이그의 『구원의 별』(1920)이 등장함으로써 "유대주의"와 "철학" 사이에 새로운 만남이 이루어지게 된다. 유대주의를 계몽적 이성과 접목시키려는 동화주의적 시도뿐 아니라, 기독교적 사례들과 경쟁하는 유대 보편주의에 대한 수세적인 접근법과도 절연하면서 로젠바이그는 유대주의와 기독교를 두 가지 평행하는 존재 모델로, 즉 공통적 보편주의의 사명에 속하는 일부로 제시한다. 물론 유대주의와 기독교는 때로 서로 다른 분리된 의제를 가진 불편한 이웃이 되기도 한다. 기독교는 이미 메시아를 받아들였지만 유대교는 메시아의 영원히 연기된 출현을 인내심을 가지고 기다리면서 소소한 법들을 지키며 살아가는 일상의 세계에 묶인 종교라는 일반적인 이해에 대항해서 그는 유대인은 현재의 영원성을 살며, 기독교인들은 세계사적 팽창주의 투쟁에 참여함으로써 역사와 제국의 논리에 따른 그들의 보편주의적 사명을 다하고 있다고 주장한다. 『구원의 별』에서 유대주의는 영원한 생명의 "불"이고, 기독교는 이 불에서 나오는 밖으로 퍼져가는 "광선"이다. 이 두 종교의 본질적 진리는 신조, 교리, 규칙의 준수보다는 세상 속에서 살아가는 방식들, 각 종교의 독특한 의제를 통해서만 궁극적으로 실현될 수 있는 보편주의의 구성요소들로 기능하는 시간적 존재 및 주관성의 양식들과 더 관련된다.

민족국가들로 확장해 가는 기독교적 추동력이 "전부"의 보편주의라면 이 총체성에 대한 예외, 즉 자신의 유대주의를 포기하지 않은 채 기독교적 분산에 단순하게 포함되지 않는 유대인이라는 예외가 있을 때에만 이 보편주의는 가능하다. 이러한 유대주의적 배제 혹은 예외는 "민족국가들에게 빛을 비추는" 성직자의 역할을 하도록 "선택받았다"는 유대주의적 자기 이해 구조 속에 이미 일부로 포함되어 있다. 이러한 선택받은 민족으로서의 유대주의는 예외적인 혜택이나 특별한 장점이라기보다는 그럴 자격이 없는 민족에게 과도하게 부여된 짐으로 받아들여져 왔다. 보편주의에 대한 기독교적 이해는 희생의 논리에 토대를 둔다. 예수가 죽어야만 세상이 구원될 수 있다는 이 희생의 논리에서 예수의 이러한 유대인성은 마땅히 제거되어야 하는 것이며, 예수의 희생을 수용하는 이들은 스스로를 진정 "선택받은" 민족으로 등장할 수 있게 된다. 이 민족은 신앙 그 자체에 충실함으로써 가치를 얻게 된다. 한편 유대인의 보편주의는 희생을 대속의 논리로 대체하고(아브라함이 이삭을 "희생"하는 장면에서 아이를 양으로 대체하기), 감산(말 그대로 포경시술에서의 귀도 떼어내기)을 통해 희생시킨다. 유대적 예외가 이 두 가지, 즉 희생과 대속으로 제시될 때 여기서 예외는 지금까지 세상에 알려지지 않았던 "전부 아님"의 보편주의를 도입하게 된다.

『구원의 별』에서 로젠바이그는 관념주의에 대한 도전으로 자신의 논의를 규정함으로써 출발한다. 그는 관념철학에서 세상의 속성으로 간주되는 통일성unicity은 세상을 개념화하려는 방편이었던 로고스의 통일성에 속하는 한 기능에 불과하다고 지적하면서 이 두 가지 통일성은 모두 드러내놓고 허위적이거나 기껏해야 우발적인 관계를 맺을 뿐이라고 한다. "존재의 통일성"과 "추론의 통일성"을 이처럼 부인하는 것은 로젠바이그가 "이오니아에서 제나에 이르는 위대한 철학자 집단 전체에 장갑을 던지는" 격이 된다.[26] 그러나 관념주의에서 특수주의나 문화주의로 후퇴하는 대신 로젠바이그는 개선된 보편주의적 설명을 제공한다. 그의 개선된 보편주의는 칸트와 헤겔을 대신해서 키에르케고르와 니체의 사유에서 출발한다. 로젠바이그는 관념주의란 개인의 죽음이라는 현실에 대한 방어기제라고 비판하면서 다음과 같이 쓴다. "〔이 방어기제는〕 철학의 기본 개념, 즉 일자와 전부에 대한 보편적 인식이라는 개념이 형성되기도 전에 이미 그 허위성을 드러낸다"(5쪽). 삶의 고유성과 죽음의 특수성에 마주할 때 전부라는 환상적 총체성은 애초에 무관했던 세 요소, 즉 신, 세상, 인간으로 파편화된다. 이 세 가지 "전부가 아닌" 것들은 자기반영적 고립 속에서 따로 존재한다고 말할 수 있다. "지금껏 철학의 근본적으로 단순한 내용이었던 추론과 존재의 전부All가 우리를 위해 세 가지 따로 떨어진 조각들로 의도하지 않게 분리되어 서로 다르면서도 분명하게 이해되지 않는 방식으로 서로를 밀어낸다. 이 세 조각들은 신, 세상, 인간이다 … 우리는 이들을 이성적 과학의 대상으로서가 아니라 반대로 '비이성적인' 대상들로 복구시키려 한다"(19쪽). 이 세 요소들은 하나의 숫자(가령 $\sqrt{2}$)가 비이성적일 수 있다는 의미에서($\sqrt{2}$는 실재하는 숫자이지만 완성되거나 주기성이 없이 무한히 표현된다) "비이성적이다." 로젠바이그는 이 세 개념들을 알 수 있을 가능성에 노정된 한계를 칸트적 방식으로 주장하는 대신 이 세 개념들이 자신의 차이를 제시하는 데 무한하다고 주장한다. 태초에 신, 세상, 인간을 연결해 주는 것이 아무것도 없었다. 실제로 이 세 요소들은 서로를 "밀어냈다." 각자 서로 모순이거나 적어도 상대를 완전히 무시하는 사유의 양식들을 함축한다. 궁극적으로 이 셋이 언어를 통해서, 그리고 로젠바이그가 "창조", "계시", "구원"이라고 부른 상호작용의 길을 따라가면서 서로 간의 상호관계를 시작하게 될 것이다. 하지만 "형이상학"(신), "메타논리"(세상), "메타윤리학"(인간)을 통해서 구성되는 초기 묘사들에서는 이 세 요소들은 고립된 파편으로, 실재하지만 비이성적인 것으로 남아 있어 "무"도 아니고 "모든 것"도 아닌 세 가지 어떤 것들이다.[27]

『구원의 별』은 신을 알려고 하거나 신이 제시한 인간의 방식을 정당화하기 위한 신학적 기획이 아니다. 로젠바이그는 이 책은 "유대적"이지 않고 말 그대로 철학서라고 주장한다. 이 책은 일정한 지식에 도달하게 해주는 체계적인 사유실험이며, 바디우의 의미에서 사유 속의 모순들에서 생겨나는 진리, 시초부터 가정할 수 없는 종류의 진리를 가져다 주는 것이다. 로젠바이그는 이 길을 가려고 결정하는 것은 정확히 선택, 즉 "무"로서의 죽음에서 "모든 것"이라는 사유로 움직여 가는 관념론의 가정과는 무관한 선택을 내리는 것이라고 한다. 또 이 선택은 부정신학의 가정들과도 무관하다. 부정신학은 어떤 실증적 진술의 가능성을 가차 없이 비판하고 선택하기를 거부하며 모든 "어떤 것"을 "무"로 환원시키는 해체의 원형과 같은 것으로서, 여기서 마침내 "무신론과 신비주의가 악수를 하게 된다"(23쪽). 이들과는 달리 로젠바이그의 "신사유"는 무에서 시작해서 "어떤 것"으로 옮겨가 "무가 아닌 것"에 네라고 대답하는 선택이다. 관념론의 변증법적 논리와 부정신학의 귀납적 방법과 달리 이 사유의 여정 혹은 사유의 몸짓을 위한 첫 안내서는 수학이다. 로젠바이그의 수학적 상징론은 일종의 "A=A"라는 일련의 등식들로 구조적으로는 함수이지만 미적분의 요소가 필요한 것이다. 특히 허만 코헨의 "미분"에 관한 설명은 로젠바이그가 제공하는 우아한 묘사에 따르면 "유한확장만을 제외하고 유한확장의 특성 모두를" 빌려온다(20쪽).[28] 코헨의 미분방식 논문은 그렇지 않았더라면 칸트주의가 되었을 (지나치게 칸트적인) 사유에서 핵심적인 텍스트를 제공해줌으로써 로젠바이그가 관념론의 전통과 결정적으로 단절할 수 있도록 해주었다. "일자와 숫자 영처럼 '무'에 불과했을 보편적인 무, 진정한 '비(非)-무(無)'의 자리에 코헨은 현실 속으로 그 모든 영양분이 굴절된 특수한 무를 도입한다"(갈리의 번역본 29쪽). 로젠바이그에게는 미분이 바로 그 "특수한 무"이며, 관념론이 죽음을 무로 물화시킨 것 이상의 무이면서도 경험론의 생명 없는 어떤 것들보다는 덜한 무로서 어떤 사물도 혹은 무도 가정하지 않는 기원의 철학을 위한 최상의 출발점을 제공하게 된 그런 무이다. 이 미분의 개념은 결국 수학자들에 의해서 이론적으로 일관성이 결여된 실체로 비판받게 되며 좀 더 생산적인 계산 형태를 낳게 되겠지만, 로젠바이그의 개념은 경험론의 특수주의와 관념론의 보편주의의 변증법적 관계 바깥에서 사유할 수 있는 강력한 시도의 예를 제시해 준다.[29]

로젠바이그에게 우주가 창조되었다는 사상은 "생성"〔Erzeugung〕이라는 고전적 개념들과 신플라톤주의의 "방사" 개념들과는 구별되어야 한다. 이 개념들은 헤겔주의적 관념론의 선례들이다. 고전주의와 신플라톤주의의 사유에서 세상은 보편 혹은 보편을 표현해 주는 특수들로 구성된 일련의 보편적 범주들의 집합으로 이해된다. "세상의 구조에서 영구 지속되는 본질이란 보편이다. 정확히 말하면 그 자체로 보편적이라 해도 개별자를 안에 품고서 그 자체로부터 개별자를 지속적으로 내놓는 범주이다"(120쪽). 이 원형原型 우주적 세계는 시공간적 함수가 없는 고정된 상태의 우주로서, 존재하고 있다는 사실만으로 규정된다. 하지만 창조의 세계는 전적으로 그것의 외부에 존재하는 어떤 창조주를 함축하는 것만이 아니라, 로젠바이그가 유사-하이데거적인 방식으로 존재에 상반되는 현존재〔Dasein〕라고 부른 불안정성도 함축되어 있다.

> "존재와 대조되어 실존은 개별체들로 가득한, 언제나 어느 곳에서나 존재하지 않지만 개별자로 오염된 채 바로 이곳에 있으

> 며, 스스로를 유지하기 위해선 지속적으로 재생되어야 하는 보편을 의미한다. 세상은 그로부터 실존이 출현하며, 지속적으로 실존이 재생되기 위해선 부정해야 하는 단단한 구성체이다 … 실존이 결여하고 있는 것은 존재, 무조건적이고 보편적인 존재이다 … 즉각적인 현상들로 넘쳐나는 그 보편성의 성격상 실존은 자기 자신이 제공해 줄 수 없는 안전성과 정확성을 얻기 위해서 존재를 염원한다"(120-121쪽).

그 자체의 보편성으로 창조된 실존으로서의 세상은 그리스 사상에서의 원초적 세상이 갖는 "전부"의 충만함을 결여하고 있다. 존재가 창조되기 위해선 존재는 탈완전화, 불안정화되고 실존의 일시성으로 던져져야 한다. 존재는 실존의 고유성으로 "감염되지만" 또 바로 그렇게 됨으로써 "넘쳐나는" 보편성을 획득하게 된다. 창조는 존재 바깥의 가설적인 한 지점으로부터 정확한 시간에 맞추어 근원적으로 방해를 하는 것이면서 동시에 존재가 계속 반복되고 재생되는 존재의 쉼 없는 생성이다.

로젠바이그는 관념론이 제시하는 세상과 메타논리적 세상 사이의 차이를 묘사함으로써 궁극적으로 실존의 창조된 세상이라는 개념을 낳게 된다. "관념론의 전부 가득 찬 세상과 대조적으로 메타논리적 세상은 완전히 충족되고 구조화된 세상이다. 이 세상은 부분들로 구성된 전체이다. 이 부분들은 전체로 충족되지 않고 그것에 의해 탄생하지도 않는다. 전체는 단순히 전부가 아니다. 전체는 그저 전체일 뿐이다. 따라서 부분들로부터 전체로 이르는 길은 수없이 많다. … 진정한 개체라면 개개의 부분들은 전체로 이르는 자신만의 여정을 갖고 있다. 반면 관념론적 시각에서 보는 우주에는 모든 개별 구성원들로 가득 차 있지만 이 개체들로 다가갈 길은 오직 하나이다"(51-52쪽). 로젠바이그의 사상에서 관념론의 보편적 전부와 달리 메타논리적 세상이라는 개념 속에 내재된 보편주의는 전부가 아니다. 이 세상의 전체성은 부분들이 순응해야만 하는 어떤 통합적 원칙으로 가정되어 있지 않고 그 부분들로부터 생산된다. 각 부분은 고유한 실재적인 사물로서 전체와 관련되어 있고, 일련의 이질적인 부분들 중 하나로서 그 고유하고 독특한 경로를 따라서 보편과 조우한다. 반면 관념론에서 실재란 오직 근원적이고 궁극적인 보편이라는 관념에 귀속될 뿐이며, 이 관념의 진실성은 스스로를 표현하거나 상대적으로 진실성이 떨어진 특수성들 속에서 "방사"된다.

(로젠바이그의 이론에서 플라톤주의와 신플라톤주의를 아우르며 피이테와 헤겔을 거친 철학의 역사를 구성하는) "관념의 논리"는 보편의 선험성과 보편이 특수한 속성들을 통해 "방사"되거나 표현된다고 가정한다. 따라서 이 보편은 "A=B"라는 함수의 공식으로 표현될 수 있다. "창조의 논리"에서 창조의 보편성은 부차적인 것으로, 존재의 다수성에 실행되는 변형의 결과이다. 이를 로젠바이그는 "B=A"라고 표현한다. "개별자의 혼란스러운 풍요로움이 바로 창조과정에서 첫 번째로 창조되는 것이다. … 보편은 창조자가 그곳에 놓은 '주어진' 용기로 구성되며, 개별자는 창조에서 자유롭게 끓어올라서 깔대기를 통해 이 안으로 흘러들어 가게 된다"(139쪽). 로젠바이그는 이것은 오직 순간적인 봉쇄라고 한다. 우리는 창조를 개념화하기 위해서 단순히 방사를 전도시킬 수는 없다. 이는 말하자면 오래된 술을

새 항아리에 담는 것이나 마찬가지이다. 관념론이 제공하는 환상이란 창조의 보편론이 계시의 관점 바깥에서 충분히 설명될 수 있다고 상상하는 것이다. 이 관점은 전체에 대한 언어학적인 개입 혹은 방해를 제공하는데, 논리는 반드시 언어, 즉 말과 말의 문법적 질서와 수사학적 방황에 의해 부가되어야 한다.

"주어진 용기"라는 보편의 이미지는 루리아닉 카발리즘[역주2]의 주요 교리인 "용기를 깨뜨리기"를 염두에 둔 것이다. 이 비교秘敎주의적 교리가 설명하는 창조에서는 빛에서 뿜어져 나오는 신의 시원적 창조를 담는 그릇으로 만든 "용기들"이 창조의 넘쳐나는 충만함을 담아낼 수 없어서 깨져버리게 되어 용기의 파편들과 빛의 조각들이 "빅뱅"으로 폭발한다. 우리가 사는 세상은 이 파편들로 구성되어 있고 "세상을 수리하는 일"이 인류의 의무가 되어 누더기처럼 기워진 신의 창조를 완성시켜야 한다. 창조에 관한 이 재난과도 같은 설명은 근본적으로 우주의 불균형을 함축하고 있다. 이 불균형의 우주는 자신과 일심동체가 아니며 조화롭거나 완전히 계획되지도 않았다. 도리어 혼란스러우리만치 복수의 다양체이다. 창조된 세상의 존재론, 유대교 신비주의, 그리고 로젠바이그의 철학에서 존재란 항상적일 수 없다. 존재는 뭔가를 상실했거나 지나치게 충만되어 그 자체로 불편한 것이며, 이러한 사실에 대한 생생한 경험이 바로 실존의 핵심이다.

1917년 사촌 루돌프 에른버그에게 보낸 한 유명한 편지에서 로젠바이그는 창조된 세상이라는 자신의 개념을 "어두운 땅" 혹은 심연으로부터 신의 자생이라는 쉘링의 개념과 연결시키고, 이 두 개념을 다시 심숨tsimtsum이라는 루리아닉 카발리즘의 개념으로 연결시킨다. 심숨은 신이 세상을 자기 자신으로 축소시켜서 창조했다는 개념이다.[30] 이 개념은 유대교 신비주의의 가장 오래된 책이며 카발라의 핵심 문서인 「세퍼 옛지라」[*Sefer Yetzira*(창조의 책), 신의 10가지 양태를 나타내는 10개의 이상적 숫자 체계인 sefirot의 원전][31]에서 처음 언급되었다. 신이 발화를 통해서 세상을 실존으로 만드는 기독교의 성서적 창조 해설과는 달리 「세퍼 옛지라」는 야Yah라고 줄여서 불리는 십계명의 신이 창조 이전의 법제적 끌을 사용해서 일종의 법을 돌에다 새기는 행위를 통해서 세상을 실존으로 써내려 가는 것으로 제시한다. 창조의 언어는 실재의 셈하기 혹은 로젠바이그가 "다시 셈하기"라고 부른 것으로 숫자 계산의 절차이다.[34] 이는 어떤 것을 제거함으로써 얻게 되는 창조이다. 이 제거는 공동화 혹은 한계짓기로서 제자 카힘 비찰이 『에츠 하임』(*Etz Chayyim*, 생명의 책)이라는 제목으로 모아놓은 16세기 아이작 루리아의 가르침에서 심숨이라고 불리는 창조의 순간으로 알려져 있다.

> "당신은 보편이 출현하고 창조가 이루어지기 전에 최상의 단순한 빛이 실존 전체를 가득 채웠다는 사실을 알아야 한다. 어떤 텅 빈 공간도 없었고, 텅 빈 공간 혹은 공허의 양상도 보이지 않았으며, 모든 것이 무한의 단순한 빛으로 충만했다 … 세상을 창조하고 방사를 하겠다는 그의 단순한 의지에서 빛이 솟아올랐을 때 … 무한 그 자체는 정중앙에 빛의 정확한 중심으로 압축되었고, 그가 빛을 압축시키고 중앙으로부터 그것을 둘러싼 주변으로 물러났을 때 그곳에는 텅 빈 공간이 남게 되었다. 텅 빈 공간, 그리고 공허."[35]

세상의 창조를 새김 혹은 기입의 행위로 제시했던 「세퍼 엣지라」의 설명에서부터 루리아는 신의 자기 축소 혹은 탈완성이라는 새로운 파격적인 개념으로 창조를 표현한다. 심숨은 신이 편재하고 전능한 것이라면 신이 아닌 어떤 것이 어떻게 존재하게 되었는가 하는 문제에 답을 제공한다. 공간은 창조를 위해 깨끗이 마련되어야 한다. 신플라톤주의자와 스피노자주의자들이 주장하는 것처럼 창조가 신의 확장 혹은 신의 "방사" 이외에 다른 것이 아니라면 그의 방사 이전에 신은 압축을 통해서 그의 절대적 중심에 무를 창조해야 한다. 심숨은 무로부터의 창조라기보다는 창조란 무엇보다 우선적으로 무의 창조라는 것을 의미한다. 여기서 무는 그것이 신이 아닌 것이라면 우주의 본질적 존재를 구현하게 될 공허 바로 그것이다.[36] 이를 은근히 자발적 귀양 혹은 자기 추방이라고 해석하려 드는 일부 카발리즘과는 달리 심숨은 기독교에서 십자가에 못 박힌 신의 희생과 같은 종류의 자기 희생의 행위가 아니다. 압축의 과정을 통해 신은 자신을 정화시키고 그의 원초적 전부의 일부분이었던 악의 요소들을 제거하는 것이다. 이는 신의 입장에서는 "사랑의 자유로운 행위이지만, 또한 신이 아닌 지역을 창조함으로써 쓸데없는 부산물들과 같은 존재를 내쫓아버림으로써 신에게 숨 쉴 기회를 주는 것이다.[37]

심숨 개념은 논쟁을 일으키면서 창조에 관한 정통적 설명과 충돌하고, 따라서 종종 배제되곤 한다. 물론 카발라 역시 그 자체로 비의적인 교리이며, 최근 들어서 비로소 뉴에이지 문화와 "팝" 유대주의의 일부가 되었다. 하지만 신비주의의 가장 완성된 텍스트인 토라와 좀 더 "정통적"인 랍비의 해석들 속에서도 탈완성 혹은 텅 비게 하기 등 창조에 관한 이 심숨 개념의 흔적들이 나타난다. 창세기의 서두에 등장하는 가장 유명한 창조의 장면을 떠올려 보자. "천지와 만물이 다 이루니라. 하느님이 지으시던 일이 일곱째 날에 이르러 마치니 그 지으시던 일이 다하므로 일곱째 날에 안식하시니라"(창세기 2:1-2).[역주3] 랍비는 세상이 여섯 번째 날에 다 만들어졌다면 왜 신은 그가 지으신 일을 끝내려고 일곱째 날까지 무엇을 창조하고 있었던 것인지를 묻는다. 왜 신은 여섯째 날 일을 다 마치고 일곱 번째 날에 쉬지 않았을까? 대다수의 사람들은 성경에 쓰여진 것을 잘못 기억하고 있는 것이 아닐까? 성서를 해석학적 차원에서 해설하는 방법에 따르면 일곱째 날 창조된 것은 바로 휴식이다. "그리고 그 속에 무엇이 창조되었나? 고요함, 편안함, 평화와 조용함."[38] 다시 한 번 말하면 유대교의 우주는 무로부터 나온 창조가 아니라 무의 창조로 결정된 것이다.

『정신분석의 윤리』에서 라깡은 무로부터의 창조라는 개념을 공허의 주위로 사물을 빚는 도자기공에 대한 하이데거의 설명과 연결시킨다.

> 이제 당신이 내가 제시하는 관점으로 이 화병을 큰 사물이라고 불리는 실재의 중심에 놓인 텅 빔을 재현하는 대상으로 본다면 재현으로 표현된 이 텅 빔은 스스로 무로서 제시한다. 이것이 내가 지금 말하고 있는 상대인 당신이 그렇듯이 도자기공이 이 텅 빔을 자신의 손으로 둘러싸고 화병을 만드는 이유이다. 그는 신비로운 창조주처럼 화병을 무로부터, 즉 구멍을 만들기 시작함으로써 창조한다.[39]

유대-기독교의 창조 개념에서 핵심적 요소는 공허의 생산이다. 바로 이 점 때문에 성서적 전통은 물질이 영원하다는 기독교적 개념과 대립한다. 라깡에게 "실재에 구멍 혹은 틈을 만들기"란 "기표의 형성"이라는 인간의 독특한 행위를 규정한다. 이 행위는 근대 과학과 근대성을 등장시킨 시원적 균열이다. "갈릴레오와 함께 탄생한 근대 과학은 고대 철학이나 아리스토텔레스의 전통이 아니라, 오직 성서적 혹은 유대적 이데올로기로부터 발전되어 나올 수 있었다." 이것이 바로 유명론적 단절의 시작이다. 유대-기독교전통에 비판적인 다문화주의자들이 생각하듯 초월적 보편주의의 기원은 아니지만 그것의 전치이다. "다시 말해 천국의 둥근 천장은 더 이상 존재하지 않고, 그곳에 있어야 할 가장 최고의 참조점인 천체는 마치 그곳에 있지 않은 듯이 보인다. 실존주의자들이 묘사하듯 그들의 현실성은 사실성에 의해서 본질적 성격이 표현된다. 즉 그들은 근본적으로 우발적이다."[40]

로젠바이그는 『구원의 별』에서 창조와 관련된 논의를 창세기 1권에 대한 "문법적 분석"으로 끝내면서 「창세기」에서 신이 창조한 것을 바라보며 "아주 좋다"라고 말할 때, tov ma'od라는 말이 tov mot이라고 들릴 때 "아주"에 해당하는 ma'od가 "죽음"이라는 낱말인 mot과 동음이의어가 되어 "죽는 것은 좋은/선한 것"이라는 스토아적 사유와 유사한 것으로 바뀌게 된다. 이러한 랍비식 해석에서는 왜 정확히 가장 선한 것의 자리에 "죽음"이 창조의 절정으로 등장하는가라는 질문을 낳게 된다. 이에 대한 대답으로 로젠바이그는 창조는 그것을 넘어선, 혹은 그것과는 다른 뭔가, "세속성 안에 세속적인 것 이상의 어떤 것", 동시에 그것으로부터 뭔가 생생한 어떤 것을 가로채는 어떤 것, 즉 "삶에 속해 있는, 삶과는 다른 어떤 것"으로서의 죽음을 추가함으로써 완전해진다고 말한다(155쪽). 하이데거식으로 말하면 이는 존재의 고유한 인간적 지평으로서의 죽음이며, 자연적이라든가 생명이 그저 부재한 것으로서가 아니라 그 자체로 창조된 죽음이다. 죽음은 생명의 다른 측면으로서 그저 선한 것이 아니라 아주 선하며, 그럼으로써 비교, 차별화, 비정체성의 가능성을 도입한다. 죽음은 인간성을 창조로부터 전치시키는 "초창조"이다. 이는 인간이 살고 죽어가는 우주를 탈완성화시키고 우주 속의 무리들을 창조의 "전부가 아닌" 것으로 자리매김한다. 무엇보다 창조의 무한한 장 속에서 결여라면 창조 그 자체는 이제 결여된 것으로 구성되며, 인간은 그런 창조의 일부가 될 것이다. 요한계시록에서 이 창조는 자신의 결여를 사유하라고, "죽음의 선함"이라는 텍스트적 문제를 그 자신의 문제로 다루라고 요구받는다.

하지만 로젠바이그는 곧바로 계시에 관한 부분을 시작하면서 이렇게 말한다. "사랑은 죽음만큼 강하다." 천지창조의 작업이 우주(그리고 보편주의적 존재론)를 감산에 의해서 구성하는 것과 관련된다면 죽음이야말로 창조를 탈완성하는 보편적인 감산원칙이다. 창조에서 비롯되는 인간성의 세대들은 자신들이 절대적 현재의 시간에서 신의 사랑을 받고 있다고 느낄 때에만 주체가 된다. 만일 창조의 존재론이 근본적 과거에서 대상세계의 다수성을 생산한다면 계시는 감산과 한계를 통해서 유사하게 주체를 생산한다. 로젠바이그는 문법적으로 창조에서 계시로 이르는 통로는 명사가 직접목적어로 사용되다가 주어로 바뀌는 과정이라고 한다. "하지만 경험의 대상으로서 명사는 사물이 되기를 멈춘다. 명사는 더 이상 사물의 기본 성격, 사물들 사이에 존재하는 한 사물로서의 대상성을 보여주지 않는다. 명사는 주어가 되어 뭔가 개체가 된다. 원칙적으로 이때 명사는 단수형이다"(186쪽). 계시의 주체인 신이 아끼는 자는 근본적으로 단수이며, 집단으로 호명되는 일반적 이름이 아니라 고유명사로 규정된다. 세상이 근본적으로 뭔가를 결여하고 불안전하지만 동등하고 무관심하게 창조의 전부가 아닌 것으로 상상되는 존재론적 보편주의를 제시해주는 창조와는 달리, 계시의 보편주의는 간택의 특수주의—혹은 배타주의—기능을 하며, 따라서 정치적 차원을 제시한다.

결론부터 말하자면 유대주의는 정치적 혹은 윤리적 보편주의의 요소들을 갖고 있다. 「창세기」를 시작하는 창조의 내러티브는 남성과 여성이 신의 이미지로 형상화되는 정점을 향해 치닫는데, 여기서 성서는 모든 인류에 대한 해설을 제시하려는 의도를 갖는다. 게다가 우리가 성서에서 처음으로 "유대인"이라 부를 수 있는 사람은 아브라함이다. 아브라함은 이삭과 야곱을 통해서 "이스라엘의 자식들" 모두의 아버지가 될 뿐만 아니라 "수많은 위대한 민족들"—기독교인, 무슬림 등등—의 아버지이다. 이 민족들은 각자 세계 역사에 자신의 몫을 다함으로써 성취해야 할 운명이 있고, 마침내 각자의 "축복"을 받아 다가올 메시아의 시대에 각자 자리를 차지하게 될 것이다. 「출애급기」에서 이집트의 속박으로부터의 해방이라는 내러티브는 정치적 혹은 주관적 보편주의의 심오한 양상을 제시해 준다. 그리스의 "민주주의적" 보편주의 원칙이 "시민demos"(출애급 당시 혼합된 군중들로 구성된 사람들로, 사회적·정치적 힘이 없지만 상징적으로 전통 지배계급과 동등한 이들도 포함시킴)에게 투표권을 확대시키는 문제와 관련된다면 그들을 모으는 원칙은 과거의 소외경험에 대한 집단기억이다. 아브라함으로부터 모세로 이르는 세대들이 계보학적 지속성의 원칙에 따라 규정되었다면, 이 변화의 순간으로부터 민중의 개념은 극적으로 팽창되어 혹독한 지배로부터 해방된 그들의 공통경험으로 재규정될 수 있을 것이다. 이로써 해방의 경험은 그들의 윤리적 정당성뿐만 아니라 그들의 소속감을 구성하고 규정할 것이다. 레위기 19장 34절에는 가령 유대인들이 이방인을 자기 몸처럼 사랑하라는 명령이 내려진다. "왜냐하면 이집트 땅에서 너희들도 이방인이었으니."

출애굽 이야기는 스스로 유대인과 같다고 볼 사람들뿐 아니라, 스스로를 유대인이라 부를 사람들을 위한 감정의 역사에서 보편주의적일 뿐만 아니라, 출애굽 서사 자체에서 출현하는 포용의 비계보학적 원칙에서도 그렇다. 성경은 이집트로부터 탈출한 사람들을 "혼합된 군중" 혹은 이질적인 "어중이떠중이"(출애굽 12 : 38)도 포함하고 있다고 기술한다. 중세 프랑스의 해석학자 라쉬에 의하면 이 말은 "다양한 민족들이 섞인 배교자들"을 의미한다. 게다가 서사의 이 순간에 등장해서 나중에 영속적으로 함께 힘을 모아 이집트에서 탈출한 군중들과 자신들을 누구나 연대시킬 수 있도록 허용하는 포용의 원칙을 너머서 성경은 여기서 보편주의를 자유와 본질적으로 상호 연관되거나 심지어 동등하게 취급함으로써 보편에 관한 새로운 사유를 구성한다. 하지만 "자유"는 선거권에 대한 추상적 보편성이든 "선택의 자유" 혹은 노예제로부터의 "자유"라는 부정적 개념이든 개인주의적 자유라는 후기 계몽주의 개념들과 일치되지 않는 방식으로 제시된다. 모세가 반복해서 파라오에게 "내 민족들이 떠날 수 있도록" 간청했던 것을 떠올려 보라. 그는 자유의 추상적 원칙이나 인권의 이름을 빌리지 않았으며, 그들만의 민족을 구성하려는 정치적 자유를 주장하지도 않았다. 그들은 떠나서 신을 섬길 수 있기를(출애굽 7:18), 다시 말해서 하나의 구속으로부터 다른 구속, 즉 자발적 구속으로 교환하기를 원했다. 자유 그 자체, 즉 이집트를 떠나 황무지로 가는 것은 새로운 보편주의를 만들어 낼 주관적 사건이 아니라 차라리 주체의 종속화를 위한 필수적인 선결조건을 창출한다. 민중은 더 이상 배타적인 계보학적 지속성을 갖는 것으로 규정될 수 없는 군중이 된다.

만일 억압과 해방의 출애굽 이야기가 유대주의에 정치적 포용의 요소를 제공한다면, 간택의 원칙에는 이 보편주의와 상호 모순되는 듯 보이는 어떤 것이 여전히 남아 있다. 우리는 유대인의 정치적 정체성이 근본적으로 안고 있는 이 보편주의와 특수주의 사이의 상호 모순을 이집트로부터의 탈출과 시나이에서 받은 계시 사이의 관계에서 찾아볼 수 있다. 한편으로는 유대교의 정치적 정체성에서 자유를 찾게 된 원인, 즉 이집트의 속박에서 벗어나 탈출한 것 보다 더 보편적인 것이 있겠는가? 다른 한편으로는 유대교 민족을 아주 정확히 규정해 주고 세상의 나머지 부분들과 결정적으로 이들을 나누어 주는 것이 십계명의 족쇄를 받아들이는 것 말고 또 무엇이 있겠는가? 랍비들에게 토라의 계시와 가정은 정치적 협정의 한 분야이거나 자유롭게 정보를 갖추고 동의를 구하는 행위주체자들 사이의 사회적 계약을 구성하는 것이 아니다. 이는 키에르케고르적인 의미에서의 신앙의 비상 같은 것이다. 즉 이해와 과잉된 자유의지에 앞서는 성실성의 맹세를 의미한다.

성서해석학적 차원에서 볼 때 출애굽기의 "그리고 그들은 산 밑에 섰다"(19 : 17)라는 구절은 신이 유대인들이 거부할 수 없는 제안을 하고, 그들은 법의 굴레를 (현명하거나 혹은 어리석게도) 기꺼이 받아들이려고 선택한 유일한 민족임을 의미한다. 법이 주체의 선택권이 없이, 어떤 고려나 심사숙고 없이 받아들여진다는 생각은 유대인들이 법을 높이 평가한다는 증거로 제시된다. "이스라엘이 '우리가 듣겠습니다'라고 말하기 전에 '우리가 그렇게 하겠습니다'라고 서둘러 대답했을 때, 60여 명의 수호천사들이 내려와 이스라엘 사람들 한 사람 한 사람에게 두 개의 왕관을 씌워준다. 하나는 '우리가 하겠습니다'라고 말했기 때문이고 또 하나는 '우리가 듣겠습니다'라고 말한 대가이다."

출애굽기의 이 대목(24 : 7)에서 신의 계시를 이스라엘 민족이 보인 반응에서 "하다"가 "복종" 혹은 "듣다"보다 먼저 온다는 사실이 그들이 계시의 의미를 완전히 이해하거나 제대로 다 듣기도 전에 십계명을 받아들였다는 점을 보여준다. 시나이 산에서의 계시는 법이 금지나 요구조항들의 실증적 체계가 아니라 무엇보다도, 그리고 본질적으로 계시 자체의 계시, 즉 주체에게 발언된 것이 아니라 주체를 만든 순수한 발화행위로서 제시한다. 성경이 계시를 "그리고 신이 이 모든 말을 했다, 말하면서"(출애굽 20 : 1)라고 소개하는 대목에서 신의 발화의 이중성〔말하다가 두 번 반복되었다는 점〕은 전통적으로 신의 목소리가 담고 있는 비인간적 밀도성을 암시하는 것으로 이해된다. 소리는 이해할 수 없다. 천둥은 듣는 자를 한마디 한마디마다 죽이고 나서 부활시킨다. "인간의 입이 발화할 수 있는 것을 넘어선 어떤 것, 인간의 귀가 흡수할 수 있는 것을 넘어선 어떤 것." 동시에 랍비의 전통에 의하면 신의 목소리는 스스로 분리되어 "일곱 가지 목소리로" 변형되고, "일곱 가지 목소리는 일흔 개의 언어로 변형되어 모든 민족들이 그것을 들을 수 있게 된다 … 해머가 바위를 내리쳐서 불꽃이 온 사방으로 튀듯이 신성한 자의 입에서 나오는 한마디 한마디가 일흔 개의 언어로 나뉘어졌다."[41] 계시의 순간은 특정한 민족이 정확한 순간에 순수한 주체의 복종을 제외한 어떤 공통된 특질도 없는 본질적인 다양성으로 절합되는 적확한 개입이다. 고유한 밀도성의 관점에서 계시는 세상 전체에 스스로를 번역한다.

성경과 계시의 해석 전통이 계시를 모든 미래의 세대들에게 직접 말하고 그 속에 계시에 대한 해석들의, 현재도 진행 중인 전체 역사를 포함하고 있다고 이해하는 한, 계시의 보편주의는 순간성을 띠는 현재 시제의 영원성을 갖고 있다.

> 시나이 산에서 각 세대의 예언자들은 그들이 예언할 것을 수령했다. 모세는 이스라엘에게 "오늘 여기에 우리와 같이 우리 주 앞에 서 있는 그와 함께, 그리고 오늘 우리와 함께 있지 않는 그도 함께"라고 말했다. 그는 "그것은 여기에 오늘 우리와 함께 서 있지 않다"고 말하지 않았다. "그것은 우리와 함께 여기 있지 않다"고 말함으로써 창조될 운명을 타고난 영혼들을 의미한다. 아직 이들은 실체를 갖지 않기 때문에 모세는 이 영혼들이 '서 있다'는 표현을 쓰지 않았다. 그들이 아직 존재하지 않는다고 해도 각 영혼은 자신에게 할당된 토라의 몫을 받았다."[42]

계시의 부름에 응답하는 모든 민족들은 이 말씀을 직접 듣게 될 것이다. 그들은 이제 시나이 산으로 소급되어 이 성스러운 포효를 듣고 똑같이 산산조각이 나서 복종할 것이다. 나아가 계시는 이 미래 세대들에게 의존해 있다. 계시의 고유성은 바로 미래 세대들의 무한한 다양성을 요구한다. 로젠바이그의 가장 분별력 있는(간혹 특정 입장에 경도되기는 해도) 독자 중 한 사람이었던 레비나스는 이렇게 쓴다. "마치 개별 인간들의 다양성—그리고 이 다양성이야말로 '개별 인간'의 의미를 제대로 부여해 준다—이 '절대진리'의 풍부함을 위한 조건인 듯하다. 마치 개별 인간이 그의 고유성 때문에 진리의 독특한 양상 하나가 발현되는 것을 보장해 줄 수 있는 듯하다. 따라서 진리의 모든 단면들은 특정 민족이 인류에서 빠지게 되면 결코 발현될 수 없을 것이다."[43] 비록 계시가 직접 향해 있는 사람들에게만 구속력을 지닌 법칙들로 구성된 절대적으로 고유한 사건이라고 해도, 말하자면 누구나 자신이 간택되었다고 선택할 수가 있다. 나아가 보편성에 대한 이런 유대교적 개념은 총체성이 될 가능성을 전제하지 않는다. 누구나 간택을 받고 정당하게 시나이에 존재했음을 주장할 수 있다는 사실은 모두가 그렇게 해야 하고 언젠가는 그럴 것이라는 사실을 의미하지는 않는다. 또한 그렇게 하지 않는 사람들이 그 때문에 고통받지도 않는다. 계시의 보편성이란 고유성이 지속적으로 확장되는 지평으로서 지나치게 충만하면서도 무한히 갱생되는 발화이다.

나는 시나이 산의 계시가 바디우의 사건과 같으며, 창조에서부터 출애급에 이르는 존재론적 상황을 방해해서 민족을 본질적으로 다양성으로 절합시킴으로써 주관성과 보편성에 관한 새로운 경험을 제시한다고 제안하고 싶다. 창세기에서 남자와 여자가 신의 형상대로 창조되었다는 진술이 추상적인 보편주의, 즉 "모든 인간이 똑같이 창조되었다"는 형태로 보편주의를 암시한다면, 이는 특정한 민족이 특별 대우를 받아 약속의 땅을 위해 선택되었다는 출애급의 간택 개념과 상호 모순된다고 할 수도 있다. 그러나 레비나스와 그 외 여러 학자들이 주장한 것처럼 간택은 예외주의나 특수주의가 아니다. 여기서 예외주의란 유대인들이 세상의 총체성과는 따로 독립해서 타자의 평등을 위해서 선택되었기 때문에 추상적이었던 것이 구체적인 보편성이 될 수 있다는 입장이다. 시나이 산에서의 사건은 전부 아님의 보편성을 촉발시켰다. 이 보편성은 축소된 신성(창조)을 색인화하고, 그 사회적 실체의 보편성(계시)을 열거하며, 주체가 이웃에게 지고 있는 책임감(구원)을 성실하게 상기시킨다. 유대인의 보편성은 시나이 사건에 대한 충실함이다. 시나이 산에서 법은 사회적 질서의 적대주의에 물질성을 부여함으로써 영원히 천상과 지상, 신과 인간을 분리시켰고, 창조의 과정에서 우주의 원시적 탈완전화를 반복하는 심숨의 감산적 존재론을 실현시켰다. 신과의 서약은 구속이자 동시에 탈구속의 행위이다. 새로운 법, 새로운 법적 질서, 그리고 새로운 존재의 상황을 창조하지만 동시에 출애급이 문을 연 해방과 탈구속의 기획이 무한히 지속된다. 즉 유대 보편주의는 선택의 특수주의를 무릅쓰고 사유되는 것이 아니라 선택 때문에, 선택을 통해서 사유된다. 유대인들은 신에 의해서 선한 이유 때문에 선택된 것이 아니며, 어떤 특질이나 성질 때문에 선택된 것도 아니다. 그들은 임의적으로, 그리고 우발적으로 선택되었다. 만일 그들이 신의 기준에 따라 약속의 조건을 따른다면 그들은 축복을 받을 것이며, 그렇지 않다면 고통받으리라. 그러나 그들의 성공이나 실패 어느 쪽도 그들에게 본래 속해 있는 어떤 것에 기초한 것이 아니다. 만일 그들이 인간성의 부분집단으로 출현한다면 그들은 일반적인 부분집단이 될 것이며, 그들이 계시를 스스로 충실하게 따르는 것 이외에는 인류 전체와 그들을 구별하는 어떤 원칙도 절대 없을 것이다. "모세의 유대주의는 노력형이다. 이 말은 우리가 성스런 민족이 아니라는 것을 안다는 의미이다 … 이스라엘 민족은 선택된 민족이 아니라 선택된 민족이 되라는 명령을 받은 것이다."[44]

로젠바이그는 "선택"의 개념을 "나머지", 즉 (시나이 산에서든 갈보리에서든) 주체종속화라는 사건에 충실하게 남아 있는 몇 안 되는 선택된 소수라는 친숙한 예언적 언어를 통해 설명한다. 기독교의 사명과 그 세속적 발전과정이 "전부"의 보편주의를 확대하면서 "세상 전역에 널리 펼치는" 것이라면, 유대교의 사명은 전부를 탈완전화시켜서 무한성을 위해 총체성 바깥으로 나오는 것이다.

> 모든 세속적 역사는 팽창과 관련되어 있다. 권력은 역사의 기본적 개념이다. 기독교에서 계시는 세상으로 퍼져가기 시작했고, 그럼으로써 모든 팽창주의적 충동은, 심지어 의식적으로 순전히 세속적인 것이라 해도 이 팽창주의적 운동의 무의식적인 하수인이 되었다. 그러나 유대주의는, 그리고 세상에서 유대주의만이 홀로 감산, 축소, 지속적으로 새로운 나머지들의 형성을 통해서 스스로 유지한다 … 유대주의에서 인간은 언제나 어떻든지 나머지이다. 그는 항상 어떤 식으로든 생존자이며, 내

> 적인 어떤 것으로서 그 외부는 세상의 물결에 휩싸이고 떠내려 갈지라도 그의 남은 한 부분, 그 자신인 그 한 부분은 해안가에 남아 서 있다(404-405쪽).

로젠바이그는 기독교의 포용성을 유대교의 배타주의와 대립시킨다. 하지만 에릭 샌트너가 지적한 대로 로젠바이그가 유대인을 "나머지"로 설명한다고 해서 유대인의 "꿈쩍하지 않음", 즉 보편적인 세계 역사적 진보에도 불구하고 그들의 특수한 종족적 방식을 고집스럽게 놓지 않는 성질을 의미하는 것은 아니다. 오히려 유대인들은 "종족과 민족의 역사들의 시공간으로부터 일정하게 벌어진 균열"을 물질화한다.[45] 이에 덧붙여 지젝은 이 문장을 해석할 때 이 균열은 세상 속에서, 그리고 세상을 위해서, 또 그들 자신 속에서, 그리고 그들 자신에 대한 것이라고 설명한다. "따라서 유대인들은 이중적 의미에서 잔존물이다. '정상적' 민족들의 다른 일련의 집합들에 대한 잔존물일 뿐만 아니라 이에 덧붙여 자신들에 대한, 그리고 그들 자신 속에서, 그리고 그들 자신들에 대한 잔존물이다."[46] 뿐만 아니라 로젠바이그는 "선택"의 예외주의는 그 자체로 세 가지 탈완성의 양식으로 구성된다고 제안한다. 이 세 가지 양식은 바로 그것들이 예외가 되는 바로 그 보편성에 본질적인 것이다. 첫 번째 양식은 축소이다. 창조의 다양성이 출현하는 신의 구멍, 그 공허를 물질화한 세계의 신화적 기원. 두 번째 양식은 감산이다. 특수 민족이 임의적으로 계시의 주체로 선택되어 전부로부터 제외된 채 전부 아님의 새로운 주체성을 구성한다. 마지막 양식은 "늘 새로워지는 나머지"로서 전부가 세상의 역사로 팽창될 때 뒤에 남겨진 잔여물에 의해서 팽창주의와 제국주의로부터 세계가 구원될 약속이다.

만일 우리가 포용의 원칙이 특수한 민족, 사람들, 종족, 혹은 어떤 표시된 계층에 국한되어 있는 보편주의는 전혀 보편적이지 않다는 사실에 동의할 수 있다면 우리는 유대 보편주의를 주관주의라고 규정할 수 있을까? 즉 보편이 사유될 수 있는 유대인의 시각 또는 주체성이란 것이 있는가? 모든 사람들, 유대인과 비유대인에 똑같이 적용될 보편주의를 유대인의 방식으로 사유할 수 있는가? 아마도 일종의 유토피아주의 혹은 정신의 보편주의 같은 것일까? 그러나 그로 인해 초래될 결과들이 있기 마련이고, 뭔가 일어나게 하고 일어났던 사건에 충실함을 표현하는 과정에서 고집스럽게 지속될 수 있는 그런 보편주의일까? 로젠바이그는 분명 우리를 이런 방향으로 이끈다. 그는 체계적으로 부서진 전부를 대신할 세 가지 원초적 요소들을 구성한다. 이 세 가지란 창조에서 신과 세상의 관계, 계시에서 인간과 신의 관계, 그리고 구원에서 인간과 세상의 관계이다. 이 세 계기들이 유대인의 시간성의 경험을 구성하며 또한 세 가지 보편주의 양식을 설립한다.

- 세상의 기원 혹은 그 보편적 다양성과 이질성 속에서 세상이 창조된 절대적 과거
- 시나이의 법 선언에서 시작된 늘 재생되는 현재로, 법에 대한 성실성으로 지속된다. 계시가 창조에 시기적절하게 개입함으로써 다양한 민족들과 국가들의 상황으로부터 나오는 주관적 보편성을 구성한다.
- 보편적 주체성의 가능성이 놓여 있는 불확정적 미래, 세기말적인

시간이 아니라 현재의 매 순간 속에서 존재하는 비연속성으로서의 미래로 매 순간을 그 자체로부터 "아직 오지 않은 것"으로 나누어 주는 용기, 이웃의 얼굴을 하고 있다.

유대 보편주의의 이 최종적 "구원적" 양상은 로젠바이그의 이론에서 이웃에 대한 사랑으로 실체화된다. 이웃애는 전부 아님의 논리에 따라 하나씩 자라나고, 각 특수한 타자가 이웃이라는 보편적 위치에 진입함에 따라 그 사랑은 무한히 확장되고 언제나 열려 있게 된다. 로젠바이그는 이 팽창은 세상의 자연적이고 역사적인 성장과는 구별되어야 한다고 지적한다. 그리고 역설적으로 마침내 선택의 말소 혹은 적어도 중지를 요구한다.

> 창조의 이 조용하고 자동적인 성장을 마주한 채 지상의 인간이 맡은 사랑의 역사는 자유롭게 남아 있다. 그렇기 때문에 인간은 어떤 창조주도 없는 듯, 창조가 그의 행동에 동참하러 오지 않은 듯이 사랑의 역사를 행한다. "천상은 주님의 천국이지만 그는 지상을 인간들의 자녀들에게 주셨다." 이스라엘 공동체가 아니라 인간의 아이들에게. 이 받아들여진 사랑과 신뢰 속에서 자신이 유일하다는 것을 알지만 사랑의 행위를 통해서 자신이 인간의 아들임을 알게 된다. 아주 단순하게 자신이 '아무나'에 불과하다는 것, 단지 타자이며, 그 외에 아무도 아니고, 이웃이라는 것을 알게 된다(갈리의 번역, 270-271쪽. 번역은 필자의 것).

이웃 사랑의 역사役事에 다름 아닌 주체성의 보편화를 통해서 이스라엘은 선택의 지위로부터 벗어나 자신을 단순히 인류의 일부로서, 그 이상은 아니라는 사실을 알게 된다. 적어도 이웃이라는 타자를 마주한 바로 그 특수한 순간에 이스라엘은 예외적이지 않다. 혹은 보편이 예외가 아닌 어떤 것으로는 구성되지 않는 순간 우리는 서로 이웃이 되어 우리 자신을 사랑하도록 명령받게 된 것이다. 이러한 최종적 틀에서 유대 보편주의는 선약의 구성원들을 정하지 않는다. 신의 약속으로 가능해졌으나 그 한계를 넘어서 확장되는 도덕성의 가능성, 그 도덕적 영역이 늘 확장되며 정의상 결코 배타적으로 유대인적일 수만은 없는 도덕성을 가리킨다. 이 약속의 선택이 부를 때 반응하는 주체는 그 혹은 그녀가 도와서 설립하게 된 도덕적 우주를 초과한다. 바로 그 무한한 팽창에 책임을 짐으로써 모든 민족으로 확대되어야만 할 엄정한 관대함을 위해서. 약속은 상징적 가치들의 세상과 그 세상의 외부에 동화되지 않은 채 남아 있는 어떤 것 사이를 연결시키고 "도덕"과 "성스러움" 사이의 관계를 맺는다. 이 관계는 이 둘 사이의 엇갈림 위에서 서술되며, 따라서 총체성 속으로 함께할 수 없다. 이 자기 축소가 남기는 틈새를 표지하는 시나이 산의 사건은 단지 법과 인간이 도덕적 우주의 조건들을 규정할 뿐만 아니라, 이 우주가 봉합되지 않도록 해주기도 한다. 시나이 산의 사건은 전부가 아닌 보편성을 작동시킨다. 이 보편성은 축소되는 신성(창조)을 목록화하고, 그 사회적 실체의 이질성(계시)을 열거하며, 이웃에 대한 주체의 책임감(구원)을 충실하게 상기시킨다.[47]

주

역주1 이 부분은 이 글의 전체 논의에서 크게 벗어나지 않은 한 독자의 이해를 돕기 위해 부분적으로 수정해서 번역되었다.

역주2 카발리즘이란 유대교 중 비의秘儀적이고 신비주의적 전통을 갖는 종파를 일컫는다. 이 중 루리아닉 카발리즘은 랍비 아이작 루리아가 이끈 것으로, 그는 전통적인 카발리즘의 텍스트를 독특한 방식으로 읽음으로써 후대의 신카발리즘에 영향을 미쳤다.

역주3 국역은 『뉴셀프성경』 참조.

1_ Aristotle, *The Metaphysics*. Hugh Lawson-Tancred 역(New York : Penguine Books, 1998), 228쪽.

2_ 중세 시대의 보편주의 사상가는 *Alain de Libera, La querelle des universaux : de Platon à la find du Moyen Age*(Paris : Seuil, 1996) 참조.

3_ 라클라우는 "특권을 가진 역사의 주체"라는 개념, 즉 자신의 특정한 정체성을 통해서 보편주의를 표현할 수 있는 단일 개인이 바로 이 모델에서 기원한다고 주장한다.

4_ G. W. F. Hegel, *Lectures on the History of Philosophy : The Lectures of 1825-1826*, Vol. 3. Robert F. Brown 편역(Berkeley : University of California Press, 1990), 85쪽.

5_ Hegel, *Logic*. William Wallace 역(Oxford : Clarendon Press, 1975), 31쪽.

6_ Étienne Balibar, *Politics and the Other Scene*(New York : Verso, 2002), 157, 160쪽.

7_ Ernesto Laclau, *Emancipation*(s)(New York : Verso, 1996), 26쪽.

8_ 같은 글, 28, 31, 34쪽.

9_ Balibar, *Politics and Other Scene*, 173쪽.

10_ Laclau and Chantal Mouffe, *Hegemony and Socialist Strategy*, 2판(New York : Verso, 2001), 111쪽.

11_ Laclau, *Contingency, Hegemony, Universality*(New York : Verso, 2000), 64-73쪽 참조. 발리바르는 "라깡과 유사한 방식으로" 보편주의의 세 가지 의미를 "실제", "허구적", "이념적"으로 구별한다. *Politics and Other Scene*, 170쪽.

12_ 이 부분의 논의는 졸고 "Towards a Political Theology of the Neighbor," Slavoj Žižek, Eric Santner, Kenneth Reinhard, *The Neighbor : Three Essays in Political Theology*(Chicago : University of Chicago Press, 2005)에서 상세히 논의된다.

13_ "C'est à partir de là qu'il nous fait obtenir deux universels, deux tous suffisament consistant pour séparer chez des parlans,—qui, d'être des, se croient des êtres—deux moitiés telles qu'elles ne s'embrouillent pas trop dans la coïtération quand ils y arrivent." Jacques Lacan, "L'Étourdit," *Scilicet* 4 (1973) : 12쪽. 번역을 도와준 프랭크 라인하드에게 감사를 전한다. 정신분석과 철학에서의 보편주의 문제에 대한 탁월한 저서에서 모니크 다비드-메나드가 제시한 이 구절에 대한 해설 참조. Monique David-Ménard, *Les Constructions de l'universel : Psychanalyse, philosophie*(Paris : Presses Universitaires de France, 1997), 107-9쪽. 이 대목과 이후에 진행될 내 논의는 이 책에 많은 빚을 지고 있다.

14_ Sigmund Freud, *Civilization and Its Discontents*, *The Standard Edition of the Complete Psychological Works of Sigmund Freud*. James Strachey et al. 편역 (London : Hogarth Press, 1953-1974), 21 : 114쪽.

15_ Slavoj Žižek, *The Ticklish Subject*(New York : Verso, 1999), 181쪽. 라클라우, 버틀러와 함께 작업한 *Contingency, Hegemony, Universality*, 그리고 *The Universal Exception*(New York : Continuum, 2006)도 참조.

16_ Žižek, *The Ticklish Subject*, 182-183쪽.

17_ Alain Badiou, "Eight Theses on the Universal," *Theoretical Writings*. Ray Brassier and Alberto Toscano 편역(New York : Continuum, 2004), 143-152쪽 참조.

18_ Badiou, *Saint Paul : The Foundation of Universalism*(Stanford : Stanford University Press, 2003), 108쪽. 바디우는 바울 자신이 보편을 만들지는 않았지만 부활이라는 "가공의" 사건에 관해서 보편을 이론화했다고 주장한다. 종교가 보편주의의 첫 번째이자 최상의 이론들 몇몇의 원천이기는 하지만, 바디우에게 종교가 과학, 예술, 정치 혹은 사랑의 진리구성 과정들에 참여하지 않는다면 보편적일 수 없다.

19_ 같은 글, 107쪽.

20_ 바디우는 최근 어떤 이들이 주장하듯 집단수용소가 죽음이라는 동일성으로 모든 차이를 제거하는 장소가 아니라, 유대인과 아리아인종 사이의 "절대적 차이"의 한계를 규정하는 장소라고 주장한다. 수용소의 목표는 바디우가 이웃을 사랑하라는 명령과 연결시키는 보편주의를 제거하는 것이다. ""네 몸과 같은" 타인과의 만남(이웃을 네 몸과 같이 사랑하라)이 바로 나치가 제거하기를 원한 것이었다. 독일 아리안종의 "네 몸과 같음"은 어느 대상으로도 투사되어질 수 없는, 닫힌 실체로서 지속적으로 자신의 봉쇄를 증명하려고 든다." 같은 글, 110쪽.

21_ 같은 글, 111쪽.

22_ Peter Hallward, *Badiou : A Subject to Truth*(Minneapolis : University of Minnesota Press, 2003), 132쪽.

23_ 바디우는 복수성의 네 가지 양태를 이렇게 묘사한다. 1) 전부 아님은 전부라는 규범에서 감산된 미결정성의 진술을 생산한다. 2) 포함과 배제 사이에 전부가 요구하는 차이로부터 감산된 식별 불가능한 차이가 등장한다. 3) 전부의 일반적 부분집합이 나타난다. 이 집합은 구체화할 수 있는 함수나 결정적 서술부에 따라 구성될 수 없기 때문에 전부로부터 감산되고 통일성의 성질이나 원초적 기표에 따라 자기동일성을 구성할 가능성을 제거한다. 4) 전부에서 떨어져 나온 한 용어, 무를 의미하는 전부가 아닌 그 자체로 독특하게 예시화되는 용어의 고유한 비융합 가능성

(unameability)이 갖는 역설은 모든 것이 이름지어질수는 없다는 사실만을 지시한다. 바디우는 이렇게 쓴다. "우리는 평가의 규칙들로부터의 감산 혹은 법으로부터의 감산으로서 미결정성을, 차이의 표지로부터의 감산 혹은 성으로부터의 감산으로서 비식별성을, 개념으로서의 무한하고 초과적 감산으로서 순수한 다수성 혹은 일자로부터의 감산으로서 일반성을, 마지막으로 고유명사로부터의 감산 혹은 고유화로부터 감산된 고유성으로서의 명명할 수 없음을 갖는다." Badiou, "On Subtraction," *Theoretical Writings*, 109쪽. Francois Wahl, "Le soustractif," Badiou의 *Conditions*(Paris : Seuil, 1992) 서문도 참조. "On Subtraction"의 원본이 이 책에 수록됨. 바디우의 감산 개념을 라깡이 주체가 대타자의 상징질서로부터 기표가 떨어져 나온 틈새에서 출현한다고 했던 설명과 비교해 보라.

24_ 바디우에 의하면, 감산이 무한의 자리를 열어준다면 감산은 그 자체로 무한하지도 또는 감소의 절대적 원칙도 아니다. "감산은 모든 진리의 원천에 존재한다. 하지만 감산은 또 명명될 수 없는 모습으로 감산적 궤도에 한계를 부여하고 관리한다. 진리의 윤리에는 오직 한 가지 격언만 있다 : 최종적 감산을 감산하지 말라." Badiou, "On Subtraction," 116쪽.

25_ 코헨과 칸트/유대교의 종합에 관한 데리다의 글을 참조할 것. "Interpretation at War : Kant, the Jew, the Germans." Moshe Ron 역, *Acts of Religion*. Gil Anidjar 편집(New York : Routledge, 2002), 135-188쪽.

26_ Franz Rosenzweig, *The Star of Redemption*. William Hallo 역(Notre Dame : University of Notre Dame Press, 1985), 12쪽. 추후 이 책의 인용은 본문에 괄호로 표기함. 나는 바바라 갈리의 최신 번역본(Madison :University of Wisconsin Press, 2005)을 참고해서 할로의 번역본에 가득 찬 오역과 매너리즘이 교정된 부분을 사용했다.

27_ 『병자와 건강한 자에 대한 이해』에서 로젠바이그는 『구원의 별』에 대한 간단한 해설을 제공한다. 그는 관념론, 신비주의, 과학과는 구별되는 신사유의 프로젝트를 제시한다. 관념론, 신비주의, 과학에서는 모든 것이 대상의 완벽한 재현의 가능성을 초월하거나 내부 혹은 그 안에서 어떤 "본질"을 가정한다. "하지만 우리의 답은 가정의 결여를 특징으로 갖는다. '본질'

을 제시하기위해서 '심오한 지역'을 뚫자고 주장하는 답변들과는 사뭇 다르다. 이런 답변들은 짐짓 심오한 척 하지만 우리의 답변은 심오하기보다는 표면을 유지하려고 한다. 우리는 궁극의 문제가 아니라 우선적인 문제들을 말하려한다. 우리는 그 문제를 가지고 있는 어떤 사람을 기다리지 않는다. 우리의 답은 그저 시작이어야 한다. 진리이기를 주장하지 않지만, 진리가 되려는 바람은 가지고 있다." 세상, 인간, 신의 "어떤 것들"은 층위가 아니라 위상학적 표면들의 의미에서 피상적이다. 이들은 무한히 복합적이지만 정확히 나타난다. 이들이 함축하는 진리란 존재론적이거나 초월적이지 않거나 내재적인 생산물 혹은 사건들이다. *Understanding the Sick and the Healthy*. Nahum Glatzer 역(Cambridge : Harvard University Press, 1999), 70쪽.

28_ 1883년에 초판이 나온 *Das Prinzip der infinitesimal methode und seine Geschichte*, 재판은 Herman Cohen, *Schriften zur Philosophie und Zeitgeschichte*, Vol. 2. Albert Görland and Ernst Cassirer 편집(Berlin, Akamie-verlag, 1928). 코헨의 미분개념에 대한 해설은 Lydia Patton의 학위논문 "Herman Cohen's History and Philosophy of Science" 참조. 〈http://home.uchicago.edu/~patton〉.

29_ 우리는 캔토리안의 집합 이론에서 발전된 공집합이라는 개념이 "무"와 "어떤 것" 사이의 원소와 관련된 문제를 다루는 또 다른 방법이라고 제안할 수 있다. 바로 이 문제에 기초해서 수학적 사유의 일관된 구조들이 구성될 수 있다. 우리는 캔토리안의 집합 이론(그는 이 집합 이론을 거의 혹은 전혀 직접 언급하고 있지는 않다)과 공집합만으로 완전한 수학을 구성할 수 있는 가능성에 대해 로젠바이그가 했을 지도 모를 생각들을 추론할 수 있을 뿐이다.

30_ Rosenzweig, "'*Urzelle*' to the *Star of Redemption*," *Philosophical and Theological Writings*. Paul W. Franks and Michael L. Morgan 편역(Indianapolis : Hackett, 2000), 57쪽.

31_ *Sefer Yetzirah : The Book of Creation*, Aryeh Kaplan의 편집과 해설(Boston : Weiser Books, 1997). 출판연도는 확실하지 않지만 6세기로 알려져 있다.

32_ *Sefer Yetzira*, 5쪽. "32개의 길"은 10개의 sefirot과 22자의 히브루 알파벳을 의미한다.

33_ 같은 책, 13쪽.

34_ Rosenzweig, *The Star of Redemption*. 갈리의 번역, 200쪽.

35_ Hayyim ben Joseph Vital, *The Tree of Life : Chayyim Vital's Introduction to the Kabbalah of Issac Luria*. Donald Wilder Menzi and Zwe Padeh 역(Northvale : Jason Aronson, 1999), 12-13쪽.

36_ 존재의 본질적 공허라는 개념은 바디우의 네 번째 명상 "The Void : Proper Name of Being"에서 그가 펼친 논의와 흥미로운 유사성을 보여준다. *L'être et l'évenement*(Paris : Seuil, 1988), 65-72쪽.

37_ Gershom Scholem, *On the Kabbalah and its Symbolism*(New York : Schocken Books, 1965), 111쪽.

38_ *Midrash Rabbah : Genesis*. Vol. 1, H. Freeman 편역(New York : Soncino Press, 1983), 78쪽. Julia Reinhard Lupton and Kenneth Reinhard, "Lacan and the Ten Commandments," *diacritics*(Summer, 2003)도 참조.

39_ Jacques Lacan, *The Seminar of Jacques Lacan, Book VII : The Ethics of Psychoanalysis, 1959-1960*. Jacques-Alain Miller 편집, Dennis Porter 역(New York : Norton 1992), 121쪽.

40_ 같은 책, 122쪽.

41_ *The Book of Legend*, Hayim Nahamn Bialik and Yehoshua Hana Ravinitzky 편집(New York : Schocken Books, 1992), 81쪽.

42_ 같은 글, 81쪽.

43_ Emmanuel Levinas, "Revelation in the Jewish Tradition," *The Levinas Reader*. Seán Hand 편집(Cambridge : Basil Blackwell, 1989), 195쪽.

44_ Yeshayahu Leibowitz, *Judaism, Human Values, and the Jewish State*(Cambridge : Harvard University Press, 1995), 86쪽.

45_ Eric Santner, *On the Psychotheology of Everyday Life*(Chicago : University of Chicago Press, 2001), 114쪽.

46_ Slavoj Žižek, *The Puppet and the Dwarf*(Cambridge : MIT Press, 2003), 131

쪽.

47_ 이 논문은 유대 보편주의의 이 세 번째 요소에 관한 좀 더 긴 논의의 첫 부분에 해당된다. 이 논의에서 로젠바이그의 구원 개념은 아주 중요하며, 주체의 보편화에 토대를 두고 있다.

성자되기

정치 혹은 정치가에 대한 또 다른 정신분석에 참여하도록 요구하는 것이 최근 유행인 듯하다. 하지만 우리는 시각을 바꾸어서 이렇게 물어야 할 때가 된 것 같다. 정신분석가의 정치라는 것이 있는가? 이 질문에 대해 나는 두말할 필요 없이 그렇다고 대답한다. 이 역할을 차지하고 있는 사람들이 알고 있든 모르든 정신분석가가 된다는 것은 정치적 지위를 갖는 것이다. 이렇게 말해놓고 나면 우리는 그 정치적 지위란 어떤 종류의 것인지를 찾아서 정신분석가의 구체적 행위—그가 분석가라는 지위를 차지하는 방식—가 어떻게 그 지위 자체를 규정하게 되는가를 이해해야 한다.

이 질문이 향해 있는 곳으로 발길을 옮기면서 나는 라깡이 1974년 『텔레비전』에서 표현한 소망을 배신하지 않기를 바란다. 라깡은 정신분석가를 객관적으로 위치시키는 가장 좋은 방법은 "성자되기"라는 조건에서 가능할 것이라고 선언한 바 있다.

이 과도한 소망은 우리가 서로 피난처로 택하게 될 다 안다는 듯한 눈짓을 낳기보다는 으스스한 식은땀을 흘리게 한다. 그러나 만일 우리가 "성자되기"란 공식을 한편으로는 발사자르 그라시앙의 작품에서 그 기원을 찾으면서, 다른 한편으로는 그 목표가 라깡이 이 구절을 처음 인용하고 나서 대놓고 공언한 것과 연결시켜 보면 식은땀을 더 많이 흘리게 될 것이다. 그의 목표는 이렇다 "성자가 많아지면 웃음이 더 많아진다. 이것이 내 원칙이다. 그리고 아마 이 성자의 길이 자본주의적 담론에서 빠져나오는 방법이 될 것이다."[1]

자본주의적 담론에서 빠져나올 길이라! 1974년은 이미 68년 5월의 카니발에서 한참 지난 시기였다. 1968년 5월 젊은이들은 혁명이 무대를 장악하고 있다고 상상했다. 오늘날 우리는 그 시절로부터 수천 광년이나 멀리 떨어져 있는 듯하다. 정신분석이 자본주의 세상에서 환영을 받으며 자라날 수 없다는 사실이 예전보다 더 확고해지는 이때 자본주의 담론에서 빠져나올 길이 존재하며, 이 길을 실현시킬 사람이 바로 우리—우리 정신분석가들, 라깡의 학생이며 독자들인 우리—라는 주장을 어떻게 이해할 수 있을까? 자본주의에 대한 대안이 정녕 세상 어디에선가 존재했고 아직도 존재한다면 그 대안들은 모두 공통된 하나의 주목할 만한 특징, 즉 자본주의를 거부하면서 동시에 무의식과 그 효과들마저 부인하게 된다는 사실을 지적하는 것은 이제는 불필요해졌다.

그렇다면 다음과 같은 진술로부터 우리의 논의를 시작해 보자. 자본주의는 그 자체로 무의식에 적대적이지 않다. 이와는 정반대로 프로이트가 『꿈의 해석』에서 사용했던 비유들을 따라 자본주의와 무의식이 서로에게 선험적으로 존재한다는 사실을 추인하는 것도 가능하다. 무의식은 가장 최상형태의 자본주의이다. 그리고 자본주의는 잉여적 향유를 잉여가치의 형태로 산출함으로써 쥬이상스를 약호화하기 때문에 탈약호화의 조직적 형태로서의 정신분석을 필요로 한다. 특히 노동자의 관점에서 보자면 잉여가치는 징후에 축적되기 때문에 그러하다.

이런 사실로부터 내가 앞으로 진행될 논의를 열어갈 아이디어가 생겨난다. 무의식의 주체가 자본주의 담론과 조화롭게 살아간다는 것을 확인시켜 주는 데 주력하는 정신분석이 존재한다. 그리고 아마도(이 대목에서 신중해야 한다) 라깡의 욕망에 반응하고 균열, 적어도 무의식과 자본주의 사이의 주체적 분열을 생산하고자 하는 또 다른 정신분석이 있다.

이 두 가지 정신분석을 구분하는 기준은 정신분석가가 치료과정에서 채택하는 위치 혹은 그가 그 행위에서 자신을 인식하는 지위이다. 라깡이 "분석가의 담론"이라고 부른 구조를 거부하는 분석가와 그 구조를 따라가면서 주체가 자신을 그 속에 위치시키려고 하는 분석가는 다르다. 전자의 분석가는 정신분석적 경향이 무의식적 과정과 동질한 것으로 고려하는 치료의 개념을 토대로 삼는다. 이는 무의식 전체를 위한 분석이 될 것이다. 하지만 후자의 분석가는 분석경험으로 근본적인 전복의 계기를 삼는 것을 토대로 한다. 이때 분석은 전체로서의 무의식과 분석을 대립적으로 위치시킨다. 이러한 지평 위로 하나의 역설이 떠오른다. 정신분석가가 자본주의 담론으로부터의 출구를 만드는 데 성공한다면 그는 정신분석 자체의 종말을 감히 선언해야 할지 모른다는 역설이다.

1969년에서 1970년까지 진행된 『정신분석의 이면』이라는 세미나에서 라깡은 현대 자본주의를 이해하는 열쇠가 무엇인지, 그래서 왜 그가 오늘날의 정신분석가에게 입장을 정하라고 요구하는지를 이론화한다. 고대 노예의 주인으로부터 자본주의의 주인으로 파행적으로 진행되는 과정은 역사적 변화에 의해서 이루어지고, 이 역사적 변화의 토대는 마르크스의 이론에서 제시된다. 의도적으로 자신을 거세하고 쥬이상스를 노예에게 넘겨줌으로써 고대의 주인은 자신의 지위가 갖는 진실을 모호하게 만든다. 이 진실은 어떤 식으로든 그에게로 돌아와야 할 잉여향유의 생산을 통해 가면을 쓰게 된다.[2] 자본주의로의 변이는 이 잉여향유의 수량화를 통해서 시작되었다. 수량화란 암호해독을 의미하지 않는다. 잉여가치와 자본의 축적이란 개념들은 단지 현대의 주인이 자신에게 돌아올 잉여향유를 은닉해 둘 새로운 형태의 오인들을 표현해 줄 뿐이다. 라깡에 의하면 자본주의 주인의 특징들 중 하나로 주인은 자신이 차지하고 있는 지위 때문에 자기 행동의 추진력이 환상이라는 사실을 인식할 수 없다.[3]

그러나 억압된 것은 귀환할 운명을 타고났듯이 순수하고 단순하게 거부된 것들은 실재에서 다시 등장해야 한다. 이것이 오늘날 현대 자본주의에서 우리가 목도하게 되는 것이다. 자본주의 체제에서는 점점 과학이 주인의 기능을 떠맡게 되며, 심지어 자본가 자신의 주인이 되어간다. 1970년 5월 20일 라깡은 현 단계의 과학과 자본주의 사이의 공모관계가 초래한 결과들을 지적하면서 같은 선상에서 이 공모가 정신분석의 진료에 미칠 영향을 정신분석가에게 경고한다. 나아가 바로 이 대목에서 그는 정신분석가의 정치라고 우리가 부를 수 있는 것을 개략적으로 제시한다.

현대 과학이 미친 가장 주목할 만한 어떤 영향조차 과학의 발전이 세상에 대한 우리의 지식을 개선시키고 확장시켜 온 방식과는 아무런 관련이 없다. 라깡은 그보다는 이 과학의 발전들이 무엇보다 우리를 소대상 a로 결정해 왔다는 사실을 보여준다. 다시 말해서 우리는 모든 실험의 대상이 되었다. 이때 실험은 대타자가 과학의 담론으로부터 도출해낸 쥬이상스와 동의어가 되었다. 조심하라! 당신은 촬영되고 있다, 누군가가 당신을 도청하며 녹음하고 있다, 등등(나는 최근 정신분석가들이 개최한 한 회의에서 사람들이 가득 들어찬 방에서 진행된 대담을 텔레비전에서 방송하는 것이 이들에게 뭔가 잉여적인 것, 의심할 여지없이 스크린을 가득 채운 연설가의 얼굴 상이 촉발한 열정적 탐색으로부터 비롯한 잉여적 관심을 제공한다고 발표했다). 둘째로, 오늘날 과학은 우리의 세상을 만들어내고 예전에는 존재하지 않았으며, 자본주의의 확산에 새로운 동력을 부여하는 넘쳐나는 대상들로 가득하게 한다. 라깡은 욕망의 원인이 되도록 만들어진 이 대상들을 라투즈lathouses[4]라는 재미난 이름으로 부른다. 이 낱말은 라깡이 만들어낸 것으로 프랑스어의 ventouse, 즉 "흡입컵"이라는 말과 음율을 이룬다. 진정 "라투즈"는 우리를 고양시키기보다는 우리를 들여마신다.

앞서 내가 텔레비전 스크린을 언급한 적이 있었다고 했다. 내 환자들 중 한 사람을 매혹시켰던 컴퓨터에 대해서도 같은 얘기를 할 수 있다. 12살이 되던 해부터 그는 컴퓨터에 수년 동안 말 그대로 붙잡혀 있었다. 그는 성적 쥬이상스가 "컴퓨터의 심장"에 있을 것이라고 생각했다. 그 심장에 다다르기 위해서 그는 이 신종 기생충들의 하나를 해킹해서 그 언어와 프로그램을 해독했고, 아무도 모르게 다시 프로그램화해서 전적으로 자신의 이익에 맞추어 기능하도록 만들었다.

그에겐 불행한 일이지만 그의 성공은 이로써 성관계가 컴퓨터 안 깊은 곳에 존재한다는 반박할 수 없는 증거를 제공하게 되었다. 그때 이후로 그는 자신도 프로그램화되어 원격장치로 작동된다고 느끼게 된다. 물론 그가 관계를 맺게 된 컴퓨터가 자신이 충분히 관심을 가지고 있었던 소아 성애병 환자들의 접속 서버였다는 것을 언급할 필요가 있을지 모르겠다. 당연한 일이지만 당신은 나에게 그가 망상에 빠진 것에 불과하다는 사실을 인정하라고 할지도 모른다. 물론이다. … 내 환자 중 또 한 사람은 망상증은 아니었지만 수년 동안 자신의 음경이 너무 작아서 "여성의 밑바닥"에 다다를 수 없기 때문에 파트너가 완전히 오르가즘에 이르렀는지 확실히 알 길이 없다고 했다고 주장했는데, 이 환자보다는 컴퓨터와 관계를 한 환자가 진실로부터 대체로 성실하게 벗어나 있는 것은 아닐까? 만일 어느 날 이 두 번째 환자가 파트너, 즉 언제나 정해진 한계 때문에 자신이 빼앗겼던 이 타자의 밑바닥에 도달한다면 어떤 일이 일어날 것인가?

내가 이 두 사례를 언급한 것은 "라투즈"와 쥬이상스, 특히 대타자의 쥬이상스 사이의 연결성을 강조하기 위해서이다. 라투즈를 이론화함으로써 라깡은 1970년 5월 20일 다음과 같이 이 문제에 대한 본질적 흥미를 표현하게 된다. "중요한 것은 진정 순수한 라투즈와 관계를 맺기 시작할 때 무슨 일이 일어나는지 아는 일이다. 이상적인 정신분석가는 이 절대적으로 급진적인 행위를 저지르는 사람이다. 우리가 이 점에 대해 할 수 있는 최소한의 발언은 그가 하는 이 행위를 보는 것만으로도 불안을 일으킨다는 점이다."[5]

다시 말해서 라깡이 분석가의 담론에서 그 기능을 회복시킨 정신분석가는 과학적 자본주의가 만들어낸 바로 그 대상의 자리로 불려온다. 따라서 분석가의 출현은 현대자본주의 체계를 가정한다. 그러면 어떻게 그는 자신을 그 체계로부터 분리시키는가?

과학의 지배 하에서 자본가가 사용하는 라투즈들은 잉여향유로의 접근을 약속하는 듯 보인다. 그러나 현실적으로 라투즈들은 오직 현대 자본주의란 "잉여의 결여를 광범하게, 따라서 만족할 수 없게 생산하는"[6] 축임을 입증할 뿐이다. 이 체계에서 생산되는 모든 대상은 오직 한시적인 모델로서, 취하고 나면 곧 철지난 것이 되어 더 새롭고 더 많은 것을 약속하는 모델로 대체되어야 할 운명을 그 본질로 타고난다.

소비시장에 나와 있는 모든 새로운 대상의 소명召命은 폐기처분되는 것이다. 자본가가 현실화시킨 잉여가치는 소비자에게 부과되는 마이너스 가치의 정확한 척도이다. 따라서 소비자는 즐기라는 강박의 가차 없고 더욱 긴급해진 압박에 속수무책이며, 이것을 얻는 방법은 손쉽게 얻을 수 있는 것으로 제시하는 정도에까지 이르렀다. 이런 체계는 오직 소비의 장을 넓혀줄 뿐이며, 따라서 즐기라는 요구를 확대시킨다. 정확히 "그 체계가 이 과정의 속도를 느리게 할 쥬이상스를 생산할 수 없는 바로 그 무능력함 때문에."[7]

자본의 형태로 그 부를 증대시키기 때문에 갈수록 폭력성, 질시, 증오와 인종차별주의의 형태들에 의해 탈규제화된 사회는 진화한다. 즉 달래거나 완화시킬 수 없기 때문에 대상 자체가 아니라 대타자가 우리에게 훔쳐갔어야 할 쥬이상스를 절망적으로 요구한다. [인종]차별은 이러한 사회에 남아 있는 유일하게 위험천만한 한계이다. 다양한 형태로 드러나는 인종차별은 (소비의 확장이 소비의 보편화를 필수적인 것으로 만든 이래로) 문화, 민족, 사회적 계층들이 유지능력을 잃은 경계선들을 재구성하는 경향을 보인다.

이로부터 뭔가 다른 것이 등장한다. 우리의 점증하는 부의 온도는 쌓여가는 쓰레기더미의 높이로 측정된다. 우리를 내려덮을 듯이 솟아오른 폐기물과 오염의 산은, 숨막혀 죽을 만큼의 공포에 시달리지만 않는다면 우리가 쥬이상스를 향해 치닫는 이 조직적 달리기 경주의 소비 불가능한 부산물을 암호 해독하도록 허락해 줄 유일하게 만질 수 있고 제거할 수 없는 여분들이다. 이런 자본주의는 발전할수록 둥근 오물 덩어리위로 지구화되어 간다.

라깡이 훑어보았던 이러한 난국을 마주한 정신분석가의 정치는 자본주의적 우주에서 "라투즈"의 자리를 차지하는 것에 달려 있다. 이 라투즈는—비록 그 자체로 생산물은 아니라 해도 적어도 자본주의의 결과로서—그 연옥적 사슬으로부터 빠져나올 출구가 되려는 의지를 갖는다. 정신분석가 고유의 과제는 쥬이상스를 자극하거나 약속하기 위해서가 아니라, 그와 반대로 쥬이상스를 증발시키지는 않는다 해도 속도를 늦추기 위해서 자신을 에로틱한 대상으로 제공하는 것이다.

그는 어떻게 이 과제를 수행할 것인가? 첫째, 쥬이상스를 고정시킨다. 일반적인 원칙에 따라 사람들은 텔레비전이나 자동차를 바꾸듯이 "더 나은 모델을 원하기 때문에" 정신분석가를 바꾸지는 않는다. 둘째, 분석을 종결할 때 비존재, 혹은 정확히 말해서 욕망의 대상원인의 현시, 혹은 전존재$_{parabeing}$의 베일을 벗길 수 있도록 진행하는 것이다.

정신분석가는 과학이 탈정상화해 온 자본주의에 의해 고삐가 풀린 쥬이상스의 결함이 되어야 한다. 이 지점에서 나는 자본주의 담론에서 빠져나갈 길과 발사자르 그라시앙의 성자 개념 사이를 연결해 볼 것이다. 지배담론에 맞설 목적으로 라투즈에 가까이 접근하려면 특히 신중해야 한다. 라깡이 『텔레비전』에서 그라시앙을 언급하기 바로 직전 바로 이렇게 경고한다. "그들〔분석가들〕은 위험에 처해 있다."[8]

분석담론의 구조 내에 이 위험이 내재해 있다. 바로 욕망의 대상원인으로 제시되어야 하고, 따라서 주체의 존재 결여를 먹고 사는 존재와 동일시되어야 할 위험이다. 그러므로 분석가가 자신이 피분석가의 발화에서 에로스적 대상, 즉 라투즈의 지위에 놓여 있다는 것을 인정하는 것만으로는 부족하다. 한발 더 나아가 그는 이 위치를 현명하게 과시해야만 한다.

최근에 우연히 만난 한 동료가 의도하지 않게 던진 한마디는 라깡이 좋은 신중함과 진정한 신중함 사이를 구분했던 방식을 잘 보여준다. 그저 대화를 이어갈 요량으로 나는 동료에게 "요즘 어때?" 하고 말을 건넸다. "응, 괜찮아 … 그럭저럭 지내고 있어"〔je me depends〕라고 그는 대답했다. 이 대답은 주옥같다. 정신분석가에게 두 가지 형태의 신중함은 두 가지 종류의 퍼레이드에 해당한다. 하나는 회피, 자기 소멸 혹은 분석가의 단순한 자기 방어의 형태이고, 다른 하나는 그라시앙이 전시展示라고 부른 것에 가깝다. 첫 번째 형태는 치료에서 의미를 특정하게 사용하도록 해주는 것으로 무의식을 구성하는 말그림들을 다루는 방식이다. 하지만 바로 그런 이유로 이 형태는 주체의 자본주의를 즐기며 공고화하는 데 일조한다.

반대로 두 번째의 신중함은 주인의 담론구조를 전복시키려는 목표를 갖는다. 이 잉여향유를 담론을 유발하는 원인의 자리에서 출현시킴으로써 담론의 진부함을 들춰내고 그 본질이 쓰레기임을 폭로한다.

왜 여기서 발사자르 그라시앙을 언급하는가? 라깡은 1950년대 이후[9] 그라시앙의 작품에 대해 줄곧 이야기해 오고 있었다. 스페인 문학권 안에서 그라시앙은 가령 예수회와 얀센주의 사이에서 빚어진 17세기의 논쟁과 좀 더 폭넓게는 위대한 도덕주의 작가들의 전통 안에서 탁월한 위치를 점하고 있다. 이 스페인 예수교도가 그 대척점에 서 있던 파스칼에 필적하며 많은 면에서 거짓이 제거된 니체의 허세스러움을 능가하는 바로크 천재로서 위치를 얻고 인정받기 시작한 것은 아주 최근에 들어서이다. 그라시앙의 세 논문—「신중함의 예술을 통한 화술법」, 「영웅론」, 「분별심」—은 위트와 준칙들을 공포를 느끼게 할 정도로 결합시킨다. 이때 공포란 뛰어난 자질을 갖춘 인간이라면 언제나 아무것도 아닌 듯 굴어야 하지만 또 반드시 퇴치법을 알아야 하는 것이다. 여기서 핵심은 부러움이다. 이 괴물처럼 치명적인 부러움은 그라시앙이 묘사하고 있는 세상을 지배하고 있다. 부러움은 타자가 자신의 힘으로 모아놓았을 모든 잉여향유를 추적해서 사악한 눈길을 던진다.

이렇게 모든 시선에 깃들인 대타자의 시각적 쥬이상스를 우리는 어떻게 딛고 일어설 것인가? 이 질문은 신중함의 기술에 담긴 비밀을 가리키고 있다. 그라시앙은 완벽한 "궁정인"이 되는 법을 아는 것 이상의 문제를 해결하고 싶어 한다. 그는 순교자가 되지 않으면서도 성자가 되는 법, 스스로를 소비하지 않으면서 라투즈를 만드는 법에 더 관심을 갖는다. 어떻게 우리는 대타자의 악의적인 시선에 맞서 그의 분노를 자극하게 될 완벽함의 이미지를 제공하지 않으면서도 가능한 모든 덕목들을 얻을 수 있을까? 어떻게 우리는 불가해한 존재로 남아 사실 예리한 청자이면서도 그런 척하지 않으면서 개별적 사람들을 꿰뚫어 그의 진실을 그려줠 수 있을까? 마지막으로 우리는 어떻게 진실의 이름으로 발언되어야만 할 것을, 비록 그렇게 진실이 드러날 수 있지는 않다고 해도 말할 수 있을까? 그라시앙이 말하듯 진실은 "위험하다 … 왜냐하면 만일 누군가를 반박하기 위해 사용된다면 진실은 본질적으로 아프기 때문이다."[10] 발사자르 그라시앙은 영웅이 진리의 위치에 앎을 놓아두는 그의 능력 때문에 높은 위치에 있긴 하지만 영웅은 그의 매너를 조심해야 한다는 것을 완벽하게 이해하고 있었다. 왜냐하면 매너란 "조개껍질, 표식, 신호, 즉 말하자면 사물의 수태 고지告知 annunciation"일 뿐만 아니라 차라리 "사물을 **사랑스럽게** 만드는 것"[11]이기 때문이다.

따라서 영웅의 가장 중요한 덕목, 그의 성자다움의 열쇠는 신중함의 기술일 것이다. 이는 세 가지 주요 기교인 침묵, 부재, 외양을 연마하는 것이다. 첫째, 침묵은 말없음과 상반된다. 침묵은 진정으로 말을 잘하기 위한 조건으로서의 반쯤 말할 능력의 문제이다. 침묵은 정교한 수사를 가정한다. 침묵은 "분별심"이며, 비밀과 미스터리를 유지해 주는 발화의 중지이고, "진리를 가지고 유희하는 법을 아는" 방식이다. 이는 "모든 인간을 긴장 속에 두는 신의 방식"을 모방한다.[12] 이 침묵으로부터 발화의 가장 본질적인 부분에 분절을 만들어 주는 간결하고 웅변적인 스타일이 나온다.

둘째, 부재는 자신의 침식과 유희함으로써 스스로를 더 확실히 제시하는 기술이다. 셋째, 외양外樣은 가장 미묘하면서도 가장 스페인답다. 진정 신중함은 일종의 변장술과 형식의 컬트를 구사한다. 이 기술은 일자가 그 격렬한 폭식성을 행사하는 영역으로 입장하는 바로 그 순간에 자신의 힘들에 대한 압도적인 부러움을 자아내는 효과를 갖는다. 스스로를 지우고 비가시성으로 움츠러드는 대신 그라시앙적인 영웅은 새로운 고통으로 부러움을 키워간다. 그러나 이 고통은 너무도 비실체적이라서 오직 알려고 하는 부러움이 가득한 욕망을 만들어낼 뿐이다. 이 고통을 낳는 질병은 그라시앙이 "전시"라고 부른 바로 그것이다.

전시는 라깡이 그의 학생들에게 몸소 실천해 보인 주요 덕목이며, 자본주의적 담론으로부터 나오는 출구를 가리킨다. 이 출구는 라투즈의 감소를 의미한다. 자신을 현실과 대척점에 두기보다는(이 현실은 부러움의 순환을 통해 그 일관성을 획득하게 된다) 전시의 기술은 외양이 존재의 가장 진실한 평가기준임을 입증해 준다.

"심오한 모든 것들은 가면이 필요하다"[13] 고 말한 니체보다 훨씬 더 앞서서 그라시앙은 「분별심」 8장에서 "전시는 종종 현실보다 더 중요하다. 전시는 공허를 채우기 가장 적합한 보충이다"라고 제안한다. 전시는 "절대적으로 필요하며 사물에 이차적 존재를 부여한다." 있는 그대로의 외양에 대한 이러한 확증은 또한 거짓 허세와는 다른 겉치레에 이르는 지점까지 밀어붙일 수도 있다.

진정 전시는 그 실체의 흔적을 따르는 부러움으로부터 존재를 감추지 않는다. 반대로 전시는 근본적으로 이 존재의 비본질적이며 텅 빈 것을 드러낸다. 전시는 사물을 사랑스럽게 만들고, 따라서 생산품의 물질성과 떨어진 잉여향유를 생산한다. 전시는 응시의 대가로 스스로를 드러내는 사물의 무가치를 분명 제시한다.

"절반은 전체보다 낫다"[14]라고 그라시앙은 유사-라깡주의적 공식으로 말한다. 세 가지 기교들—침묵, 부재, 외양—을 연결시키는 공통성은 바로 이런 식으로 절합될 수 있다. 영웅은 부러움에 활력을 주는 쥬이상스를 흥분시키기보다는 욕망을 도발하기 위해서 전부가 아니어야 한다. 이것은 무 혹은 규정할 수 없는 것["나는 아무것도 몰라"]을 향한 욕망을 도발하기 위해서, 부러움이 존재의 상상적 완성에서 고통스러운 쥬이상스로 충동적으로 몰아가는 바로 그곳에서 영웅이 취하는 도전이며, 또한 라깡이 자본주의에 맞서 우리의 정치원칙으로 만들어 준 도전이다.

(스티븐 밀러 영역)

주

* 여기 번역된 글의 원문은 "Être un saint"라는 제목으로 *Connaissez-vous Lacan?* Marie-Pierre de Cossé Brissac, Françoise Giroud, Roland Dumas, et al. 편집(Paris : Seuil, 1992), 165-175쪽에 수록되어 있다.

1_ Jacques Lacan, *Television/A Challenge to the Psychoanalytic Establishment*. Joan Copjec 편집, Denis Hollier, Rosalind Krauss, and Annette Michelson 역(New York : Norton, 1990), 16쪽.

2_ Lacan, *Le Séminaire de Jacques Lacan, livre XVII : L'envers de la psychanalyse*, Jacques-Alain Miller 편집(Paris : Seuil, 1991), 123쪽.

3_ 같은 책, 124쪽.

4_ 같은 책, 188-189쪽.

5_ 같은 책, 189쪽.

6_ Jacques Lacan, "Radiophonie." *Autres écrits*, Jacques-Alain Miller 편집(Paris : Seuil, 2001), 435쪽.

7_ 같은 글.

8_ Lacan, *Television*, 15쪽.

9_ Lacan, "A Theoretical Introduction to the Function of Psychoanalysis in Criminology," Mark Bracher, Russell Grigg, and Robert Samuels, *Journal for the Psychoanalysis of Culture and Society*, vol. 1, 2(Summer, 1996) : 13-26쪽, "The Freudian Thing," *Écrits*. Bruce Fink 역(New York : Norton, 2002), 112쪽 ; *L'envers de la psychanalyse*, 212-213쪽.

10_ Balthasar Gracián, *The Art of Worldly Wisdom : A Pocket Oracle*. Christopher Mauere 역(New York : Doubleday, 1992), 119쪽.

11_ 같은 책.

12_ 같은 책.

13_ Friedrich Nietzsche, *Beyond Good and Evil*. Walter Kaufmann 역(New York : Random House, 1966), 50쪽.

14_ Gracián, *The Art of Wordly Wisdom*, 96쪽.

도미니크 호운즈

사랑이 법일 때 : 『롤 스타인의 황홀경』에 관하여[역주1]

이 신성한 황홀경 속에서는 수세기가 몇 시간보다 더 빨리 지나간다.

프랑수와 페늘롱, 『텔레마크』 (1966)

슬라보예 지젝은 "사랑"이 정치적으로 혁명적 의미를 갖는다고 말했다. 사랑은 여기서 법과 죄(혹은 욕망)의 변증법으로 서술된, 정상적인 질서로부터 단절된 사건을 일컫는다.[1] 기독교적인 사랑인 아가페란(이것만 그렇다고 못 박을 순 없지만) 주어진 상황의 조건 너머 무조건적인 지점을 새롭게 개념화한 지젝의 사랑에 아주 중요한 영감의 원천을 제공한다. 물론 유사한 차원에서 알랭 바디우는 사랑을 "사건"으로 이해하는 한편, 사도 바울을 호전적 윤리의 모델로 제시함으로써 의미심장하게 사랑에 대한 논의에 개입했었다. 이 두 논리적 추론에서 알 수 있는 사실은 아가페를 둘러싸고 수많은 현대의 이데올로기 비판들이 생겨났다는 것인데, 이는 그다지 놀라운 일은 아니다.

그러나 라깡주의 입장에서 한걸음 뒤로 물러서 보면 아가페라는 기분 좋은 소식이 하나의 "논리적" 계기를 간과하고 있는지 물어볼 기회가 생긴다. 이 문제를 다루기 위해서 나는 라깡의 중요한 저술 가운데 하나인 「논리적 시간과 예상된 확실성의 주장」[2]이라는 논문을 검토할 것이다. 이 글이 균열의 정확한 순간 혹은 지젝이 "행위"라고 조건을 단 것을 제시하는 데 가장 고무적이며 유용하다는 사실은 이미 증명되었다.[3] 이 글을 다시 검토하는 일은 이 사랑의 순간이 전적으로 행위의 순간만은 아니며, 또한 진실에 대한 성실함도 아닌, 쓰레기가 되어 버릴 가능성이 있는 순간임을 확실히 밝혀줄 것이다.

사랑과 욕망의 문제와 밀접한 연관 속에서 사랑이 쓰레기—일종의 세상의 낙진—로 바뀌는 이 순간은 20세기 신비주의적 작가 마그리트 뒤라스가 탐색한 바 있다. 나는 라깡의 글을 뒤라스의 소설 『롤 스타인의 황홀경』과 연결시켜 함께 읽을 것이다. 라깡 자신도 뒤라스의 소설을 다룬 적 있다. 그의 「마그리트 뒤라스의 『롤 스타인의 황홀경』에 경의를 표하며」에서 영리한 독자라면 라깡이 안티고네를 해석하면서 제시한 두 가지 개념, "광채"와 "두 죽음 사이에서"가 언급되는 대목을 찾아낼 수 있을 것이다.[4] 진정 롤 스타인이 안티고네처럼 광채가 나며 지구적 시민$_{apolis}$인 것인가? 그녀는 "사물들로부터 추방당한 상처 입은 형상, 당신이 감히 만질 수 없지만 당신을 그녀의 먹잇감으로 만드는 존재"는 아닌가?[5] 그녀는 쥬이상스의 공포에 맞서는 마지막 보루로서 미의 사신이 될 자격을 갖는가? 안티고네와 롤의 형상은 각 비극의 주요 인물로서 두드러진 위치를 차지하면서도 타인들에게 "마음의 문둥병"을 전염시킨다.[6]

그러므로 다음과 같은 질문을 던져볼 수 있다. 실제 비극적 인물은 누구인가? 이 질문에 반드시 대답해야 하는 상황에 놓이면 혹자는 롤이 아니라 자크 홀드(안티고네가 아니라 크레온)라고 말하고 싶을지 모른다.[7] 아마도 이러한 불명확성 때문에 독자들이 롤과 동화되기가 어렵고 대신 그녀가 조직하는 삼각관계에 연루되어 롤 자신이 만든 위치, 즉 그녀 자신의 위치를 차지하게 된다. 이 애매함 속에서 독자는 구조의 시간적 진행과정과 인물이 그 과정에서 차지하게 되는 "자리"에 집중하게 된다. 독자의 입장에서는 이처럼 불편한 위치에 놓이게 되는 효과는 내러티브 자체에서 발생하는 효과들과 다름없다. 가령 이 소설에서 의미심장한 장면인 카지노에서 롤이 약혼자 마이클 리차드슨을 신비스런 매력의 팜므파탈 안 마리 스트레터에게 빼앗기게 될 때 일어나는 효과를 생각해 보라. 바로 이처럼 내러티브 자체에서 나타나는 피상적인 혹은 "무능한" 변화들 속에 뒤라스의 소설적 드라마가 놓여야 한다. 나는 롤이 고통스러운 사건들의 수동적인 주체가 아니라 카지노에서의 사건에서 그녀가 감당해야 했던 위치에 충실한 사람이라고 주장하고 싶다.

황홀경ravishing[역주2]이란 다른 곳으로 취해지다, 전이되다, 황홀에 빠지다, 매혹되다 등의 의미를 갖는다. 『롤 스타인의 황홀경』이라는 제목에서 "의"에 해당되는 부분의 의미는 애매하다. 이 전치사는 주격인가 목적격인가? 목적격이라면 롤이 자신이 목격하는 장면들로 인해 황홀경에 빠지는 것을 의미할 것이다. 그녀는 마이클 리차드슨과 앤-마리 스트레터의 만남을 수동적으로 〔우연히〕 관찰했고, 자크 홀드와 타티아나 칼 사이에 벌어지는 애정행각을 적극적으로 보려 하지 않았다고 할 수 있다. 만일 주격이라면 롤은 타인들을 황홀경에 빠지게 하는 사람 혹은 적어도 타인들이 경험하는 황홀경에 원인 제공을 한다. 확실한 것은 내러티브 차원에서 황홀경에 빠지는 것은 서술자인 자크 홀드이다. 2인칭 시점으로부터 서술되는 자크 홀드와 롤의 관계는 여성 신비주의자와 그녀의 고백자들 사이의 관계와 많은 점에서 유사하다. 이 관계에서 여성 주체는 황홀해지고 남성 고백자는 그녀의 황홀경에 의해 황홀경에 빠지게 되어 결과적으로 그녀를 황홀경으로 이끌려고 시도한다. 하지만 이 안내 과정은 애매할 수밖에 없다. 신비적 영감이라는 신성한 진실에 대한 신뢰를 기반하고 있지만 고백자는 종종 이 영감들을 현존 신학과 일치시키려는 시도를 하게 된다. 혹은 페늘롱과 마담 기용[역주3]의 경우처럼 남성 고백자〔페늘롱〕는 새로운 신학적 테제를 만들어서 현존 전통과의 관계에서 이들을〔마담 기용 등 여성신비주의자〕 옹호하려고 고군분투하게 된다.[8]

뒤라스의 책 제목은 이처럼 여러 독해의 가능성에 열려 있으며, 모든 것을 제시하고 있다. 한 사람이 황홀경을 일으키며 동시에 그것에 압도된다. 이런 점에서 『롤 스타인의 황홀경』은 뒤라스의 작품세계(이후 『아가사』, 『죽음의 병』, 『복도에 앉아 있는 남자』와 같은 한 장면으로 구성된 작품들[역주4]을 만들게 된다)에서 전환점이 된다. 롤이 카지노에서 목격하는 장면은 소설 전체를 구조화함으로써 단순한 내러티브의 시작점이거나 트라우마적 기원이 아니라, 그 안에 어떤 내러티브라도 가능하게 만들 힘을 가진 것이다. 이 장면은 마치 블랙홀처럼 등장인물들과 그들의 역사를 흡수하며, 내파적 효과를 가지고 있어서 공간적·시간적 팽창에 대한 어떤 시도도 매우 위험천만한 것으로 만든다. 뒤라스의 이 짧은 소설에 등장하는 인물들을 푸

코는 베이컨의 형상들에 비유한다.[9] 가령 공허의 공간 만들기, 열린 입 들춰내기와 같은 것은 신체의 사라짐 혹은 해소를 드러낸다.[10]

논리적 시간

우리는 롤이 붙잡혀 있는 이 영원한 순간을 묘사하기 위해서 "시간의 부재"라는 표현을 사용할 수도 있었다. 카지노에서의 장면에 뒤이은 내러티브는 고작 이 무시간성의 묘사일 뿐이다. 그러나 우리가 "무시간성"이라고 할 때 그것은 과연 무엇을 의미하는가? 시간의 현존과 부재 사이의 대립구도를 설정하는 것은 너무 쉬워 보인다. 특히 우리가 "시간"이 무엇인지 안다고 당연히 믿기 때문에 더욱 그렇다. 「논리적 시간」에서 라깡은 흘낏 쳐다보는 순간, 이해하기 위해 필요한 시간, 그리고 결론의 시간, 이렇게 시간의 세 가지 양식을 제시한다. 우리가 이 순간들 중 한 순간에 "존재"할 수 있다고 믿는 것은 잘못이다. 라깡의 논의에서 분명한 한 가지 사실은 오직 소급적으로만, 즉 결론을 내린 후에야 이 세 가지 양식들을 구별할 수 있게 된다는 점이다.

세 가지 양식의 이 소급적 차별성을 기술하기 위해서 라깡은 논리적 문제 하나를 분석한다.[11] 한 교도관이 세 명의 죄수 가운데 한 명을 테스트를 통해서 석방하기로 결정한다. 그는 흰색 세 개, 검은 색 두 개인 다섯 개의 원반을 보여주면서 그들의 등에 각각 하나의 원반을 놓을 것이라고 말한다. 그들은 자신의 등에 어떤 원반이 놓이는지 볼 수 없으며, 다른 죄수들과 절대 말하거나 상의할 수도 없다. 자신의 등에 어떤 색의 원반이 있는지 첫 번째로 알아내는 사람이 풀려나게 된다. 교도관은 그러나 한 가지 조건을 덧붙인다. 결론은 확률이 아니라 논리적 이유에 기초해야 한다. 즉 죄수들은 운 좋게 맞추는 것이 아니라 왜 그들이 각자의 결론에 이르게 되었는지를 제대로 밝혀야 한다.

교도관이 각 죄수들의 등에 흰색 원반을 하나씩 올려놓았다. 죄수들은 어떻게 문제를 해결하게 될까? 세 명의 죄수들을 A, B, C라고 부르도록 하자. 그리고 죄수 A의 시점에서 상황을 본다고 하자. A는 두 개의 흰색 원반을 보고 다섯 개의 원반, 즉 흰색 세 개와 검은색 두 개가 사용된다는 사실을 알고 있다. 만일 A가 두 개의 검은색 원반을 보았다면 그는 곧 자신의 원반이 흰색임을 알게 될 것이다. 하지만 두 개의 흰색 원반을 보았다. 그렇다면 이 상황으로부터 어떤 결론도 직접 추론할 수 없다. 따라서 그는 가설을 세울 수밖에 없다. 그는 자신의 원반이 검은색이라고 가정하고 나서 B와 C가 본 것이 무엇인지, 그리고 그들이 어떤 가설을 세울지 곰곰이 따져보게 된다. 만일 A가 검은색이라면, 그리고 가령 B 자신이 검은색이라고 가정한다면 C는 즉시 떠나게 될 것이다. 왜냐하면 C는 검은색 원반 두 개를 보게 될 것이기 때문이다. 하지만 C가 즉시 자리를 뜨지 않았으므로 B는 자신의 원반이 흰색이라는 결론(A가 검은색이라는 가정 하에)에 이르러야 한다. 그러나 B도 자리를 뜨지 않으므로 A는 자신의 원반이 흰색이라는 결론을 내릴 수 있게 된다.

그러나 이 문제의 "해결"은 기껏 "소피스트적"이라고 할 수 있다. 왜냐하면 엄격히 말해서 두 개의 흰색 원반을 볼 때 죄수 중 누구도 자신의 정체성(각자 자신의 등에 놓은 원반의 색을 알아맞히기)에 관해서 어떤 결론에 이를 수가 없다. 논리적 추론이란 상황에 대한 해석을 토대로 해서만 가능할 뿐이다. 라깡이 흘낏 쳐다보는 순간이라 부른 것은 처음에 우리가 보게 되는 것, 즉 두 개의 흰색 원반과 관련된다. 다른 두 죄수들이 검은색 원반을 갖고 있다면 결론을 내리기까지 필요한 시간은 고작 한순간, "말하자면 번개가 치는 순간처럼 제로에 가까운 시간"[12]일 뿐이다. 어느 누구도 즉각적인 결론에 이를 수 없기 때문에 우리는 타인들에 의해 인식되는 자신의 정체성에 대해서 생각을 하고 가설을 세워야만 한다. 라깡의 주요 핵심은 이처럼 이해를 위한 시간은 그 자체로 끝이 없기 때문에 결론을 내림으로써만 종결될 수 있을 뿐이라는 것이다. 이 결론은 필수적이나 불충분한 논리적 추론에 기초하고 있다. 죄수들이 취하는 적극적인 개입은 타자가 주저하면서 가만히 서 있는 모습을 이해할 때 구성된다. 애초의 가설(그리고 이로부터 도출될 수 있는 것)에 덧붙여진 이런 이해의 동기는 죄수를 사로잡고 있는 불안이다. 불안은 게임에서 질 가능성이 있다는 생각이 아니라, 전체 추론과정이 타인이 가만히 서 있는 것에 의존해 있다는 깨달음에 기인한다. 그 결과 그들이 움직이자마자 각 죄수들은 생각하기를 멈출 뿐만 아니라 결론을 내릴 가능성이 없다는 사실을 이해해야 한다.[13]

이 궤변론을 분석하는 일은 시간, 정체성과 간주관성이 함께 사유되는 특수한 방식 때문에 중요하다. 라깡의 주제는 우리가 오직 간주관적 역학관계에 시간을 도입함으로써 가능한 결정적인 주체의 행위를 통해서만 정체성을 얻을 수 있다는 것이다. 이 행동은 "불안으로부터 확실성을 끌어내기"로 구성된다.[14] 시간의 차원은 예상할 수 있다. 우리는 어떤 충분한 이유 없이 결론을 예상한다. 바로 이 결론의 행위만이 그 추론과정의 적실성과는 관계없이 뒤이은 탐색을 가능하게 해줄 것이다. 결론을 내리지 않는 자는 탐색할 것이 아무것도 없다.[15]

롤 스타인

죄수들이 해야 할 게임과 탈라의 카지노 장면은 놀라울 정도로 유사하다.[16] 두 상황 모두 세 사람이 연루되어 있고 텔로스, 즉 목적은 도망치기인 듯하다. 「논리적 시간」의 상황에서 죄수는 그 혹은 그녀가 검은색이라고 가정하면서 흰색을 가진 다른 두 죄수와는 다르다고 생각한다. 우리가 앞에서 보았듯이 이 가정은 바로 결정적인 행위를 가능하게 해주는 조건들을 낳게 될 추론의 첫 단계이다(왜냐하면 만일 누군가 자신이 다른 사람들처럼 흰색이라고 가정할 때 아무것도 그로부터 연역될 수 없기 때문이다). 동시에 이 가정은 불안을 낳는다. 왜냐하면 누군가 정말로 검은색이라면 다른 사람들은 이보다 더 적은 수의 가정을 해야 하기 때문이다. 이것이야말로 라깡이 행위에 대해 다음과 같이 설명한 이유이다. "**서둘러 흰색이라고 선언할 때 내가 고려하는 이 흰색들은 그것들의 본성을 스스로 인식하는 데서 나를 앞서지 않게 된다.** 우리는 여기서 주체가 자신을 주장하는 것을 보게 된다. 이 주장을 통해서 주체는 판단을 내리는 과정의 논리적 움직임을 결정하게 된다. 객관적으로 지탱해 주는 시간적 발생을 동요시켰던 이해의 운동이 생각에 잠긴 주체라는 모습 속에서 귀환하게 된다. 이 시간적 발생은 바로 그 이해의 운동 속에서 타자들보다 **뒤떨어지는 시간**이라는 주관적인 양식을 통해서 주체에게 재등장하며 논리적으로 스스로를 **결론의 순간**이라는 급박한 상황의 형태로 드러내게 된다."[17] (결정의 순간으로서의) 행위는 수행적 선언으로 귀결된다. 이는 자신을 기표와 동일시하는 것이다. 바로 이 행동이 이해의 시간에 종지부를 찍고 의미와 지력을 효과적으로 뿌리내리게 해준다. 만일 결론의 순간을 놓치게 된다면 이해의 시간은 타자들이 나를 어떻게 보는가에 대한 가정의 초기 순간으로 환원된다. 즉 나는 타자들의 응시 아래 놓인 검은 대상이 된다. 이 초기의 가정은 대상으로서의 나를 타자들의 응시로 연결시키지만 주체로서의 타자들로부터는 연결을 끊게 된다. 왜냐하면 나는 그들이 아닌 무엇이기 때문이다.

롤은 이와 같은 초기 가정의 순간에 붙잡혀 있다. 안 마리 스트레터가 카지노에 들어오는 순간부터 롤은 그녀에게 사로잡혀 그 밖의 모든 것들은 의미를 잃게 된다. 그녀는 약혼자인 마이클 리차드슨에 관해서조차 "그녀가 방에 들어오는 순간부터 나는 〔그를〕 사랑하기를 멈추었다"(126쪽)라고 말하게 된다. 우리는 지금까지 주체가 두 명의 타자들과 맞서 있는 자신을 발견하는 그 출발점이 마지막 순간, 즉 결론을 내리기 직전 다시 돌아오는지를 살펴보았다. 두 명의 타자들을 마주하고 자신이 대상이 되는 일이 자아내는 불안감은 혼자 남겨질 것에 대한 불안감이며[18]—"마치 정오의 해안가에 버려진 죽은 개와도 같은 이 살덩어리의 구멍"—암암리에 뭔가 결정을 하도록 주체를 재촉하게 된다.[19] 이 결정은 하나의 기표와 예정된 동일화를 이루는 것이다.[20] 누군가는 이 동일화가 간주관적 역학에 기초를 둔 상상된 정체성이라고 말할지도 모른다. 롤은 이 가능성을 알고 있는 것처럼 보이지만 어떻게 이용할지는 모르는 것

같다. 가령 그녀는 이렇게 말한다. "나는 시간이 아주 많아요. 아, 시간은 참 길어"(19쪽). 혹은 마이클 리차드슨과 안 마리 스트레터가 떠나려 할 때 그들에게 좀 더 머무르라고 하면서 이렇게 말한다. "그렇게 시간이 늦진 않았어요. 아직 초여름 새벽이고, 그래서 원래 그런 것보다는 다소 늦은 듯이 보이는 거죠"(12쪽). 그녀는 단 하나의 단어, 하나의 기표가 부재했음을 확신하고 있는 자의 무한한 시간을 갖고 있다. 이 기표, 이 단어는 그녀를 상상계적 우주에서 재현해 줄 수 있는 것이다. 그녀는 이 기표가 도착하리라는 기다림을 결코 멈추지 않는다. 이 한순간에서 효과적으로 드러나는 것은 롤에게 드리워진 삶보다 더 긴 그림자이다. 소설의 화자[21]는 이를 이렇게 묘사한다.

> 다시 시작되었다. 창문은 닫혀서 단단히 봉해졌고, 무도회는 달빛 속에 갇혀버린 채 세 사람 모두, 그들만을 감금할 수도 있었다. 롤은 이 점을 확신했다. 그들이 함께 또 다른 날의 시작, 적어도 그 단 하루의 시작만이라도 벗어날 수 있었음을. 어떤 일이 일어날 수 있었을까? 롤은 이 순간이 열어주는 미지의 것에 대해서 깊이 탐색하지는 않는다. 그녀는 기억을 갖지 않는다. 상상적 기억조차 없다. 그녀는 이 미지의 것이 무엇인지 조금도 알지 못한다. 하지만 그녀가 믿는 것은 반드시 그 속으로 들어가야 한다는 것, 그것이 자신이 할 일이라는 것, 그것이 언제나 그녀의 몸과 마음에 의미있는 것이라는 사실이다. 몸과 마음은 가장 큰 고통과 기쁨 모두가 한데 섞여서 서로 구분할 수 없는 하나의 개체이지만 그것을 표현할 말이 없어 이름이

> 없다. 나는 이렇게 믿고 싶다. 왜냐하면 그녀를 사랑하니까. 만일 롤이 그녀의 일상에서 침묵하고 있다면 그것은 단 1초 동안이라도 그녀가 이 단어, 이 이름이 존재한다는 것을 믿었기 때문이라고. 그 말이 존재하지 않기 때문에 그녀는 침묵한 채 있는 것이다. 이 말은 아마도 부재 단어, 구멍 단어일지 모른다. 그 중심에는 구멍처럼 텅 비어 있다. 그 구멍은 다른 모든 단어들을 다 묻을 수도 있다. 말을 발언할 수는 없지만 공명하게 만들 수는 있었을지도 모른다(38쪽).

이 단어의 부재, 상징적 우주에서 롤을 재현해 줄 기표의 부재는 다른 모든 것들로부터 근본적으로 거리를 두고 떨어져 나와 있는 것과 일치한다. 롤은 자크 홀드에게 이렇게 말한다. "내가 더 이상 그를 사랑하지 않는다고 말할 때 나는 사랑이 부재한 상태에서 얼마나 오래 지탱할 수 있는지 당신은 전혀 모를 거라고 말하고 있는 거예요"(126-127쪽).

사랑

지금까지 「논리적 시간」과 『롤스타인의 황홀경』 사이의 유사성으로 나타난 간주관적 삼각관계 구조, 논리적 요소로서의 시간, 어떤 주체성에서도 필요한 선험적 조건으로서의 사건 등을 살펴보았다. 이로써 우리는 「논리적 시간」에서 제시된 추론의 논리에서 한 가지 중요한 점을 강조할 수 있게 되었다. 즉 주체성은 오직 대상의 위치로부터 비롯되는 주체의 위치를 "발명"하거나 그곳으로

"뛰어오르기"를 통해서만 획득될 수 있다는 사실이다. 내가 타자를 통해 추론을 가정하고 이로써 비밀스럽게 이 타자와 나를 동일시하는 순간 나는 최초의 가정, 즉 내가 타자와 다르다는 사실과 마주하게 된다. 이 차이는 사실적일 뿐만 아니라 논리적 과정의 전개 속에 함축된 것이다. 이 차이를 토대로 삼아서 타자는 결정에 이르게 되고, 나를 버려두고 떠나게 되는 것이다. 버림을 받았다는 것이 아니라 대상으로서 버려진다는 사실에 드라마가 존재한다. 나아가 이 드라마에서 버림받은 대상은 진정한 대상이 되기 위해서는 타자의 응시가 필요하다는 전제 하에 대상이 되지 못한 상태, 즉 효과적으로 비-대상이 된다.[22] 자크 홀드와 롤의 대화가 이를 입증한다. "'10년 동안 나는 오직 세 사람만이 남아 있다는 생각에 사로잡혀 있었어요. 그 두 사람과 나 자신 이렇게 세 사람이요.' 나는 다시 물었다. '당신은 무엇을 원했나요?' 전과 같이 주저하면서 침묵의 동일한 간격을 사이 두고서 그녀는 '그들을 만나는 것이요'라고 대답했다"(96쪽).

이러한 삼각관계의 역학은 불가능한 위치를 낳게 된다. 이 불가능한 위치는 불가능하다는 것 때문에 주체화에 도달할 유일한 길이다. 라깡이 「논리적 시간」을 출간하고 그의 전작을 통해서 이 글을 반복해서 언급하는 이유는 어떻게 주체화가 가능한가, 그리고 주체화의 발생을 사유하고 개념화할 수 있는가에 대한 그의 근본적인 질문들 때문이다. 1950년대 라깡은 상징계 질서의 필수조건을 강조했다. 간단히 말해서 상징계의 개입으로 인해 대상은 스스로를 거세시키고 상징질서를 구성하는 요소들 사이의 간격에서만 "자기 자신"을 발견하게 된다. 이러한 "해결"[23]에도 불구하고 이 과정이 결정적인지, 나아가 충분한지의 문제는 여전히 남아 있다.

라깡의 여덟 번째 세미나 『전이』를 알고 있는 독자라면 「논리적 시간」과 『롤 스타인의 황홀경』에서 다루어진 대상위치의 주체화가 제기하는 중요한 문제는 라깡이 사랑의 기적이라 부른 것과 유사하다는 점에 주목할 것이다. 사랑을 설명하기 위해서 라깡은 "사랑의 메타포"라고 자신이 명명한 것을 사용한다. 이때 메타포는 "이미지의 사용"이라는 느슨한 의미로 이해해야 한다. 라깡의 강의에서는 드물게도 그는 자신이 "신화"라고 부른 것을 라깡 이론의 한 측면을 예시하기 위해서 말해주는데, 이 신화는 다음과 같다.

> 이 손은—열매, 장미, 갑자기 불타오르는 덤불을 기다리고 그것들을 향해 뻗어 있고 휘젓는 동작을 보이는 손—잘 익은 열매, 꽃의 아름다움, 활활 타오른 덤불과 긴밀히 연결되어 있다. 하지만 그 손이 기다리고, 매혹하고, 휘젓는 움직임이 한동안 진행되고 열매, 꽃, 덤불에서 손이 하나 나와서 네 손을 향해 뻗어 나오면, 그 순간 열매의 닫힌 풍요로움, 꽃의 열림, 불타오르는 손의 폭발에서 네 손은 얼어붙게 된다. 음 … 여기서 나오는 것이 바로 사랑이지.[24]

여기서 두 가지 순간이 눈에 띈다. 첫째, 대상을 향해 뻗은 손이 대상을 놀라운 방식으로 바꾸어서 대상이 익고, 아름다워지고, 불타오르게 된다. 이 첫 번째 순간에서 대상의 매력적인 성질이 더 선명해지고, 이 성질들은 뻗어온 손에 의해 창조된다고까지 우리는 말할 수 있다. 이렇게 될 때 우리는 손이 손바닥에 열매를 쥐려고 더 열망하게 된다고 상상할 수 있다. 두 번째 순간은 알아채기가 좀 어렵다. 처음에는 한 손이 대상을 향해서 뻗어가는 도중에 다른 손을 만나는 듯이 보인다. 이는 사랑이 스스로 인간화된 대상에 대한 욕망으로 구성되어 있음을 암시한다. 진실된 사랑은 이 두 손의 만남이다. 그러나 라깡은 자신이 두 손이 만날 때 벌어지는 일을 말하려는 것이 아니라고 경고한다. 대신 그는 사랑이 언제 어디서 일어나는지를 묘사한다. 라깡에 의하면 사랑의 순간은 두 손이 만나는 것이 아니라 열매, 꽃, 덤불로부터 또 다른 한 손이 나오는 순간이다. 우리가 앞으로 살펴볼 것은 라깡의 사랑 개념이 사랑과 관련된 두 명이 "동등한 파트너" 사이에서 일어나는 어떤 것으로 간주되는 일반적 개념과 상반된다는 사실이다. 일반적인 개념에서 사랑은 성적인 만남을 가능하게 해줄 원인과 결과이다. 하지만 라깡의 개념에서 사랑에는 근본적인 불평등과 불일치가 작동한다.[25]

라깡은 이 짧은 이야기를 플라톤의 『향연』을 분석하던 중에 구성한다. 사랑을 설명하기 위해서 라깡은 그리스 어원의 eromenos(사랑받는 자)와 erastes(사랑하는 자)를 택한다. 이 두 낱말은 "사랑"을 어근으로 삼고 있기 때문에 이 용어에 대한 라깡의 이중적 이해와 잘 어울린다. 사랑받는 자$_{\text{eromenos}}$는 대타자의 욕망에 맞서는 자이며, 대타자는 자신을 아름다운 대상으로 스스로, 그리고 또 다른 사람을 통해서 위치시킨다. 이러한 시각에서 볼 때 우리는 사랑받는 자를 라깡의 나르시즘적 사랑 개념과 같은 것으로 이해할 수 있다. 사랑받는 자는 자신을 사랑할 만하다고 생각함으로써 대타자의 욕망을 해석하는 사람이며, 그에게 사랑은 사랑받고자 하는 유아적 상태로 환원된다. 하지만 라깡이 사랑하는 자$_{\text{erastes}}$를 설명하는 방식을 좀 더 따라가 보면 흥미로운 상황이 발생한다. 엄밀히 말해서 사랑하는 자는 이 욕망하는 대타자가 아니다(대타자를 마주한 나는 나를 사랑받는 대상으로 위치시킬 수 있다). 차라리 그는 사랑받는 자의 위치에 놓일 때 비로소 출현하게 된다. 이것이 사랑의 기적이라고 부른 것으로, 누군가 대타자를 향한 욕망의 대상으로 놓이게 될 때 보답의 일환으로 그는 이 대상의 위치와 욕망을 주체화할 수 있게 된다.

삼위일체

이제 대상위치의 지위가 의문의 대상이 된다. 『세미나 20』에서 라깡은 20세기 신비주의 신학자 리차드 드 생 빅터의 책을 논하면서 「논리적 시간」에서 자신이 제시한 주장으로 돌아간다.[26] 생 빅터는 삼위일체에서 신이 하나인지 혹은 삼위일체인지 묻는다. 사랑이 본질적 양상이며 사랑은 언제나 타자에 관한 것이라는 주제에서 출발하는[27] 생 빅터는 이 신성한 사랑을 받을 가치가 있는 두 번째 신성한 존재, 즉 아들이 있어야 한다고 믿는다. 아들이 신성한 존재라면 그는 신에게 사랑으로 보답해야 한다. 이 관계는 완벽한 이원관계인 듯하지만 생 빅터에 의하면 이 사랑은 오직 즐거운 것이 특징일 뿐 완벽한 것은 아니다. 완벽한 사랑에는—그리고 신성한 사랑은 완벽하지 않을 수 없다는 사실을 강조할 필요가 있다—우리가 타자에게서 받는 사랑을 공유하기를 원한다는 사실이 함축되어 있다. 만일 아들이 신에게서 신성한 사랑을 받는다면 그 자신의 사랑은 신에게 사랑으로 보답할 때 비로소 즐거울 수 있다. 하지만 그의 사랑은 그가 받는 사랑이 공유될 때 완벽해진다. 생 빅터는 우리에게는 제3자, 즉 동료, 사랑받는 자가 필요하다고 한다. 이 제3자는 성령이다. 라깡이 생 빅터의 이 구절을 언급할 때 그는 이 제3자인 성령이 주체가 아니라 대상이라는 점, 더 구체적으로는 소대상 a라는 사실을 강조한다. 이 소대상 a는 일자와 대타자 사이의 사랑관계를 가능하게 하는 조건으로서의 역할을 맡는다는 의미에서 필수적이다.

사랑에 빠지는 순간 존재의 결여를 위한 환상적 지원(일자가 효과적으로 존재한다는 욕망)은 대타자를 위한 욕망의 대상으로 일자가 자리를 잡을 때 잠정적으로 중단된다. 창조적 행위로서의 사랑이라는 비유는 일자를 이 대상의 위치에서 끄집어내는, 즉 바로 우리의 결여 그 자체를 통한 대응이다. 이것이 일어나려면 우리는 두 가지 작동과정이 필요하다. 첫째, 이 대상의 위치가 될 수 있는 것을 환상으로 만들 필요가 있다. 둘째, 자신을 이 위치로부터 거세(혹은 금지)해야 한다.[28] 롤 스타인은 앞에서 살펴본 대로 이 대상위치에 대한 끊임없는 탐색에 사로잡혀 있다. 카지노에서의 그날 밤 이후 그녀는 수년간 침잠해 있던 중 옛 친구 타티아나와 그녀의 숨겨둔 연인 자크를 만나게 된다. 롤이 안 마리의 검은 드레스 혹은 그 드레스가 감싸고 있던 그것에 매혹되었다면, 이때는 타티아나와 자크의 밀회를 엿보는 데 집착하게 된다. 이제 그녀를 매혹시키는 것은 "검은 머리타래 밑에 있는" 타티아니의 벌거벗은 몸이다. 대타자의 욕망에서 일자가 놓인 자리를 알아내려는 무모한 모색과정과 함께 롤은 한 낱말이 빠져 있다고 확신한다. 그러나 이러한 결여는 욕망의 대상이 된다는 것이 무엇을 의미하는지 이름을 제공해 줄 수 있는 기표를 향해가는 것으로 이해될 수는 없다. 그보다는 결여된 기표의 유일한 효과는 그녀가 이런 대상위치로부터 분리되는 것이다.

롤의 탐색은 신성성과 순수한 사랑을 향해 있다고 이해할 수 있다. 안 마리 스트레터가 마이클 리차드슨과의 장면에 등장하자마자 롤은 세 사람의 관계를 시작하기 위해 필요한 소대상 a의 위치를 차지할 수 있게 된다. 죄수의 궤변에서 죄수들 중 한 사람이 자기가 다른 사람과 근본적으로 다르다고 생각할 때, 그는 다른 두 사람들이 서로 관계를 갖도록 하기 위해서 여전히 효용성을 갖는 것과 마찬가지이다. 이 위치에는 두 가지 선택지가 있다. 대상위치에 남아서 버려지느냐 혹은 대상위치를 떠나 타인들에게 가느냐. 첫 번째 선택지는 이해를 위한 시간의 (신성한) 무한성 속에 놓여 있지만 타자들의 무한성(그들이 자리를 떠나서 마치 시간이 무한하지 않은 듯 행동한다는 사실)과 마주칠 때 장애물이 나타난다. 두 번째 선택지에서는 이 무한성을 주체화하는 유한성을 포용하게 된다. 유한성을 가정하는 일은 분리와 거세의 작용을 요구한다. 대상으로서의 자신의 위치를 포기함으로써 일자는 자신을 존재의 결여로서만 유지될 수 있는 질서 속에 종속(주체화)시키게 된다.

라깡을 『롤스타인』을 통해서 읽으면 가장 문제적인 순간, 즉 결정의 순간이 사랑의 논리에서 제시되는 방식을 알 수 있다. 사랑은 대상의 위치에서 욕망의 주체로 위치를 바꾸는 것이다. 그래서 사랑이 상실과 함께 존재할 수밖에 없다. “자신이 소유하고 있지 않은 것을 주기 위해서” 우리는 대타자의 욕망에서 우리가 될 수 있는 것을 발명해내어 우리 자신의 “진정한” 존재를 상실해야 한다. 사랑하는 일은 이 상실과 함께 욕망하는 것이다. 롤은 이 애도의 작업이 가능하도록 하기 위해서 동일화의 지점에 가장 기본적이고 정당화할 수 없는 믿음이 놓여 있음을 폭로한다. 사랑하는 것은 이 지점에 대해 질문하기, 자기 자신이 이 지점의 존재를 수행할 수밖에 없음을 깨닫는 일이다.

결론

나는 이 글에서 대상의 소진이라는 이 애매한 "제3의" 위치가 어떻게 "사랑의 기적"에 내재적인지를 보여주려고 했다. 이 대상위치와 어떤 식으로든 관련을 맺기 위해서 일자는 현존 상징질서로부터 하나의 요소, 즉 기표와 예상되는 동일화를 수행해야 한다. 덧붙여 롤 스타인이 우리에게 보여준 것은 이 대상위치에 충실하는 일이 가능하다는 것이다. 우리가 롤에게 배울 수 없는 것은 그녀의 신비적 폐기, 혹은 자크 홀드의 이해력이 그러잡는 것hold으로부터 벗어나는 방식이다. 우리는 또한 그녀가 "사랑의 관계"를 우스꽝스러운 반어법으로 바꾸어놓는 방식으로 "사랑"에 대한 실험을 할 수 있었던 방식을 알 수가 없다. 그녀는 그렇게 함으로써 사랑이 그녀 주변을 둘러싼 정상적 커플, 결혼한 커플, 혼외정사의 관계들과 대립되는 "진정한" 것으로 규정할 수 있었다. 우리가 롤을 통해 배울 수 있는 것은 그녀의 위치가 어떤 사건으로서의 사랑에서도 논리적이고 필연적 순간이라는 사실이다. 우리가 이 사랑의 형식적 구조를 어떤 "진정한" 행위와 등가적인 것으로 고려한다면 다음의 최종적 질문들을 하지 않을 수 없게 만드는 사람도 롤이다. "행위"에서 대상이란 어디 있는가? 대상은 알 수 없는 욕망하는 대타자에 의해 비극적으로 착취당하는 저항하는 **자로서** 발견되는가? 대상은 보편적인 사도 바울의 진리의 정초에서 필연적으로 배제되는 기능을 담당하는 "유대인"(로마서 11)**으로서** 발견되는가?[28]

주

역주1 『롤 스타인의 황홀경』은 1964년에 출간된 뒤라스의 소설이다. 중산층 출신의 롤은 19세에 마이클 리차드슨과 약혼을 한 상태이다. 자크 홀드의 시각으로 서술된다. 이 소설이 시작될 때 10년 전 어느 날 그녀는 한 해안가에서 열린 무도회에서 약혼자가 자신을 버리고 자기보다 나이가 많은 여자를 선택한 것에 충격을 받는 경험을 한다. 이후 음악가와 결혼해서 고향을 떠나게 된다. 10년이 지나 다시 고향을 찾은 롤은 10년 전 친구인 타티아나를 다시 만나게 되고, 타티아나의 연인인 자크 홀드에게 관심을 갖게 되지만 자크가 자신에게 접근하지 못하도록 한다. 그러던 중 자크와 타티아나의 은밀한 관계를 엿보게 되고 자크와 눈이 마주치게 된다. 이후 롤은 자크와 10년 전 무도회가 열린 해안가로 여행을 떠나 하룻밤을 함께 지내게 된다.

역주2 이 소설은 두 가지 영역본을 갖고 있는데, 불어 원제인 ravissement이 ravishing과 rapture로 각각 번역되었다. 여기서는 소설의 내용을 감안하여 "황홀경"으로 번역하기로 한다.

역주3 17세기 프랑스 신비주의자. 마담 기용은 소위 '정적주의' 주창자로서 구원을 위해 극단적 수동성을 주장했다. 페늘롱은 기용의 제자이다. 당시 궁정을 중심으로 기용의 신비주의를 비판하는 움직임이 거세지자 페늘롱은 책을 써서 기용을 적극적으로 옹호했다.

역주4 뒤라스의 소설들

*이 글의 초고에 소중한 의견을 내주신 마크 드 케셀, 시기 조트캔트, 앤드류 스콤라에게 감사를 표하고 싶다.

1_ Slavoj Žižek, *The Fragile Absolute—or Why is the Christian Legacy Worth Fighting for?*(New York : Verso, 2000), 113-130쪽 ; *The Puppet and the Dwarf: The Perverse Core of Christianity*(Cambridge : MIT Press, 2003), 92-121쪽.

2_ Jacques Lacan. "Logical Time and the Assertion of Anticipated Certainty : A New Sophism." Bruce Fink and M. Silver 역, *Newsletter of the Freudian Field* 2. 2(fall 1988) : 4-22쪽.

3_ Dominiek Hoens and Ed Pluth, "What if the other is Stupid? Badiou and Lacan on 'Logical Time.'" *Think Again : Alain Badiou and the Future of Philosophy*, Peter Hallward 편(London : Continuum, 2004), 182-190쪽.

4_ Lacan, "Homage to Marguerite Duras, on *La Ravissement de Lol V. Stein*." Peter Connor 역. Marguerite Duras, *Marguerite Duras*(San Francisco : City Lights Books) 125, 129쪽. 〔번역부분 수정〕 이 글은 라깡의 다음과 같은 발언으로 악명 높다. "뒤라스는 내가 가르쳐 주지 않아도 나의 가르침을 알고 있다"(124). 뒤라스를 만났을 때 라깡이 처음 한 말이 "당신은 지금 당신이 무슨 말을 하고 있는지 모른다"였다고 알려져 있다. 『롤스타인의 황홀경』을 라깡의 그룹에 소개한 것은 미셀 몽트렐리였다. 그녀는 『세미나 7』의 마지막 수업에서 이 소설에 관해 발표했다. *Lacan, Problème Cruciaux pour la psychanalyse*(1964-1965), 미간행 세미나, 1965년 6월 23일 참조. 이 발표문은 몽트렐리의 *L'ombre et le nom. Sur la Faminite*(Paris : Minuit, 1977), 9-23쪽에 수정·출간되었다. 라깡이 황홀경을 해석한 것에 관한 매우 유용한 자료는 Jean-Michel Rabaté, *Jacques Lacan : Psychoanalysis and the Subject of Literature*(New York : Palgrave, 2001), 115-134쪽 참조.

5_ Lacan, "Homage to Marguerite Duras," 125쪽.

6_ 여기서 말하는 타인들이란 크레온과 자크 홀드이지만 이 문둥병은 독자에게도 전염된다. 줄리아 크리스테바는 "뒤라스의 소설들은 지나치게 예민한 독자들이 읽어서는 안 된다"고 경고하기도 했다. *Black Sun : Depression and Melancholia*. Leon S. Roudiez 역(New York : Columbia University Press, 1989), 227쪽. 자크 홀드가 롤은 "우리를 그녀의 손아귀

에 쥐고 있다"고 말한 것을 떠올려 보라. Marguerite Duras, *The Ravishing of Lol Stein*. Richard Seaver 역(New York : Pantheon, 1966), 82쪽. 이 책에서의 인용은 추후 본문에 괄호표기함.

7_ 크레온을 비극적 인물이라고 해석한 것으로는 Phillipe Van Haute, "Antigone, Heldin van de psychoanalyse?" *De God van denkers en dichters*. G. Berns, Paul Moyaert and Paul Van Tongeren 편집(Meppel : Boom, 1997), 172-191쪽.

8_ 페늘롱의 테제들은 가령 교황 이노센트 12세의 비난을 받는다. *Cum alias*, 12 March 1699. 페늘롱과 마담 기용의 관계에 대해서는 Jacques Lebrun, *Le pur amour de Platon* à *Lacan*(Paris : Seuil, 2002), 131-160쪽 참조. 혹자는 라깡이 뒤라스와 유사한 관계에 자신을 위치시킨다고 주장할 수도 있겠다.

9_ Michel Foucault, *Dits et écrits, Tome II, 1970-1975*(Paris : Gallimard, 1994), 765쪽.

10_ 뒤라스에게 중요한 또 하나의 전환점은 1970년대 그녀가 만든 영화들이다. 그녀의 영화들은 소리와 이미지를 일치시키지 않은 것으로 유명하다. 이 전환점은 이미 『롤스타인』에서 예견되었다고 나는 믿는다. 이 소설은 눈에 띄게 시각성에 집중하고 있다. 혹자는 응시가 이 소설의 행위 주체라고 주장할지도 모른다. 그러나 이 소설에서 청각의 중요성도 간과해서는 안 된다. 롤은 아프고 난 뒤 결혼을 한다. 그녀의 작위적이고 공허한 인생은 한 커플이 그녀의 집을 지나갈 때 여자가 "아마 죽었겠지"라고 말하는 것을 롤이 들었을 때 새로운 전환점을 맞게 된다. 이 순간 독자는 이 말이 누구를 혹은 무엇을 지칭하는지 알 수 없다. 하지만 독자는 그것이 자신의 존재와 관련되었다고 이해하는 듯 보인다. 이후 롤이 카지노에서 있었던 일을 얘기할 때 그녀는 마이클과 안 마리가 "아마도 그것 때문에 그녀는 죽을지 몰라"라고 말하는 것을 들었다고 주장한다. Duras, *The Ravishing of Lol V. Stein*, 28, 95쪽. 바로 그 순간 롤의 친구 타티아나는 그럴 리가 없다고 주장한다. 왜냐하면 그녀 자신 롤과 밤새 함께 있었는데 커플이 말하는 것을 롤이 들을 수 있는 거리에 있지 않았기 때문이다. 하

지만 롤은 다른 사람들이 들을 수 없거나 듣지 않으려고 하는 것을 듣는 것 같다. 시각이 "구성한" 이 장면은 청각적인 요소를 더함으로써 밖으로 열리고 미래로 향하는 장면이 된다. 뒤라스의 영화 〈인디아 송〉를 담은 책에서도 부영사와 안 마리 스트레터 사이의 한 장면을 중심으로 구성되지만, 이때 이 장면은 "소문들" 중간에 등장한다(그들 자신의 사랑 이야기, 다른 이들의 사랑 이야기와 파티에 온 손님들의 견해들을 말해주는 목소리들). *India Song*, Barbara Bay 역(New York : Grove Press, 1976). 끝으로 〈인디아 송〉의 영화판을 보고 나면 잊혀지지 않는 한 요소는 부영사의 울음소리이다.

11_ 라깡의 글에 대한 설명과 해설은 David Blomme and Dominiek Hoens, "Anticipation and Subject : A Commentary on an Early Text by Lacan." *Computing Anticipatory Systems : CASYS'99—Third International Conference*, Daniel Dubois 편(New York : American Institute of Physics, 2000), 117-123쪽에서 빌려온 것이다.

12_ Lacan, "Logical Time," 11쪽.

13_ "**결정의 순간을 이해할 시간을** 넘어서는 것이 **이해할 시간을 결정하는 순간**이다. 그렇지 않다면 이 시간은 그 의미를 상실하게 된다. 따라서 어떤 극적인 우연성, 관련 문제들의 심각성이나 게임의 경쟁성 때문에 시간이 압박을 가하는 것이 아니다. 논리적 움직임의 절박함 때문에 주체는 자신의 판단과 출발을 가속화하게 된다(동사의 어원적 의미에 따른 "가속화", 즉 앞에 무엇이 있는지 방향이 어디로 향하는지도 모른 채 무조건 달려가기). 시간적 긴장이 행동을 하기 위해 놓는 한 수에서 전도되는 양식을 세우게 되며 이 행동은 타자들에게 주체가 결론을 내렸다는 사실을 알려준다." 같은 글, 12-13쪽.

14_ Jacques Lacan, *Le Séminaire, Liver X. L'angoisse(1962-1963)*. Jacques-Alain Miller 편(Paris : Seuil, 2004), 93쪽(번역은 필자의 것).

15_ 죄수의 궤변론(종종 "죄수의 딜레마"로 잘못 언급되는 이야기)에서 결정의 순간이 지난 후 이 세 죄수가 문쪽으로 다가갈 때 그들은 즉시 다시 그 자리에 멈추어 선다(왜냐하면 결정은 타자가 가만히 서 있는 것에 토

대를 두고 있기 때문이다). 그러나 이 세 명의 죄수들의 경우 그들 각자의 등에 놓인 원반의 색깔을 철저히 확실하게 알기 위해서 그들에게 오직 두 번의 멈춤만이 필요하다는 것을 입증할 수 있다. 이 멈춤의 행위에서 타자의 주저함으로써 정지상태에 대한 주체의 해석은 객관화되고 경험적으로 증명 가능하다.

16_ 롤 스타인이 죄수의 궤변론에 비유되는 것은 이번이 처음이 아니다. 에릭 포르기는 「마르그리트 뒤라스에 대한 경의」에서 "자신을 세 번째로 세기"라는 표현을 처음 강조했다. 122쪽. Porge, *Se compter trois. Le temps logique de Lacan*(Toulous : Erès, 1989), 146-149쪽. 최근에는 에릭 로렁이 "논리적 시간의 관점에서" 롤 스타인을 분석했다. "A Sophism of Courtly Love," *Lacanian Ink* 20(2000), 45-61쪽.

17_ Lacan, "Logical Time," 12쪽.

18_ "도시 해안가의 무도회에서 다른 많은 것들 중에서 특히 롤을 사로잡은 것은 마지막이다. 무도회가 끝나는 바로 그 순간 새벽이 믿을 수 없을 만큼 잔인하게 도착해서 그녀를 마이클 리차드슨과 안 마리 스트레터로부터 영원히, 영원히 떼어낼 바로 그 순간이다." Duras, *The Ravishing of Lol V. Stein*, 36-37쪽.

19_ 같은 책, 38쪽. 174쪽도 보라. 롤에 관한 질문을 받았을 때 뒤라스는 롤을 스크린 위에, 하지만 숨은 채로 보여줄 수 있다고 대답했다. "그녀가 해변에서 마치 죽은 개처럼 모래를 덮고 누워 있을 때." Margurite Duras and Michelle Porte, *Les Lieux de Marguerite Duras*(Paris : Munuit, 1977), 100쪽. 〔편집자의 번역〕 수치심의 부재는 자신이 갑작스럽게 소대상 a로, 즉 안 마리 스트레터의 몸을 통해서 등장했을 때 롤이 주체적 거리를 유지하지 못했음을 보여준다.

20_ 이 동일화가 "예견적"인 것은 이에 대한 충분한 근거가 없기 때문이다. 이 동일화는 대타자로부터 인정받기를 기다려야 한다. 롤은 결론으로 도약해야 할 이 순간 때문에 마비된 듯 보인다. 그녀의 문장들은 미완성이며 중간에서 끊어진다. Duras, *The Ravishing of Lol V. Stein*, 17, 85, 102, 127, 128, 141, 146, 160, 161, 165쪽 참조.

21_ 우리는 이후 자크 홀드를 화자라고 볼 수도 있다. "타티아나가 그녀의 남편인 〔피에르〕 부그너를 롤과 그들의 친구 〔자크〕 홀드에게 소개시켜 준다. 그들의 친구라는 거리감은 줄어들었다. 그게 바로 나이기 때문에." 같은 책, 65쪽.

22_ 롤은 죄수(A)처럼 자신을 마이클 리차드슨(C)의 응시에서 발견한다. 이 응시는 안 마리 스트레터(B)를 통해 매개되어 있는데, 〈인디아 노래〉에서 밝혀지겠지만 안 마리 스트레터는 안 마리 구아르디라는 이름으로 태어났다. "구아르디"(베니스의 이름)는 "바라보다"(이 사실을 알려준 존 머피에게 감사드린다)라는 의미이다. 두 사람이 떠날 때 롤은 그녀의 연인 마이클 리차드슨이 아니라 그와 안 마리 스트레터, 두 사람을 잃는 것이 된다. 그 결과 그녀는 오랫동안 앓게 된다. "나는 더 이상 그곳에 없어요, 그들이 나를 그들과 함께 데려갔어요." 같은 글, 127쪽.

23_ 사정이 더 복잡해지고 무엇보다 환상의 구성이라는 면에서 이것만이 유일한 "해결책"이다.

24_ Jacques Lacan, *Le Séminaire, Livre VIII. Le transfert(1960-1961)*. Jacques-Alain Miller 편(Paris : Seuil, 2000), 67쪽〔편집자의 번역〕.

25_ 이 불평등이—사랑에서 한쪽이 다른 한쪽을 대상으로 다가간다고 라깡이 반복해서 표현하는 바에 따르면—레비나스적 형태로 이해될 수 있는가의 여부는 아직 해결되지 않은 문제이다. "불평등"에 관해서는 Emmanuel Levinas, *Otherwise than Being : or Beyond Essence*. Alphonso Lingis 역(Pittsburgh : Duquesne University Press, 1981), 90, 192-193쪽 참조.

26_ Lacan, *The Seminar of Jacques Lacan, Book XX : Encore : On Feminine Sexuality, The Limits of Love and Knowledge. 1972-1973*, Jacques-Alain Miller 편, Bruce Fink 역(New York : Norton, 1998), 40쪽.

27_ 그 자신을 위해 이 신성한 사랑을 유지하는 일이 신을 자린고비로 만든다. 이로써 신은 "천사와 다른 존재들" 앞에서 수치감을 느껴야 한다. 여기서 연루된 사람들은 이 삼각관계에 참여하고, 심지어 욕망해야 한다. 그렇게 하지 않으면 "자비의 결여"로 간주될 것이다. 따라서 다시 한 번 이런 상황은 수치심을 낳게 된다. Richard de Saint-Victor, *La trinité*. Gaston Salet

역(Paris : Sources Chretiennes, 1969), 176, 197쪽(필자 번역).

28_ 따라서 사랑의 비유는 환상공식 $\$ \diamond a$를 반복한다.

29_ 이 질문은 어디 다른 곳에서 뭔가 일어나기 위해서는 누군가 이 대상위치를 필연적으로 차지해야 한다는 생각과 무관하지 않다. 나는 이것이 분석담론의 윤리적·사회적 의미라고 주장한다. 내가 쓴 글 "Toward a new Perversion." *Reading Senimar Seventeen*, Justin Clemens and Russel Grigg 편(Duke University Press, 2006) 참조.

로렌죠 키에자 · 알베르토 토스카노

윤리와 자본, 무에서부터

라깡은 진정한 창조란 무에서 비롯한 상징적 창조일 뿐이라고 했다. 여기서 진정 중요한 것은 초기의 "기표 빚기"와 원초적 실재로의 공허, 무無 혹은 큰 사물의 진입의 동시성과 관련된 문제이다. 첫 기표의 진입과 동시에 "우리는 이미 무로부터의 창조라는 개념 전체를 갖게 된다"고 라깡은 말한다. "이 창조는 큰 사물과 … 동시간대에 놓여 있다."[1] 무는 반드시 큰 사물의 공허함과 연결되어야만 하고, 큰 사물의 출현은 기표의 출현과 동시에 일어나지만 원초적 실재는 아니다. 충만과 텅 빔의 개념들은 음소거 상태로 도그마가 되어버린 것은 차치하고라도 무로부터의 창조라는 교리는 자본과 봉기라는 쌍둥이 형상을 띠고 정치적 근대성 위로 고집스럽게 그 음영을 드리워 왔다. 음소거된 융합 상태로 무로부터의 창조는 고대 그리스의 철학physis, 시poiesis, 기술techne, 이 세 개념들과 불편하면서도 불일치한 휴전관계 속에서 기묘할 정도로 목숨을 부지해 왔다. 이 교리는 존재과학의 역사적 출현에 따라 마땅히 중립화되었고, 근대 혹은 후기 칸트주의 철학의 형성 속에서 다시 한 번 거부당했다. 장-프랑스와 쿠르탱을 포함한 동시대 학자들은 창조론의 비난에도 불구하

아직 이 실재에서 아무런 의미를 갖지 못한다(120쪽).

무에서 비롯한 창조라는 개념은 원초적 실재를 동시에 파멸시키는 상징적 기표의 추출로서, 라깡이 반복적으로 언급하는 「요한복음서」 첫 줄 "태초에 말씀이 있었다"에 대한 결정적 설명을 제공한다. 태초에 있었던 말—라깡의 『세미나 7』에서는 "힘의 공장"에 해당되는 무의식을 창조한 성령—은 다름 아닌 "세상으로의 기표의 진입"[2]이다. 여기서 혹자는 아마도 이렇게 묻고 싶어질지 모른다 : 라깡의 순진한 "체계"가 데리다가 "기표의 관념성"이라고 부른 것의 표지를 달고 있다는 사실을 여기서 더 확인할 필요가 있을까.[3] 라깡의 도발적인 정식들이 종종 암시하는 것과는 반대로 그의 창조주의는 어떤 초월적 원칙도 가정하지 않는다. 진실로 "역설적이지만 우리는 창조적 의도라는 고 스코투스와 수아레즈 이래 순수 존재론이 근본적으로 어떤 실재적 참조의 괄호 닫기나 창조의 사건에 맞서는, 신성하거나 혹은 그와는 다른 비율에 기초하고 있다는 사실을 해명해 주었다. 존재론은 존재를 그 존재의 견지에서, 즉 존재ens, 사물res, 다른 무엇aliquid으로 다루거나 그저 단순한 대상으로 간주할 뿐, 결코 창조된 존재자ens creatum로는 다루지 않는다. 이 말은 결코 존재를 무로부터가 아니라 여분의 무extra nihil로 다룬다는 뜻이다. 이런 점에서 존재론은 논리상 무한과 유한, 창조주와 창조물 사이의 구별에 무관심한 채 실체들을 다루려고 하는 과학적 열정에 휩싸여 창조성creatural을 내쫓아 버린다.[1]

무로부터의 정치적 함의에 대한 분석의 역사에서 초기 발생적 혹은 아마도 징후적인 색인표는 에즈라 파운드의 반동적 모더니즘에서 찾아볼 수 있다. 『칸토스』에서 파운드가 드러낸 반자본주의적 경제개혁을 향한 욕망은 고리대금의 강박적 언제나 반복적으로 등장하는 개념을 제거할 가능성을 창조주의의 시각에서만 떠올릴 수 있다." 진화론에는 이 창조적 의도가 암묵적으로 "편재"해 있다. 진화론은 신성한 창조적 의도에 의존해 있으며, "의식과 사유의 정점으로 도달하는 상승운동"이 "지속적인 과정"에서 연역된다(213쪽, 강조는 필자의 것). 다시 말해서 진화론은 개념상 목적론적이고 신학적이며, 인간의 사유를 궁극적으로는 초월적인 신의 의식에 의존해 있는 물질의 진화로부터 도출해낸다.

이와 대조적으로 라깡에게는 기표의 무에서 비롯한 창조가 인간 사유에 기반하며, 따라서 진정한 의미에서 유물론적이다. 라깡의 창조론은 반인본주의적 내재론의 형태를 띤다. 즉 이 창조론은 상징계란 비자연적이며, 초자연적이지 않은, 인간이 성공적으로 자연에의 적응에서 벗어나 있는 우발적인 생산물이라는 가정에 토대해 있다. 이러한 비자연적인 탈적응은 명백히 자연을 지배하면서 악용 형상, 즉 단테적 어수라Usura에 투영된다. 인간적 오이코스를 위한 정의롭고 적응력 강한 평형성의 후기 당파주의자들처럼 파운드는 상품 그 자체가 아니라 돈을 자본주의적으로 사용하는 방식의 도착적인 신학적 울림소리를 듣는다. 이자에 해당하는 돈이 폴리스의 항상성 기능에 끼칠 결과에 대한 아리스토텔레스의 관심이 여기서 울려 퍼진다. 「칸토 96」의 다음과 같은 상징적 시행을 보라. "모두에 대한 이자의 해택은/그것, 은행이 아무것도 없는 것에서 창조해내는 돈."[2] 파운드에게 은행이 무로부터 만들어내는 돈은 ["어수라 안젤리코 때문에 일어난 것이 아니라"(96, 230쪽)] 세상에 풍미한 문화적 부패, 일체의 자연적 균형의 파괴와 예술의 불모성 이면에 존재한다. 로버트 카실로는 "파운드는 분명 모든 형태의 돈에 적대적이진 않았지만 돈의 형태, 즉 고리대금을 강박적으로 공격했다. 그는 고리대금은 유대인이 만들었고, 추상적이며 독점적인 유대교 신과 실질적으로 동일한 형상을 취한다고 생각했다. 이 신은 바로 무로부터 현실을 창조한다. 동시에 파운드는 유대인하지만 그럼에도 불구하고 오직 우리가 "자연"이라고 일컫는 것으로부터 내재적으로 기원하며, 따라서 일체의 (초월적으로) "자연적인" 진화과정들이 공공연히 주장하는 연속성과는 대립한다. 물질은 진화하지 않는다. 라깡이 그의 이론적 발전과정의 후기에 들어 분명 인식하고 있었던 사실은 물질은 오직 소급적으로만 무로부터 나온 기표의 우발적인 등장에 의해서 "물질화"된다는 사실이다. 자연은 그 자체로 순수하게 비-동일자이다.

따라서 라깡이 일찍이 1938년에 다윈을 대놓고 비판했다는 것은 그리 놀라운 일이 아니다. 왜 다윈은 틀렸는가? 첫째, 인간의 진화는 "자연" 순응에 기초하지 않는다. 둘째, 인간의 비순응적 진화는 특별히 성공적인 "생명의 투쟁"에 의존하지 않는다. 진정 "제반 모든 사항이 적자생존이라는 이 논지를 반박하고 있다."[4] 하지 고리대금업자들이 정직한 노동을 착취하고 생산력을 방해한다는 점을 확신했다"고 쓴다.[3] 우연치 않게 우리는 여기서 무에서 비롯한 것에 대한 현대적 관심에서 등장하는 주요 주제들, 즉 창조와 생산 혹은 제조공정 사이의 대립, 만들어진 것에 대한 어떤 식으로든 적절히 측정하는 일에 대한 적대감의 분출 등을 만난다. 무로부터의 금전적 형상인 고리대금이 잘게 나누는 대상들의 적지 않은 부분은 짝짓기, 재생산, 성관계이다. "침대에 마비를 가져오고/어린 신부와 남편 사이에 누워서/자연을 거슬러서"(XLV, 230쪽). 상징과 정서의 적절한 순환을 특징으로 하는 미학적 공동체이기도 한 유기적 공동체는 이런 식으로 "유대 고리대금"Jewsury의 체계에 의해서 손상을 입게 된다. 이것이 파운드의 파시즘적 경향에 대한 환상적 실마리를 제공한다. 그러므로 파운드는 이렇게 쓴다. "물론 반유대주의로 빠지는 것은 쓸데없다. 가장 막대한 고리대금의 도구인 히브리인의 금전체계에 손가락 하나 대지 않은 채."[4] 다시 말해 유대 고리대금은 무로부터의 히브리 신이라는 추상적만 사실은 이와 정반대이다. 생명의 투쟁은 인간의—특별히 성공적인 … 비순응적 진화의 결과이다. 라깡 자신의 말을 빌리면 "공격성은 〔인간 주체의〕 동일화라는 관점에서 볼 때 부차적이다." 이 말은 공격성이 심각한 경쟁이라는 견지에서 설명될 수 없다는 것을 뜻한다("다윈주의의 사상에 따르면 투쟁은 생명의 바로 그 근원에 놓여 있다").[5] 다윈의 "신화"가 "너무도 잘 알려져 있었다"는 사실은 일견 "다윈이 빅토리아 사회의 약탈적 성격을 투사했다는 사실로부터" 비롯된 듯하고, "자연상태의 먹이를 두고 벌이는 강한 천적들의 경쟁이 취하는 방임의 이미지를 통해 그 약탈성을 정당화했다는 사실에 이르게 된다."[6]

라깡이 분명 무에서 비롯한 창조의 "순간"이 있어야 한다고 믿었던 것이 논리상 맞다. 이 순간은 다름 아니라 상징계가 원초적 실재의 내재 형상에 의해 이끌어진 것으로, 정확히 공동체가 하나로 유기적으로 간주될 수 있는 것을 방해하는 것이다. 그것은 신성모독적 허무의 힘과 통제 불가능한 확산이다. "악은 고리대금이다, 네쉭/뱀/ … 모든 사물을 부패시키는 암적 존재, 해충 하프니어/국가와 모든 왕국의 매독/공동의지, 부스럼/웬 제조자, 모든 사물의 파멸자/어둠의 모욕자/시기심과 쌍둥이인 악/머리가 일곱 개 달린 뱀, 히드라가 모든 사물에 촉수를 뻗쳐 들어온다"(Canto C 부록, 798쪽). 확실히 파운드는 모든 종교의 상징적 안정성과 그리고 궁극적으로 "나누어지지 않은 빛의 전통"을 파괴시키는 것은 자본주의 내에 깃든 이 히브리적 충동이라고 본다. 카실로의 명징한 지적에 따르면 "파운드는 탈상징화의 과정을 고리대금업자들과 '우상파괴자'들 탓으로 돌린다. 이들은 '티푸스의 박테리아 혹은 흑사병'과도 같은 '부패의 힘'이다. 고리대금은 모든 것을 감염시키고 모든 것을 무차별의 상태로 환원시키는 격심한 돌림병이다."[5]

적 결과로 등장하는 바로 그 지점(213쪽)을 의미한다. 그러나 이 무로부터의 창조의 지점은 또한 무한성의 지점이다. 이를 선행하는 것은 오직 (사유의) 불가능으로서만 사유될 수 있다. 우리는 창조의 태곳적 실재나 그 지점 자체를 사유할 수가 없다. 라깡의 표현대로 상징계란 "〔인간의 무의식적〕 기억이 소급되어 확장될 수 있는 가능한 지점까지 돌아가서 작동해 왔다. 말 그대로 그 너머로는 기억할 수 없다. 나는 여기서 인류의 전체 역사를 말하는 것이다."[7] 상징계는 그 (내재적) "절대적 시작"이 될 만한 특수한 순간에 시작되었다(214쪽). 이는 또한 상징계가 시간에 한정되어 있는 동시에 언어적 존재로서의 인간의 무한성과 동등한 점근선적 곡선으로 간주되어야 한다는 말이다. 말하는 존재parletre에게는, 말하는 존재 너머에는 아무것도 없기 때문이다. 따라서 상징계의 점근선적 곡선의 지속 혹은 길이를 계산하는 일은 무의미하다. 말하는 존재는 원숭이에서

또 다른 반동적 모더니스트인 마르틴 하이데거를 살펴보는 일도 흥미롭다. 그는 자신의 시대에 대한 광범한 진단을 금전적 무로부터의 부유하는 자동주의—빚과 채무의 히드라—에서가 아니라 무의 폭로하는 힘을 장악하는 기술과학에 토대를 둔다.

> 그러나 놀라운 것은 가장 자신의 것으로 적합한 것을 자기 것으로 안전하게 취하는 과학적 인간의 방식으로 그가 명시적으로든 아니든 뭔가 다른 것을 말한다는 사실이다. 검토해야 할 것은 존재들뿐이다. 그것을 제외하고는 아무것도 아니다. 오직 존재들만, 그리고 더 나아가면 무이다. 오로지 존재들이고, 그것 너머에는 바로 무 … 과학에서 이 무란 분노와 환영 이외에 다른 무엇일 수 있는가? 만일 과학이 옳다면 한 가지 확실한 것은 과학이 무에 대해 아무것도 알려고 하지 않는다는 것이다. 궁극적으로 이것이 무에 대한 과학적인 엄정한 개념이다. 우리는 무, 그것을 안다. 왜냐하면 우리가 그것에 대해 아무

말하는 존재로의 변화과정을 목격하지 못했고, 또한 언제 마지막 원자폭탄이 터질지 그 정확한 날짜, 월, 연도를 헤아릴 수도 없다. 라깡은 (역사의) 창조와 파괴의 지점들은 엄격히 논리적인 "필연성"(213쪽)이지만 오직 소급적이거나 예언적인 신화적 사고를 통해서만 가정될 수 있다고 언급한다. 이것이 바로 무로부터의 창조를 통해 출현한, 말하는 존재로서의 인간이 놓인 유한성이 무한성의 "제한적" 공간—"욕망의 절대성"[8]—을 열게 되는 방식이다. 이 공간은 죽지 않은 자, 즉 태곳적 실재, 혹은 비-일자로서의 전기, 혹은 후기 상징계적 "자연"의 영원한 불멸성과 반드시 대적해야 할 것이다.

라깡이 모든 충동은 궁극적으로 죽음충동으로 간주되어야 한다고 말한 것은 유명하다.[9] 이 말은 무슨 뜻인가? 죽음충동은 상징계의 무

> 것도 알고 싶지 않기 때문이다 … 아무것도 매달릴 것 없는 상태 위로 정처 없이 부유하는 이 철저히 불안정한 경험〔즉 불안〕 속에 순수한 현존재Dasein가 바로 그곳에 남아 있는 전부이다.[6]

위 인용문이 포함된 동일한 텍스트에서 인간을 "무의 장교"로 불길하게 언급했던 하이데거가 그의 철학에서조차 가장 무감각할 정도로 놀라운 사상일 수도 있을 것, 말하자면 수학이라는 형태로 과학이 진정 무에 대한 모든 것을 알려고 한다는 사실을 고려하지 않았다는 사실은 흥미롭다. 차라리 바디우의 공집합에 대한 최근의 사색들이 보여주듯 무에 대해 심오하게 불안정하고 비세속적으로 작동하는 사용방식이 존재한다는 사실을 주목하자. 이 무는 단지 파운드의 경우처럼 종교적 생산경제를 탈상징화하는 것만이 아니라 전체로서의 존재들, 세상이라는 바로 그 가능성을 붕괴시키는 것이다. 하이데거에게 이 가능성이란 다름 아닌 "순수한 현존재"가 탄생시킨 무의 경험으로서 불안을 이끌어 주는 성질이었다.

로부터의 신화적 탄생, 즉 태고의 죽지 않은 실재를 큰 사물(혹은 좀 더 정확히 말해 소대상 a)의 공허로 변형시키는 최초의 기표가 구성되는 것과 동시에 발생하는 감산적 요소와 일치한다는 점에서 충동의 가장 순수한 본질을 담고 있다.[10] 따라서 무에서 비롯한 것이란 죽음충동의 무로부터에 다름 아니다. 죽음충동은 신화적 비-죽음(기표에 의해 "살해당한" 것)을 그 상징적 명명으로부터 영원히 분리시키는 회복 불가능한 반종합적 성격을 일컫는 말이 된다. 결과적으로 이러한 상징질서는 감산적 충동으로서의 죽음충동이 제공한 차이를 보존하는 것에 달려 있다. 좀 더 명확히 하기 위해 우리는 다음의 사항들을 논리적으로 구별할 필요가 있다.

첫째, 절대적 영零으로서의 원초적 "일자"로부터(그리고 그것의 쥬이상스라 주장된 것으로부터) 추출된 죽음충동, 즉 이 처음이자 반복되지 않은 운동은 상징계의 현상유지에 대응하며, 소급적인 것으로 간주되어야 한다.

생산의 유기적 원환과 비이성적이고 분리적인 창조의 힘 사이의 대립은 단순히 파운드의 파시스트적 시학의 범위에만 국한된 것이 아니다. 진정 일체의 생산에 대한 현대 철학에 대한 우선적 참조점이자 토대인 헤겔의 변증법은 상당부분 무로부터라는 개념을 폐기처분하는 것에 토대를 두고 있다. 생산의 근대적 이미지는 애초부터 세속화가 아니라 무로부터라는 교리를 거부하는 것으로 등장한다. 이러한 거부의 가장 대표적인 이유는 질다 리샤드Gildas Richard가 최근에 지적했듯이 "무로부터란 우리가 바깥의 무nihilum of ex라고 부를 수 있는, '밖으로 나오기'의 완전한 부재를 함축하고 기호화한다"[7]는 것이다. 무로부터란 어떤 현실적인 창출, 생산 혹은 제조의 거부이며(이미 성 어거스틴이 이런 주장을 했다), 창조주와 창조물 사이에 작용하는 어떤 관계성 혹은 변증법에 대한 거부이다. 이는 말 그대로 창조론이란 고립 혹은 고유성의 교리이고, 구성적으로 창조 혹은 창조성의 행위 자체를 지워버

다시 말해 여기서 죽음충동은 "반종합적" 요소로 고려할 수 있는 것이 된다. 원시적 실재의 (가설적으로) "종합"이 여기에 내재된 우발적인 "물질적" 변화 때문에 붕괴되고 난 후에야 이러한 고려가 가능하다. 초기의 반종합적 요소로서의 죽음충동을 어떤 종류든 초월적 "의지"와 은밀히 동일시하는 위험을 초래하지 않기 위해서는 이 점을 분명히 해야 한다(212쪽).

둘째, 독자적인 일자가 된 것으로부터의 반복적인 감산이 죽음충동이다. 혹은 좀 더 정확히 말해서 라깡이 명시해 주듯이 "독특한 통일성"[11] 혹은 차별적인 질서, 즉 대타자의 질서로서의 상징계가 갖는 "하나가 아닌 일자다움"[12]으로부터 감산으로서의 죽음충동이 엄격한 의미의 죽음충동이다. 이 두 가지 운동 혹은 "국면" 사이의 이러한 추상적인(그리고 주로 교육적인) 구분의 토대에서만 라깡이 죽음충동을 상징계에 부여할지(1950년대 초기에서 중반에 이르는 라깡) 아니면 실재에 부여할지(라깡의 후기 저릴 위험을 가지며, 그것과 창조 사이에 어떤 이행移行이나 표현을 허락하지 않음으로써 창조주를 무화해 버릴 위험이 있다는 것을 의미한다. 이것이 리샤드가 무로부터의 창조를 정신주의적으로 방어할 때 그 내부에서부터 기인한 의심 때문에 갉아먹혔던 이유이다. 무로부터의 교리란 진정 창조주의 개념을 지탱하는 것일까? 오히려 자기 자신의 원인(의 결과)으로 탈바꿈해야 할 결과로서의 창조물(생산물로서의 창조물이 아니라)의 탈을 쓴 창조의 포기를 알리는 전조인 것은 아닐까? 따라서 오직 존재가 "자기 자신이 될" 수 있을 때에만 자기 자신의 (회복할 수 없이 부차적인) 기원이 된다. 창조된 존재는 생산품(혹은 후손, 그도 아니면 단순한 결과라도)이 아닌 방식대로 무를 통해서 자기 자신에 묶여 있지 않고 포기된다. 이런 의미에서 무로부터는 결정이며, 일체의 종교, 유대 혹은 존재가 다른 사람들과 맺는 관계를 인정해 주는 의미망 등의 비유로부터의 단절이나 절단이다. 이는 존재의 무의미를 추인하며 절합한다. 이 무의미가 갖는 정확히 유물론적 차원을 통해서 가령 바디우의 『철학을 서에서 좀 더 빈번히 나타나는 선택)를 결정할 때마다 그가 마주했으리라 추정되는 어려움을 설명할 수 있다. 진정 죽음충동은 원초적이며 죽지 않은 실재를 죽음을 특징으로 삼는 질서인 상징계의 무로부터의 창조로 소급적으로 변형시키는 것이다. 또한 죽음충동의 감산적 성격을 감안한다면 죽음충동은 상징계를 죽지 않은 "비유기적" 실재로 변형시키는 경향이 있다. 이 후자의 의미에서만 라깡은 충동이 큰 사물로 향하는 경향이 있다고 주장할 수 있다(90쪽).

한 가지 중요한 점을 철저히, 그리고 분명하게 짚어내야 한다. 이차적 단계에서 충동의 감산적·반종합적 원칙은 필연적으로, 그리고 역설적으로 보수적 유지 원칙으로 변형된다. 이것이 바로 충동이 도달할 수 없음에도 불구하고 물자체로 향해가는 이유이다. 더욱이 충동은 이 긴장을 위한 선언문』에서 철학이 일체의 종교적 형상("세속적인" 해석학을 포함해서)과 대립된다. 무로부터의 창조는 따라서 기원을 만들어내는 것과 동일하다. 헤겔의 변증법에서 묘사된 주관성이 소급운동—혹은 "라깡주의적" 바디우의 주체 이론의 용어를 빌리면 비틂—을 특징으로 하듯이 역사성과 생산성의 구조를 설립하는 데 창조와 추상으로서의 그 허무를 모두 거부하는 것은 그럼에도 불구하고 주관성이다. 존재론적 자율성 혹은 창조물의 고립은 어떤 식으로도 생산될 수 없지만 종교적 표상, 즉 창조된 것과 그것이 출현한 추상으로서의 무을 통해서 위치하게 된다. 따라서 창조는 헤겔에게는 표상에 속하는 낱말이고, 리샤드의 표현을 빌리면 "근본적 분리란 추상이며, 합리성의 결핍을 증명해 준다."[8] 무에서 비롯되는 창조에 대한 종교적 표상을 비판하면서 헤겔은 궁극적으로 (아버지에 의한 아들의) 발생과 아버지에게 유리한 (세상의) 창조를 생략함으로써 행동의 무상증여와 함께 창조주와 창조물 사이의 존재론적 차이를 무화시킨다. 은총이 빠진 세상으로서의 반복하도록 강요된다. 엄격한 의미에서의 죽음충동은 그것이 반종합적이라는 바로 그 이유 때문에 보수적 충동이다. 좀 더 구체적으로 말하면, 한편으로는 절대적 영零인 원초적인 "일자"로부터의 감산이 (큰) 타자로 더 잘 이해될 수 있는 "구별적 통일성"을 형성시켜 준다면, 다른 한편으로는 이 대타자로부터의 감산은 의무적으로 절대 충족될 수 없는 영으로의 회귀로 향해가는 경향을 초래하게 된다. 진정 상징적 대타자로부터의 완전한 감산이란, 다시 말해 (영으로서의) 죽지 않은 상태의 "일자"로의 (신화적) 회귀를 의미하는 것으로서 감산원소가 정의상 반종합적(반일자적)인 한, 그 자체로 불가능하다. 따라서 죽음충동의 원초적 감산성은 이 동일한 감산성의 반복적 유지로 바뀐다.[13]

이 단계에서 우리는 상징계의 무에서 비롯한 창조로 네 가지 기본적 생산의 세계가 창조된다.

헤겔에 대한 박사논문에 삽입된 긴 각주에서 루이 알튀세는 창조와 생산의 대립구도에 관해서 창조를 생산의 신화적 소외로서 다루는 부차적인 설명을 덧붙인다. 여기서 다시 한 번 무로부터의 창조는 가설적인 원환적 경제와 회복할 수 없게 단절된 것을 대표하는 것으로 등장한다. 알튀세는 이렇게 쓴다. "가장 순수한 개념에서 신은 사랑의 순환성이다. 신은 그 자신으로서 충족되며, 아무런 외부를 갖지 않는다. 창조는 말 그대로 이 순환성에서 생기는 균열이다. 신은 창조가 필요하지 않다. 그래서 개념상 창조는 그와는 다르다."[9] 그러나 이 단절은 또한 부차적 소외, 즉 일의 소외의 소외—자연의 창조라는 개념을 통해 생산적 일이 신비화되는 것—로서, 그런 견지에서 재구성된다.

> 창조주와 그의 창조물 사이의 이러한 비동일성은 자연의 출현이다. 창조의

결과들을 정리해 볼 수 있다.

1) 죽음충동은 상실된 대상을 목표로 삼는다. 동시에 그리고 이와 동일한 이유로 죽음충동은 상실된 대상에 절대 도달하지 않으면서 "그것 주위로 원을 그리도록" 강제된다. 따라서 충동은 어떤 것(만족)으로서의 결여에 한계를 정한다.[14]

2) 이 동일한 운동은 지속적으로 만족되지 못한 욕망의 "악"무한성을 위한 장을 열어준다. 이때 이 만족되지 못한 욕망은 충동과 분리된다면 결국 이 결여에 스스로를 던지려고 하게 된다. 충동과 욕망이 진정한 결여와 맺은 관계로 결합되어 있는 한, 충동과 욕망은 결여에 베일을 드리운 환상의 주체를 영구화시킨다.

3) 내재적으로 좌절되어 있는 경향을 가지고 있어서 강박적으로 반복되므로 불만족을 통해 욕망을 부분 만족시키는 충동의 쥬이상스는 주체의 심리적 기제가 갖는 기본적 형태와 관련된다.

4) 충동의 기제는 결코 "죽음소

신이 만든 이 생산물은 그의 통제를 벗어난다(왜냐하면 자연은 그에게 넘쳐나는 것이니까). 타락은 자연 혹은 신의 외부이다. 그렇다면 창조에서 인간은 본의 아니게 일의 본질을 억압한다. 그러나 단지 여기서 멈추지 않고 인간은 일의 근원 바로 그것을 제거하려고 한다. 이 근원은 인간에게 자연적 필연성으로 나타난다 … 창조의 신화에서 일의 자연적 성격은 사라진다. 왜냐하면 창조주는 어떤 법에도 종속되지 않고 세상을 무로부터 창조하기 때문이다. 창조주 신에게서 인간은 자연의 탄생을 생각할 뿐만 아니라, 이 탄생의 자연적 성격을 창조가 기원이 없음(왜냐하면 신은 의무감을 갖거나 필요에 따라서 창조하는 것이 아니니까)을, 타락은 자연이 없고, 일을 지배하는 것 같은 자연 바로 그것이 근본적으로 일에서 비롯되는(생산된) 자연만큼만 필수적임을 제시함으로써 극복을 시도한다.[10]

알튀세의 가장 널리 알려진 이론적 반인간주의의 정식화보다 훨씬 오래 전망", 즉 자살하려는 의지와 동일하지 않다. 비록 자살하려는 의지가 죽음의 기제를 통해 일어나는 역설적 상황 때문에 생겨날 가능성이 근본적으로 존재한다고 해도 결코 절대 영으로의 회귀는 일어날 수 없다.

이제 라깡이 기표의 "창조론"에 기댐으로써 어떻게 프로이트의 죽음본능 이론에 노정된 수많은 난관을 해결할 수 있었는지 분명해졌으리라. 이는 프로이트가 죽음본능을 쾌락원칙을 너머선 것으로 이해했던 방식을 의심했기 때문에 가능했다. 프로이트는 애초에 죽음본능을 매저키스트적 반복의 형상을 설명하려는 목적으로 쾌락원칙(오직 불쾌감을 피하는 것만 목표로 하는 생명본능)과 정반대의 원칙으로 이론화했다. 그러나 이런 관계는 죽음본능이 동시에 비유기적 상태의 정지로 돌아가려는 단순한 경향으로 간주된다는 사실과 상반된다. 당시에 쓰인 위의 인용문에서 마르크스주의가 공공연히 "인간적 원환성"을 재구축한다는 입장에서 개념화되고 있다는 사실을 주목해야 할 것이다. 이 점은 젊은 알튀세에게는 창조의 신화에 담긴 해방적 이면과 같은 것이었을 것이다. 혁명가들이 새로운 원환성을 달성하고, 나아가 "자연적 소외"를 종식시킬 가능성을 일별할 수 있는 이미지이다. 마르크스주의의 혁명적 해석학자로서의 과제는 따라서 이중적이다. 한편으로는 생산물과 노동자의 자연과의 신진대사를 창조의 신비화로부터 회복하면서 다른 한편으로는 자기충족적인 신의 총체성으로부터 노동자의 연합에 따른 자기충족적 사회의 진정한 총체성으로 실제적인 이동을 한다. 로날드 보어Ronald Boer는 성경 연구학에 대한 알튀세의 초기 탐색에 대해 자극적인 해석을 제공한다. 그는 알튀세의 해석에서 나타나는 성서적 "신화"에 대한 가톨릭적 "중층결정"과 관련된 두 가지 흥미로우면서도 상호연관된 점을 지적한다. 첫째, 자기충족성과 무로부터라는 주제들은 분명 헤겔주의와 마르크스주의의 소외의 교리들과 연결이 비유기적 상태란 모든 생명체들, 박테리아에서 인간에 이르는 생명체들에게서 똑같이 작동하는 것으로 간주되었다. 덧붙여 프로이트는 놀랍게도 "쾌락원칙은 사실상 죽음본능에 봉사하는 것처럼 보이며",[15] 따라서 죽음본능은 쾌락원칙을 포함하는 동시에 그것을 넘어서는 곳에 비일관적으로 위치해 있다는 사실을 인정하기까지 한다. 장 라플랑슈와 장-베르트랑 퐁탈리스의 견해에 따르면, 이 난관에서 벗어나는 유일한 방법은 프로이트가 두 가지 종류의 쾌락원칙을 암묵적으로 가정하는 것이다. 하나는 엄밀한 의미로의 쾌락원칙으로 "생명본능"으로서의 리비도를 항상적 수준으로 유지하는 일을 담당하며, 다른 하나는 소위 니르바나 원칙으로서 "본능의 본질"[16]로서의 죽음본능에 봉사하는 "무로 향하는 경향을 감소시키기 위해서"[17] 활동하는 것이다.

이 문제에 대해 프로이트를 대놓고 공격하지는 않았다고 해도 라깡은 분명 니르바나 원칙을 죽음충동의 견지기 위해 필연적인 것들이지만 창세기의 이야기에는 속하지 않는다. 둘째, 이 문제에 대한 2천 년 동안의 얽히고설킨 역사는 "창세기 1장 1절의 첫 번째 문장에 담긴 애매성, 즉 '태초에 신이 창조하셨다' 혹은 '신이 천상과 지상을 창조하기 시작했을 때 지상은 형식이 없는 공허였다'일 수도 있는 그 애매성에 의해 이미 준비되어 있었다. 두 번째 번역은 히브리어에서 Bereshisth라는 첫 단어, '태초에'를 의미하는 이 미결정적 표현에 기초해 있는데, 무로부터의 창조라는 교리가 가정하고 있는 광활한 허공이라기보다는 신이 시작한 뭔가가 존재한다는 것을 함축한다."[11] 애매성은 알튀세의 텍스트에서 특히 자연과 관련되는 부분에서도 나타난다. 한편으로 타락에 대한 창조라는 신화(알튀세가 의도적으로 첨부한)는 신의 "넘쳐나는" 행위의 결과(자연적 소외)로서 자연적 필연성의 영역을 강제로 부과함으로써 신을 소외시킨다. 다른 한편으로 보어가 말한 대로 "자연은 체계적으로 삭제된다. 신은 법을 넘어서 무로부터 창조하고, 이는 의무와 필요의 부재가 되며, 따라서 창조의 기원의

지에서 고려하기를 거부했다.[18] 이 둘이 구별되어야 한다는 사실을 고수하면서 라깡은 "니르바나 혹은 소멸원칙과 죽음충동 사이에는" 근본적인 "분리"가 존재한다고 주장한다. "니르바나 원칙은 에너지학에서 절대적 휴식이라고는 할 수 없어도, 적어도 보편적 평형상태로의 회귀 경향이라고 이론화된 것과 거의 동일한 근본적 법칙과 관계한다." 이때 그 경향이란 엔트로피를 의미한다(211쪽, 강조는 필자의 것). 이와 대조적으로 죽음충동은 "비생물계의 평형상태로의 회귀본능은 넘어서야 한다." 그리고 여기엔 서로 엄격히 관련되어 있는 세 가지 이유가 있다(212쪽, 강조는 필자의 것). 첫째, 죽음충동은 "의미화 연쇄라고 할 수 있는 차원에서 절합"된다는 조건에서 역사적 차원을 산출한다(211쪽). 다시 말하면 죽음충동은 오직 인간에게만 해당될 뿐 다른 생명체에겐 없다. 죽음충동은 죽음본능이 아니다. 둘째, 죽음충동의 역사적 절합은 근본적 환상을 반복적으로 "고집" 동어반복적 부재를 의미하고, 자연의 일의 생산물로 제약되며, 이 생산물은 다시 생산의 순간에 자연이 되기 시작한다." 다시 말해서 우리는 자연의 소외를 다루고 있는 것이다.[12] 물론 애매성은 더 깊은 곳에 자리한다. 창세기의 신화에 대한 그의 "가톨릭적" 해석에서 알튀세는 우리가 살펴본 대로 헤겔이 따로 떨어뜨려 놓으려 했던 생산 혹은 일과 무로부터의 창조라는 용어들을 효과적으로 결합시킨다.

이런 점에서 우리는 알튀세의 후기 저작들이 바디우의 후기 저작들에 해당할 결과들로 가득한 채 순환성과의 단절을 선택하는 일을 맞닥뜨릴 위험에 처해 있다. 이 단절은 자연과의 신진대사적 교환 속에서 스스로를 사랑하고 즐기게 될 인간성과의 단절이다. 이는 "창조주의적" 그리고 반생산주의적 깨달음을 낳게 된다. 이 깨달음은 마르크스주의 사상의 주요 문제점들—(공산주의) 혁명과 (사회주의) 변화의 문제들—과 대면했을 때 요행의 차원을 막을 수가 없다는 것이다. 1995년 『마르크스를 위하여』의 서문을 쓴 발리바르가 말했듯이 이는 우발성의 필연성이

하는 모습으로 제시된다. 라깡 자신의 난해한 말을 그대로 옮겨보면 "그것이 기억된 것이기 때문에 기억할 만한 어떤 것"의 모습으로 나타난다.[19] 셋째로, 유지원칙으로서의 이런 고집은 동시에 감산적 요소와 연결되어야 한다. 앞서 설명한 이유들 때문에 이 감산요소는 분명 쇼펜하우어류의 초월적 의지 같은 것과는 구별되어야 한다. 라깡은 이 요소를 "파괴의지"라고 규정했으며, 후에 "큰 타자 같은 것을 향한 〔파괴적〕 의지", 즉 무에서 비롯한 "전부 다시 시작하려는 의지"로 이해되어야 한다고 부연설명한다 (212쪽, 필자가 이 대목을 수정해서 번역함).

폐일언하고, 라깡에 의하면 죽음충동은 우리가 쾌락원칙을 비유기적 상태로 회귀하려는 경향(으로 알려진)인 니르바나 원칙을 표현하는 것으로 받아들이는 한에서만 쾌락원칙을 넘어선 것이 될 수 있다. 이와 반대로 아니라 우발성 자체의 우발성을 이해하는 문제이다. 마르크스주의는 이 때문에 무를 추적하고 그것을 재생산과 그 재생산 장치들의 경험적 이데올로기적 밀도에서 추출해냄으로써 생산 자체의 현실에 끊임없이 소급되는 혁명적 실천과 행동들 속에서 이 장치들에 무를 대항시키려는 과학으로 재발명되었다.

생산과 창조 사이의 (뛰어날 정도로 생산적인) 긴장, 생산영역에서의 무의 변화무쌍함에 대한 고도의 복잡한 탐색은 말할 것도 없이 마르크스에게서 발견된다. 그러나 자본주의적 축적이 도입한 신학적 섬세함의 또 다른 예는 자본주의적 축적이 헤겔이 비난했던 무로부터의 "추상"과 "표상"을 효과적으로 생산의 물질성에 주입했다는 것, 이로써 파운드의 시에 출몰했던 종류의 제한적 경제를 폭파시켰다는 것이다. 은행에 관한 결국 오류투성이의 반유대주의적 관심을 갖는 대신 마르크스는 무로부터의 문제를 가치의 창조, 더 구

우리가 쾌락원칙을—라깡 자신 『세미나 7』에서 했던 대로—"기표의 지배와 다르지 않은 것"(134쪽)으로 고려한다면 죽음충동(기표들의 상징적 대타자가 갖는 차별성이 의존하고 있는 것)은 쾌락원칙 너머에 있지 않다. 비록 죽음충동이 (길들여진) 매저키즘적 쥬이상스와 관련되어서 "비유기적" 죽지 않은 상태를 목표로 삼고 있긴 해도 그렇다. 사실상 라깡의 죽음충동에서 이 "너머선 곳"은 상징질서 내부에 여전히 남아 있다("우리는 프로이트가 쾌락원칙의 저 너머라고 부른 것에서 주체와 의미화 연쇄 사이의 근본적인 관계 이상의 어떤 것을 발견해야 하는가?").[20] 쥬이상스의 실재—소대상 a의 실재—란 언제나 상징계의 한 실재이다. 이러한 가정들로부터 라깡은 죽음충동이 정확히 주체가 전前 상징계적 "비유기성"으로 회귀(그런 경향)하는 것을 불가능하게 만드는 것이라고 연역해낸다. 프로이트의 니르바나 원칙은 진실로 "〔전 상징계의〕 무〔라고 알려진 것〕로 돌아가는 것만이 불확실한 것인" 한, 우체적으로는 잉여가치의 창출이라는 견지에서 제시한다. 엔리크 뒤셀은 "무로부터의(자본의 무로부터) 잉여가치의 끊임없는 방해는 자본의 재생산에 아주 특별한 질적 관상술을 제공한다고 서술하고 있다."[13] 자본에서 가치형식을 다루는 것이 많은 점에서 논리과학의 범주들에 대한 이론적 번역이자 전치라는 전제에서 (아주 비알튀세적으로) 출발하면서도 뒤셀은 변증법적 선구자에 맞선 마르크스의 "비판적 태도"가 중요한 단절을 결단하는 순간들을 찾아내려고 한다. 이 단절들에서 무로부터는 아주 중요한 역할을 한다. 헤겔에 대한 마르크스의 불충실성을 보여주는 첫 징표는, 뒤셀에 따르면 『논리학』에서 존재에서 본질로 넘어가는 것과 『자본론』에서 돈에서 자본으로 변형되는 것 사이에 동질동형성이 결여되어 있다는 점에서 찾아볼 수 있다. 『논리학』의 해당 대목이 근본적 동일성과 지속성의 매개 속에서 일어나는 움직임이라면(『차이와 반복』에서 제시된 들뢰즈의 헤겔해석에 따라 우리는 순환성에 대해서도 말할 수 있다), 마르크스의 대목은 "무한으로의 점프 : 자연의 절대적 변화이

리가 "미소지을 수" 있게 해주는 것이다.[21]

『세미나 7』에서 라깡은 안티고네의 윤리적 형상화는 '무로부터'의 한계에 결부되어 있다는 사실을 수수께끼처럼 주장한다. 이 '무로부터'란 "인간의 삶에서 언어의 존재 때문에 생겨나는 단절 그것 이상 아무것도 아니다"(279쪽). 헤겔은 소포클레스의 비극을 가족의 법(안티고네)과 국가의 법(크레온) 사이의 갈등으로 해석했다. 헤겔식 해석에 반대해서 라깡은 세 가지 서로 다른 법을 지적한다. 첫째로 제우스의 "투명하고" 규범적인 노모스, 둘째로 제우스의 불경한 측면을 나타내는 "저 밑에 있는 신들"의 불문법, 마지막으로 "어떤 의미화 연쇄 혹은 그 외 다른 어떤 것에서 발전되지 않은 … 〔언어의〕 토대에만 존재하나 〔그것의〕 넘어설 수 없는 결과를 드러내 주는 구조적 관계에 의

다."[14] 그러나 중요한 변화는 우리가 가치의 원천이라는 문제와 마주할 때 일어난다. 여기서 우리가 보기에 언어학적으로 경솔했던 한 수라고 인정하지 않을 수 없는 이유는 뒤셀은 자신의 논지를 위한 실마리를 후기 쉘링에서 찾는다는 점 때문이다. 쉘링의 후기 강연들은 좌파 헤겔주의자들과 일군의 지적 소동꾼들이 종종 조롱하면서도 잘 따르는 것이었다. 네그리가 최근에 무로부터를 살아있는 노동(혁명을 위한 시간에서)이라는 견지에서 유물론적으로 재구성하려 한 시도를 상기시키면서 뒤셀은 쉘링의 실증철학("존재가 출현하기 전에도 현실은 있었다. 이 현실이 사상과 존재를 앞서기 때문에 무로부터의 존재에는 창조적 원천이 존재한다"고 주장한다)이 "존재와 현실의 비동일성"이라는 교리와 함께 마르크스가 헤겔을 극복할 범주적 원천을 제공한다고 주장한다. 이러한 쉘링주의적 입장은 뒤셀에게는 마르크스가 잉여가치를 다루는 방식을 설명해 주는 유일한 방식이다.

> 노동자가 일을 할 때 그는 필요한 시간에 봉급의 가치만큼 "재생산"한다. 봉

해 결정된 지평"인 "일정한 법적 성격"이다. 첫 번째와 두 번째 법이 크레온이 대변하는 것이라는 점은 말할 필요도 없다. 반면 안티고네는 "그녀에게 〔폴리니서스를 매장하라고〕 명령하는 것이 제우스라는 것을 부정하며" 마찬가지로 저 밑에 있는 신들로부터 "자신을 떼어놓는다." 그 대신 안티고네는 상징계—상징계의 실재—의 "한계 위에 스스로를 구축한다." 다시 말하면 이 한계란 바로 있는 그대로 베일이 벗겨진 무로부터 주어진 "법성"의 구조적 "지평"이다(278쪽). 라깡은 또 안티고네가 철저히 다음과 같은 권리, 즉 "존재하는 것은 존재한다"라는 명목 하에 행동한다고 강조한다. 이 수수께끼 같은 확언은 우리가 『세미나 6』의 핵심적 강의를 짚어본다면 좀 더 명백해진다. 이 강의에서 상징계의 실재는 주체가 그의 "주체로서의 순수한 존재"와 맺는 관계의 "선택점"과 연관되어 있다.[22] 안티고네가 무로부터의 "근본적 한계"에 위치한다는 것이 폴리니서스

> 급 가치의 재생산은 자본의 토대로부터의 생산(봉급의 가치는 자본에서 나온다)이다. 그러나 잉여노동의 잉여시간에서 노동자는 무로부터 자본을 창조한다. 왜냐하면 그는 어떤 가치-자본의 토대를 갖지 못하기 때문이다(봉급을 받지 않고 일한다). 이런 종류의 자본에 토대를 두지 않은 채 생산품 "만들기"(상품)는 마르크스가 기술적으로 "가치의 창조"(Wertschoepfung)라고 부른 것이다 …. "살아있는 노동"은 가치의 창조(Schoepfung)가 도출되는 이 "원천"(Quelle)이다. 우리가 언급한 것은 쉘링주의적 주체이다. 이것은 창조주의 이론이 비판적 경제학으로 모습을 바꾼 것이다.[15]

따라서 이런 전회는 창조와 (재)생산의 구별을 경제 자체로 도입하는 것과 관련되며, 이로 인해 주체(살아있는 노동)를 드러내는 결과를 가져온다. 마르크스의 말을 빌리면 이 주체는 "재생산"을 생산하는 것이 아니라 "새로운 생산, 좀 더 구체적으로는 새로운 가치의 창출을 한다."

는 자신의 행동이 담고 있는 어떤 구체적인 내용과 어떠한 관련성도 없다는 그의 "고유한 가치"를 확인할 뿐만 아니라, 좀 더 일반적으로 그 여주인공 역시 "자신의 존재를 본질적 존재를 유지하기 위해서 희생"하지 않을 수 없다는 것을 의미한다. 안티고네의 본질적 존재는 곧 그것을 지워버리려는 크레온의 위협에 대항한 말 그대로의 한계이다(283쪽).

여기서 우리가 이해해야 할 가장 중요한 점은 오직 크레온의 법이 내포한 치명적 결점hubris, 다시 말해 폴리니서스의 주검에 두 번째 죽음을 가하려 드는 그의 "과도하고" 납득할 수 없는 결정에 저항하기 위해서 안티고네가 의도적으로 자신의 "두 번째 죽음", 즉 상징적 죽음을 포용하고 있다는 점이다. 안티고네는 폴리니서스를 묻으라는, 자신에게는 자살이나 마찬가지인 요구를 포기하지 않는다. 왜냐하면 이것만이 욕망이 등장하도록 하기 위해 그녀가 할 수 있는 유일한 방법이기 때문이다. 자신의 "광채"

[16] 그러나 가치가 주체에 의해서 무로부터 생산된다는 것이 무엇을 의미하는가? 원천에 해당하는 살아있는 노동의 주체는 또한 실체이기도 한 것이 아닌가? 따라서 그것의 창조는 마르크스의 바울식 말바꾸기에 의하면 새로운 창조가 아니라 또 하나의 생산이지 않는가? 뒤셀이 말했듯이 만일 "자본의 페티시적 주장이 잉여가치의 창조적 원천이 될 것이라면", 살아있는 노동의 절대적 가난과도 같은 것에서 가치의 대안적 원천을 발견하는 것은 진정으로 무로부터의 파괴적 힘을 또다시 부활시키는 방식이 아닐까? 오히려 살아있는 주체를 "선행함으로써 그 외부에" 위치시킴으로써 단순히 살아있는 노동은 자본에게는 아무것도 아니며, 전유의 실천을 통해서 그 자체를 새로운 순환성으로 열려있게 하는 것이라고 간단히 말하는 것이 아닌가?[17] 토대를 제공하는 창조적 원천에 의존하는 대신(물론 이 원천들은 결코 무로부터 나온 것이 아니다), 아마도 우리는 무로부터를 우리의 노동하는 몸을 그 이면에 위치시킬 페티시가 아니라 자본 그 자체의 진정한 성질, 주체로서의 자본

를 통해서 순수한 욕망의 공허를 보여줌으로써 그녀는 상징계의 실재(법의 결여)를 지워버리려는 크레온의 전체주의적 시도로부터, 그리고 (불가능한) 보편적 선을 "범죄적인" 선으로 바꾸려고 강요하는 것으로부터 순수한 욕망 그 자체를 "구제한다"(240쪽). 따라서 우리는 라깡의 미학적 윤리—욕망의 공허(상징계의 대타자의 공허)를 상상계의 거울성을 넘어서 순간이나마 드러내려고 시도함—는 동시에 존재론적 윤리라는 사실, 즉 상징계의 공허로서의 존재를 보존하는 것에 대한 윤리라고 결론을 내려야 한다.

라깡이 안티고네가 무로부터의 위치(순수욕망의 자리)를 순간이나마 차지함으로써 유일하게 주장한 권리란 "존재하는 것이 존재한다"라는 것이라고 주장하는 대목은 그가 『세미나 7』의 또 다른 강의에서 했던 또 하의 성질로서 고려하는 것이 더 생산적일 것이다. 뒤셀의 쉘링주의적 마르크스주의에 대한 세련된 비판에서 크리스 아서Chris Arthur는 다음과 같이 발언한다.

> 노동을 임금노동으로 구성하는 이 행위를 통해서 자본은 스스로를 구성하고 자본 자체에 내재적인 축적의 역학을 수행한다. 이것은 "노동이 모든 것"이라는 토대 위에서는 설명될 수 없으며, 이는 나는 "다른 아무것도 아닌" 물이며 탄소라는 주장이 나의 생명주기를 설명할 수 없는 것과 마찬가지이다. 일단 한 체계가 충분한 복잡성을 얻게 되면 그 구성요소들로 환원될 수 없는 힘들이 출현한다. 그 체계가 뒤셀이 주장하는 독창적인 "존재론적 행위"에서 출현하는가의 여부와 무관하게 자본체계는 정확히 이렇게 부상하는 힘들을 보여준다. 성공적으로 살아있는 노동을 흡수하고 자본의 관계를 지속적으로 재생산하는 자본은 "나는 모든 것"이라고 주장할 수 있는 공정한 자격을 갖춘다 … 비록 자본이 "다른 아무것도

나의 주장, 즉 사드적 고통—상징계의 "날"〔刀〕 혹은 "여백"을 도착적으로 물화시킨 것—이 "존재하는 것이 시원적인 공허로 돌아갈 수 없다는 사실을 확인해 주는 정지"라고 했던 주장과 함께 읽어야 한다(239, 261쪽. 필자 강조). 이 경우 무로부터는 완전히 봉쇄된다. 물화된 고통을 통해 공허를 "정적으로" 부정하기란 결국 존재를 상실할 위험과 신화적으로 "죽지 않은" 원초적 실재로 돌아가게 될 위험을 낳게 된다. 이와 반대로 안티고네의 경우 무로부터는 그 자체로 추인된다. 존재의 결여로서의 존재, 그리고 존재의 환유로서의 욕망은 이로써 재수립된다.

라깡주의 윤리가 후기에 마주한 어려운 과제는 안티고네의 "자살적" 형상을 넘어서는 방식으로 무로부터의 주요 동기를 재의미화하는 작업과 관련된다. 다시 말해서 라깡은 순수한 욕망—실재 혹은 상징계의 공허, 그 자체로의 무로부터를 순간적으로 드러내기—을 비극적 위반(그것의 실

> 아닌" 노동이라 해도 자본은 자율적이 되어 노동 자체의 타자가 된다.[18]

노동이 진정한 원천이라면 가치(그리고 생산과 재생산의 조건 자체)의 (무로부터의) 창조자라 주장하는 것은 자본이다. 더군다나 그것이 자율적으로 "생성"된다는 점에서 자본은 무로부터의 창조주이자 창조물이다. 자본이 다른 여러 체계로부터의 자율성과 고립을 주장하고 스스로를 자기 자신의 원인으로 제시하는 결과라는 의미에서 그렇다.

우리가 인간화된 자연적 신진대사의 원환성 혹은 우리의 살아있는 노동의 영웅적 가정으로 돌아갈 수 없다면, 무로부터의 정치학이 진정 자본 자체의 핵심에서 무를 감당하고 그것의 창조와 맞게 따르거나 방향을 돌리는 것이 무엇을 의미하는가? "자본이 들뢰즈와 가타리가 괴물스러운 '사물'이며 암적이고 반사회적인 변칙이라 부르는 것이라면, 일체의 일

패)과 분리해서 대신 윤리의 감산적 순간이 근본적으로 새로운 상징화를 위한 선결요건으로 개념화될 수 있음을 가르쳐 줄 필요가 있다. 우리가 앞에서 살펴보았듯이 죽음충동은 궁극적으로 새로 시작하려는 "의지"로서의 무로부터의 법에 의존한다. 여기서 고작 서론적으로 논의된 이 복잡한 문제를 지나치게 단순화해 버릴 위험을 무릅쓰고라도 라깡의 무에서 비롯한 "극단적" 윤리를 정치적으로 전유하려는 어떤 가능한 시도를 할 때는 근본적으로 "새로운" 것과 "좋은" 것 사이의 등식에 반드시 의존해야 한다는 점을 제안할 정도까지는 밀고 나가야 한다.[23]

관적 제시들을 떠받치는 비일관적 공허가 속박에서 풀려나고 일체의 사회적 유대를 만들어낸 존재론적 구조가 구성적으로 텅 빈 것이라 밝혀지는 재난과도 같은 사건이라면", 자신의 창조와 재기입을 통해서 무로부터 토대를 두고 그것에 의해 재생산되는 상징계적 체계의 힘과 맞설 주체—바디우의 표현대로라면 "공허한 동물"—는 누구인가?[19] 어떤 종류의 새로운 변증법이 우리가 무를 둘로 나누고 무로부터를 자본주의적 자기 가치부여의 가차없는 원리에 대한 불복종으로 생각하도록 허락할 것인가? 또 그러한 무에 대한 공산주의적 이용이 말 그대로 자본의 근본적인 (죽음)충동—창조적 파괴, 박탈에 의한 축적, 위기—을 모방할 것인가? 혹은 그것이 진정 모든 초가치화들—광적이든 반동적이든 메시아적이든—을 밀쳐내고 가치의 형태를 깡그리 없앨 것인가? 최종적으로 어떤 집단적 행위와 절차들이 무로부터 자본의 주체가 지속적으로 그 지구적 헤게모니를 재생산해는 새로운 창조들과 대적할 수 있을 것인가?

주

1_ Jacques Lacan, *The Seminar of Jacques Lacan Book VII : The Ethics of Psychoanalysis 1959-1960*. Jacques-Alain Miller 편집, Dennis Porter 번역(New York : Norton, 1992), 122쪽. 추후 인용시 괄호로 쪽수만 표시.

2_ Lacan, *Le Séminaire de Jacques Lacan, Livre IV : La relation d'object 1956-1957*. Jacques-Alain Miller 편집(Paris : Seuil, 1994), 48쪽. *The Ethics of Psychoanalysis*, 213쪽도 참조.

3_ Jacques Derrida, "Le facteur de la vérité" *The Post Card : From Socrates to Freud and Beyond*. Alan Bass 번역(Chicago : University of Chicago Press, 1987), 464쪽.

4_ Lacan, *The Seminar of Jacques Lacan, Book I : Freud's Papers on Technique, 1953-1954*. Jacques-Alain Miller 편집, John Forrester 역(New York : Norton, 1988), 177쪽.

5_ Lacan, "Les complexes familiaux dans

1_ Jean-Francois Courtine, *Suarez et le système de la métaphysique*(Paris : PUF, 1990) 참조.

2_ Ezra Pound, *The Cantos*(New York : New Directions, 1970), XLVI, 233쪽. 이 책에 대한 추후 인용은 본문에 괄호로 표기.

3_ Robert Casillo, *The Genealogy of Demons : Anti-Semitism, Fascism and the Myths of Ezra Pound*(Evanstaon : North Western University Press, 1988), 34쪽.

4_ Pound, *Selected Prose of Ezra Pound : 1909-1965*. William Cookson 편집(New York : New Directions, 1973), 351쪽. Casillo, *The Genealogy of Demons*, 34쪽도 참조.

5_ Casillo, *The Genealogy of Demons*, 246쪽.

6_ Martin Heidegger, "What is Metaphysics?" David Farrell Krell 번역, *Pathmarks*, William McNeill(Cambridge : Cambridge Univerity Press, 1998), 84, 89쪽.

la formation de l'individu," *Autres écrits*(Paris : Seuil, 2001), 39쪽.

6_ Lacan, "Aggressivity in psychoanalysis." *Écrits : A Selection*, Alan Sheridan 번역(New York : Norton, 1977), 26쪽.

7_ Lacan, *La relation d'objet*, 50쪽. 이 책에서의 인용은 모두 필자의 번역. *The Ethics of Psychoanalysis*, 214쪽도 참조.

8_ Lacan, "The signification of the phallus." *Écrits*, 287.

9_ Lacan, "Position de l'inconscient," *Écrits*(Paris : Seuil, 1966), 848쪽 참조.

10_ 기표는 신화적 비죽음을 죽인다. 따라서 필연적으로 죽음의 기의 부재, "어떤 인간존재도 도달하지 못하는 기의의 한계"를 가져온다. 이런 의미에서 죽음충동은 또한 "삶의 불확실성과 덧없음을 우리가 깨닫는다는 사실"로 이해되어야 한다. *La relation d'objet*, 48, 50쪽.

11_ Lacan, *L'identification*(1961-1962), 미간행 세미나 28 February 1962(필자의 번역)

12_ Lacan, *Le désir et son interprétation*(1958-1959), 미간행 세미나 3 June 1959(필자의 번역)

13_ 마씨모 레칼카는 죽음충동의 보수적 기능이 널리 수용된 〔적어도 라깡에게는 적지 않게 수용된〕 프로이트의 리비도 이원론을 문제화시킨다고 지적한다. *L'universale e il singolare : Lacan e l'al di là*

7_ Gildas Richard, "Examen critique du jugement de Hegel sur la notion de création ex nihilo," *Les études philosophiques 3*(2003) : 298쪽〔번역은 필자의 것〕

8_ 같은 글, 302쪽(번역은 필자의 것).

9_ Louis Althusser, "On Content in the Thought of G.W.F. Hegel." *The Spectre of Hegel : Early Writings*, François Matheron 편집, G. M. Goshgarin 번역(London : Verso, 1997), 168쪽, 주 252.

10_ 같은 글.

11_ Ronald Boer, "Althusser, Myth & Genesis 1-3," *Journal of Philosophy & Scripture 1.2* (2004) : 2쪽. 〈http://www.philosophyandscripture.org/Issue1-2/Ronald_Boer/roland_boer.html〉(1May 2005).

12_ 같은 글, 3쪽.

13_ Enrique Dussel, "Hegel, Schelling, and Surplus Value"("International workign grouo on Value Theory" 학회 발표논문. Eastern Economic Association, 4 April 1997), 1쪽. 〈http://www.greenwich.ac.uk/~fa03/iwgvt/files/97dussel/rtf〉(1 May 2005).

14_ 같은 글, 2쪽.

15_ 같은 글, 3-4쪽.

16_ 같은 글, 4쪽에 인용.

del principio di piacere(Milan : Marcos y Marcos, 1995), 28쪽 참조. 우리 입장에서는 이 죽음충동의 보수적 기능이 정말 프로이트에 해당되는 것인지 납득하기란 쉽지 않다. 프로이트의 이 개념은 여전히 많은 문제들을 미결정으로 남겨둔다. 그러나 죽음충동에 대한 라깡식 해석이 라깡 자신이 프로이트의 이원론에 충실하다고 주장했던 것을 반박하고 있을 뿐만 아니라, 융의 일원적 생명에너지의 천진난만함과 라깡의 이론을 구별시켜 주게 될 일종의 일원론으로의 길을 열어주고 있음은 의심할 여지없는 사실이다.

14_ Lacan, *The Seminar of Jacques Lacan, Book XI : Th Four Fundamental Concepts of Psychoanalysis*. Jacques-Alain Miller 편집, Alan Sheridan 역(New York : Norton, 1981), 168쪽.

15_ Sigmund Freud, *Beyond the Pleasure Principle. The Standard Edition of the Complete Psychological Works of Sigmund Freud*, James Strachey et al. 편역(London : Hogarth Press, 1953-1974), 18 : 63쪽.

16_ Jean Laplanche & Jean-Bertrand Pontalis, *The Language of Psychoanalysis*. Donald Nicholson-Smith 역(New York : Norton, 1974), 102쪽.

17_ 같은 글, 5, 4쪽.

18_ Chris Arthur, *Towards an Unknown Marx : A Commentary on the Manuscriptsof 1861-1863* by Enrique Dussel에 대한 서평. *Historical Materialism* 11.2(2003) : 258-259쪽.

19_ Ray Brassier, "Nihil Unbound : Remarks on Substractive Ontology and Thinking Capitalism." *Think Again : Alain Badiou and the Future of Philosophy*, Peter Hollward 편집(London : Continuum, 2004), 53-54쪽.

17_ 같은 글 102쪽, Lacan, *La relation d'objet*, 47쪽도 참조.

18_ 그럼에도 불구하고 라깡은 니르바나 원칙으로서의 죽음충동에 대한 프로이트의 개념은 "그 자체로 아주 의심스럽다"고 한다. *The Ethics of Psychoanalysis*, 212쪽.

19_ 라깡은 "기억하기, 역사화하기는 우리가 인간 심리라고 부르는 것 속에서 충동이 작동하는 것과 동일한 범위에 속한다"고 주장했다. 같은 글, 209쪽.

20_ Lacan, *Le Séminaire de Jacques Lacan, livre V : Les formations de l'inconscient, 1957-1958*. Jacques-Alain Miller 편집(Paris : Seuil, 1998), 246쪽(번역은 필자의 것).

21 같은 글.

22_ Lacan, *Le désir et son interpretation*, 27 May 1959(필자의 번역)

23_ 이 마지막 주장에 대해서 라깡의 윤리적 주체와 바디우의 정치적 주체—특히 *Théorie du sujet*(Paris : Seuil, 1982)에서 설명된 개념—사이의 가능한 연관성에 대한 상세한 연구를 고대한다.

이방인과 신의 현현

모든 존재하는 것들은 신의 현현이다. 이것이 바로 이슬람 땅에서 태어난 사변적 철학이 제시하는 근본적인 가설이다. 이 가설은 신성한 통일성이 갖는 근본적 초월성을 회복의 원칙으로 삼는다. 지성은 이를 이해할 수 없다. 상상력도 이를 재현할 수 없다. 발화 역시 이를 표현할 수 없다. 그러나 신의 현현은 베일이 벗겨지는 계시를 통해서 이 신성한 회피와 상호 모순관계를 갖는다. 이름은 그것이 감추면서도 동시에 드러내는 베일에 가려진 본질에 대응한다. 따라서 이름은 이름 없는 것과 이름 있는 것, 절대적 존재의 퇴정과 그 다양한 얼굴들이라는 풍요로운 선물들 사이에서 신의 분리를 도입한다.

기독교―말씀의 육화된 고유한 사건을 신의 현현의 역사를 성취하는 것으로 고려함으로써 신을 육화를 통한 그의 창조와 화해시키는 종교―와 달리 사변적 이슬람은 신성한 말씀의 육화를 거부하고 말씀이 그 자체로 현현한다고 주장한다. 말씀의, 계시된 신의 어떤 형상도 신의 활동을 고갈시킬 수 없기 때문에 육화의 거부를 통해 열린 공간에서 신의 현현의 매개들은 스스로 무한히 증식하여 언제나 재생된 미래의 공허를 향해 열려 있다. 나는 이 형이상학적 가설에서 문화적 결정과는 다른 어떤 것, 즉 정신적 이슬람의 고유성을 찾아보려고 한다. 이는 존재하는 것을 인식하고 지체 없이 신성한 작동들을 사색하는 낯선 힘을 부여하는 방식이다. 존재하는 것은 단순하게 확장된 실체의 위치를 상실함으로써 순수히 감각적인 것 속에서 신성에 부여된 가시성의 권위를 얻게 된다. 신의 현현이란 절대적인 것이 스스로 부재하는 것이 아니라 역설적 현존의 양식으로 제공할 때 나타나는 결정적인 존재 그 자체이다.

우리가 낯설음을 존재양식 혹은 좀더 심오하게 타락과 소멸의 운동으로 이해한다면 낯설다는 것은 존재의 심연 내부에서 작동하는 귀양이며, 신의 현현과 정확히 반대되는 것을 지시하는 것처럼 보인다. 신의 현현은 화해에 관한 것인 반면 낯설음은 구별짓기, 거리, 지우기, 그리고 모국의 해안가가 점점 사라져 가는 것을 바라보는 몸과 영혼의 고통에 대한 것이다. 그러나 신의 현현이란 이 원칙의 근본적 낯설음을 그 안에 품고서 이 낯설음을 정복할 능력이 없으면서도 정복하려고 애를 쓴다. 이슬람의 사변적 철학이 표현하고 있는 신의 현현의 시대에 낯설음은 그 밖의 다른 곳을 쉬지 않고 지시한다. 이 내적인 고통은 계시의 핵심에서 줄어든다. 일자는 스스로를 감각이 생겨나는 때에 거울상으로 반영하고 사색한다. 그러나 아마도 바로 여기서 신의 현현의 시대가 그 황혼기에 다다르게 되어 그것의 표상들이 공허해지면서 흔들리게 되고 존재하는 것이 조용히 무(無)가 되기 위해서 확실히 드러낸 외관을 중단한다. 그리고 무의 환영이 된다.

신성한 통일성의 귀양

우리의 출발점은 이슬람교의 이스마일파 철학이 우주의 본래적 복귀와 일자를 토대로 삼는 것에 대해 말하는 것이다. 어떻게 우리는 신으로부터 비롯하는 존재하는 사물들의 다양성을 고려하면서도 신성한 통일성을 유지할 수 있을까? 그리스 현인 피타고라스가 말한 것으로 추정되는 발언에 의하면 "세상의 질서는 산술적 구조에 기대고 있다." 일자는 세상을 만드는 장인으로서 "다양한 세계를 그 자신의 통일성으로부터 등장한 것으로 만든다."[1] 세상은 일자의 생성력에 따라 일자가 다양화된 것이다. 시공간적 우주의 출현은 피타고라스가 한 쌍dyad이라고 부른 형태로 일자의 창조력을 드러낸다. 이 한 쌍은 신의 현현법을 제공하는 산술적 형상의 생산물이다. 존재하는 사물을 구성하는 각각의 수적 연쇄는 그 자체 안에 그것을 생성하는 일자의 내재적 현존을 담고 있다.

동시에 존재하는 것들의 다양성을 통한 신성한 일자의 현현은 일자의 고독한 추인을 뒤따른다. 이 추인은 일자가 낳은 수적인 연쇄들에선 예외적이다. 왜냐하면 연쇄들의 역설적 토대로서 일자가 기능해야 하기 때문이다. 세상의 다양성은 일자에서 비롯된 현현이다. 그러나 일자는 "결여"되지 않았다. 일자는 원하는 것이 없다. 그렇기 때문에 절대적으로 숫자들이 필요하지 않다. 비록 아무런 숫자도 존재하지 않지만 일자는 그 이유 때문에 더 실재적이다. 역으로 모든 숫자들이 존재하기 위해서는 일자가 필요하다. 이것이 바로 일자의 역설이다. 일자가 없으면 다양성은 효과적으로 나타나지 않는다. 하지만 일자 자체는 어떤 수적인 복귀로 드러날 필요가 없다. 본질적으로 일자는 고독하고, 멀리 떨어져 있으며, 원자적이다. 일자는 그 자체로 하나이며 실재적이다. 일자는 순수한 숫자, 절대적 하나이다.

따라서 일자와 숫자의 연쇄 사이에는 일종의 불균형, 상호성의 부재가 있다. 이는 근본적으로(존재하는 것들의 총합이 절대 필요하지 않은) 절대적 일자를, 복귀하는 존재하는 것들(그 본질적 성격은 존재의 결여 혹은 철학자들이 존재의 가능성이라고 부르는 것)로부터 떼어낸다. 피타고라스적 모델은 한편으로는 존재(떨어져 나온 일자) 너머의 실재를 상상하게 허락하며, 다른 한편으로는 이 떨어져 나온 통일성을 현현된 것(그것의 유령적 존재로서의 다양성으로 형상화된)과 절대 일자 사이에 벌어진 심연의 복귀를 통해서 드러내도록 존재들이 불러내진다. 여기서 일자란 플라톤이 『파르메니데스』의 첫 무대에서 도입한 바로 그것이다. 그 일자는 오직 자신이 존재 속에 심어놓은 한 쌍과의 단절을 통해서 존재로부터 떨어져 나오기 위해서 스스로를 선언한다. 현존하고 존재하는 것은 한 쌍으로 등장하게 된다. 다양태는 하나의 숫자로 일자를 복귀시킨다. 그러나 이들이 원초적 복귀자는 아니다. 차라리 우리가 역설적 일자라고 부른 것으로 복귀자를 사유해야 한다. 왜냐하면 일자가 되지 않음으로써, 다양한 숫자의 연쇄 속에 붙들어놓을 일체의 숫자화로부터 후퇴함으로써 일자로 존재하기 때문이다.

우리는 첫 번째 분열, 정확히 말하면 순수한 일자와 다양한 일자 사이, 즉 복귀하는 원칙(모든 입장 혹은 발현보다 앞선 첫 번째이기 때문에 일자의 이름을 받는 것뿐)과 한 쌍에 내재적인 복귀된 것 사이의 대립이라는 상호적 견지에서 제시되지 않는 분리를 얻게 된다. 일자는 단순히 한 쌍에 선행하는 것이 아니라 스스로를 순수한 것, 즉 *whadat*(통일성)과 다양한 일자, *wahid*(일자)로 분리시킨다. 통일성은 일자를 예견하고, 일자는 다시 다양한 일자의 동의어이다. 이 일자는 언제나 다양한 복귀된 일자이다.

따라서 자신의 모든 존재하는 것들에게 영향을 미치는 귀양의 원천이며, 가장 밝고 환한 현현에서 열리는 부재의 원천은 일자의 근본적인 탈골이다. 일자가 스스로를 형상화하는 순간 복귀한 것들과의 관계 혹은 연결로부터 통일성을 부재화시킴으로써 자신의 존재로부터 물러나게 만드는 원칙을 자신보다 앞서서 인식하게 된다. 이 첫 번째 이방인은 일자 그 자신으로 자기 자신의 실재에 대한 이방인이다. 이 실재는 알라라는 이름으로부터 물러나 있고, 알라는 언제나 부차적인 추인이다. 다양성과 접촉하는 일자, 그것에서 비롯되어 나온 다양성에 의해서 정복된 일자이다. 그리고 모든 다양성이 순수하게 제거되어 있다. 통일성, 즉 역설적 일자는 신성한 일자를 스스로 맺는 관계에서 근본적 낯설음으로 제시한다. 이런 방식으로 우리는 신의 통일성에 대해서 말할 수 없으며, 오직 그것의 통일성인 신에 앞선 통일성만을 말할 수 있다.

하미드 알-딘 알-키르마니Hamid al-Din al-Kirmani[2]에 의하면 존재는 항상 복귀한 것과 일치하는 한편, 원칙을 무한한 복귀의 원천으로 사유하는 것은 존재들뿐만 아니라 존재로부터 그것을 전달하는 것이다. 물론 이러한 급진적 주제에 도달하기 위해서 키르마니는 아리스토텔레스의 10개 범주들에 따라 존재를 사유할 필요가 있다. 키르마니의 변증법적 추론이 낳은 트라우마는 존재는 실체이거나 우연적 사고라는 것이다. 그러나 만일 원칙이 실체라면 그것은 몸이거나 몸이 아닌 것일 터이다. 몸으로서의 원칙은 나뉘어질 수 있는 본질을 소유할 것이다. 그러나 몸이 아니라면 그것은 아마도 잠재성(영혼처럼)이거나 실재(이성처럼)일 것이다. 잠재성으로서 그것은 복귀의 예가 필요하지만 실재로서 그것은 모든 의존으로부터 충분히 전달되지 않는다. 원칙이 자신이 아닌 다른 것으로 실재화되면 이 다른 것이 그것을 완성시켜야 할 필요가 있다. 따라서 이 다른 것은 원칙보다 앞서 있는 것이 된다. 만일 그 원칙이 자신만의 본질로 실재화된다면 이 본질이 갖는 능력의 결과로서 원칙은 서로 다르고 차별화된 의미화 과정과 다양한 관계들을 맺게 될 것이다. 그렇게 되면 그 본질 속에 실재적 존재와 실재화된 존재 사이에 최소한의 차이가 존재한다. 그렇다면 논쟁의 정점은 바로 이것이다. 실체는 결코 공유하고 공유되는 일을 그만두지 않는다. 따라서 반드시 다양성과 자신을 결합시키게 된다. 다른 한편 원칙은 모든 공유를 초월해 있다. 수동적으로 고통을 받거나 능동적으로 제공되는가 여부는 상관없다.

이것이 우리가 원칙을 "특수한 성질의 소유 너머 고양되는 것"으로 이해해야 하는 이유이다. 역설적인 일자는 결코 어떤 종이나 실체가 아니며, 심지어는 하나의 고유한 개별체로 구성되는 종도 아니다. 그것은 어떤 본질과도 공존하지 않는데, 왜냐하면 그 자신의 본질로 구성되지 않기 때문이다. 그러므로 원칙은 어떤 속성을 통해서도 가까이 갈 수 없다. 가장 보잘것없는 서술부라도 그 원칙에 부여하는 것은 불가능하다. 또 우리가 주어라는 말로 서술의 지지대를 의미한다면 원칙은 주어도 아니다. 원칙, 그 역설적 일자는 복귀의 원인이며, 오직 그것이 서술부가 없이 순수한 실재라는 정도까지만, 그래서 우리가 A=A라는 등식으로 스스로와 동등한 것으로 재현하려고 할지라도 모든 정식을 선행한다. 스스로와의 동등한 관계로부터 물러나는 것은 A이다.

모든 서술부 외곽에 놓인 이 도망자는 코란에 담긴 계시의 소여를 확인해 준다. 원칙은 표현할 수 없다. 가장 무한한 완성은 그 원칙을 이름짓는 데 실패할 수밖에 없다. 원칙은 결핍과 완성 사이의 대립을 완전히 넘어서 있다. 원칙은 본질$_{esse}$과 완성$_{ens\ perfectum}$ 모두에 선행한다. 따라서 우리는 그것을 역설적이라고 부른다. 왜냐하면 모든 대립들을 피하고 판단력이 미칠 수 없는 곳에, 어떤 실천이 잡을 수 없는 곳에 자신을 위치시키기 때문이다. 실천이 상호 모순되는 조건에서, 그리고 대립하고 유사한 것, 형식과 물질 등등에서 하나를 선택하거나 둘 모두를 사유하는 것 중에서 판단하는 경우에 그렇다.[3]

부정적인 경로는 그것으로부터 존재를 물러나게 함으로써 역설적인 일자로 안내하지만 그렇지 않다고 가정하지는 않는다. 그것이 그렇지 않은 것이 사실일지라도 그렇다. 사물 때문에 그런 것도 아니고, 사물에 따라서 그런 것도 아니다. 사물 속이나 사물을 통해서도 아니고, 사물을 위해서도 아니며, 무엇인가와 함께 하는 것도 아니다. 부정성의 문제는 존재와 존재의 부정을 넘어서는 곳에 존재한다. 일자의 긍정이 순수한 부정성에서 성공할 수 있기 위해서는 반드시 복귀된 것의 정도까지 도달해야 하고, 이것은 안정된 존재의 수준이다. 그러나 이것은 복귀원칙의 무한한 불안정성이다.

역설적인 일자는 불안정한 것이다. 이런 점에서 현대인들을 위해서 일자에 의해서 하나로 셈하게 될 때 숫자들의 연쇄를 발생하게 될 영零보다 월등하게 불안정한 일자는 하나를 셈하게 될 모든 것에 대해 이방인이다. 일자란 존재하는 것이 스스로를 고요한 총체성으로서 추인하는 것이 아니라, 그것을 통해 복귀하는 모든 것들이 부정의 흔적을 그 안에 담고 있으며, 그러므로 존재하는 것이 스스로의 총체화에 의해서 그것을 부정하는 한편 드러나는 첫 번째 불안정성의 빈도수를 담고 있다. 이 탈골은 절대 화해될 수 없고 모순의 시각으로 절대 사유되지 않는 것으로서 실재에서 결정적인 낯설음을 부추긴다. 복귀라는 개념은 사유할 수 없는 것을 사유하기 위해서 제조될 것이다. 매개가 아닌, 이 역설적인 것과 일자 사이의 통로가 되어, 이를 통해 이 둘의 가능성과 일체 숫자들의 전체 연관체계가 자동적으로 복귀될 것이다.

신의 현현을 존재의 전체 위계질서가 뒤따르면서 복귀하게 될 총체적 일자라고 부르는 일이 가능하다면 우리는 그 중심부에서 희미하게 흔들거리는 원칙의 불안정성을 신의 현현이 드러낸다는 사실에 동의해야 한다. 복귀한 것들의 거울에서 형상이나 인지력이 완전히 통제할 수 없는 과잉이 나타나는 것과 마찬가지이다. 가장 질서화된 내재성의 중심에는 근본적 낯설음이 존재한다. 이 지점에서 원칙의 이중적 부정은 변증법적 화해가 아니라 원칙이 존재와 무를 넘어서, 긍정과 부정을 넘어서는 초절정의 본질적인 무로 스스를 제어하고 영향을 미치는 그런 부정으로서 드러나게 된다.

이중적 부정은 신의 통일성을 다음과 같이 해석한다. 만일 그것이 신이 아니라면 신성이란 존재하지 않는다. 첫 번째 부정은 "신성이란 존재하지 않는다"로 따로 떼어낼 수 있는데, 이것은 존재의 부정, 원칙의 끊임없이 재생되는 뒷걸음질과 상응한다. 동시에 부정성의 무한한 입증은 두 번째 부정, "만일 그것이 신이 아니라면"에 의해서 교정된다. 여기서 첫 번째 복귀된 것의 복귀가 그 자체를 추인한다. 그러나 다음 차례로 두 번째 부정은 이 두 부정들 사이에서 리듬을 탄 진자운동을 끝낼 가능성 없이 첫 번째 것으로 우리를 이끈다. 부정의 부정이란 존재하지 않고, 오직 원칙이 스스로를 뒤로 물려서 이방인이 되는 부정의 과정만이 있을 뿐이다. 첫 번째와 두 번째 부정 사이에서 순수한 복귀의 행위는 스스로 생산하게 된다. 왜냐하면 두 번째 부정은 첫 번째 복귀한 것을 추인할 가능성을 지시하기 때문이다. 키르마니의 중세 언어에서 이는 첫 번째 지성이다. 순수한 일자와 총체적 혹은 다양한 일자 사이에 자유의 지배가 시작되는데, 이는 원칙의 불안정성과 초본질적 귀양이다.

신의 현현적 질서

우리는 이제 복귀의 효과를 고려해야 한다. 첫 번째 지성은 이스마일파의 사상에서 첫 현현의 위치를 차지하며 그로부터 나오는 모든 현현의 체제를 지배한다. 우리는 "활동의 완벽함"을 발견하게 된다. "이는 그 자체로서 자기 자신이 아닌 타자에 관해서 자유로운 것"이다.[4] 존재하는 총체는 근본적으로 해방되어 질서의 통합적 얼굴 밑에 놓인 원칙의 무질서한 해방을 표현한다. 이것이 우리가 신의 현현이 갖는 힘을 이해하는 방식이다. 그 완벽하게 조화로운 아름다움에 무한한 원칙의 흔적이 놓여 있지만, 마치 신의 현현이 원칙에 들이대고 있는 거울이 그 아름다움이 반영하는 것과는 정반대인 것인 양 놓여 있다. 원칙의 진동과 그리고 무정형의 부정성의 맥박과 함께 긍정의 얼룩이 없는 건축물이 복귀하는 것 안에서 일치한다.

이러한 신성의 건축술에서 최고점은 표현할 수 없는 무질서 밑으로 질서가 스스로를 구성하기 위해 통과하는 한계이다. 신의 현현은 그것을 숙고하는 영혼에게 언제나 완성된 얼굴을 제공하며, 이 얼굴로부터 가장 거리가 먼 감각마저 붙잡아두는 아름다움이 솟아난다. 그럼에도 불구하고 이 질서는 무한성에 의해 내부로부터 위협받는 것처럼 존재하고, 그것에 대항해서 아직 유한하지 않지만 유한성이 비롯되는 총체적 무한성인 자신의 한계를 대항시킨다. 원칙과 처음으로 복귀된 것 사이에, 순수한 것과 그것의 현현 사이에 자신을 복귀시키는 얼개는 최소한의 거리이며, 항상 지워지면서 변화하고 야만적 무한과 스스로를 일자로 셈하는 무한성 사이에 유지된다. 원칙은 셈하기에 저항했지만 신의 현현은 셈하기와 함께 시작한다. 이 셈하기 자체가 작동, 즉 복귀한 활동의 후발대이다. 신의 현현은 예시와 그 역사의 우주에 대응하는 가정된 세상에 스스로를 현지한다.

이스마일파의 신적 현현은 "말하기"를 지정한다. 예언자는 발화의 장치로 운반되는 신성한 계시들을 통합하는 주체이다. 예언적 발화에서 우리는 신성한 말씀의 현현을 다룬다. 이 말씀은 주요한 예언자들의 연속적 주기들에 따라서 강림한 첫 지성과 상동하게 만든다. 이 예언자들은 책〔성경〕과 법을 그들 시대의 인간공동체에 주는 임무를 맡은 이들은 아담, 노아, 아브라함, 모세와 예수, 그리고 무하마드이다. 파티미르파 이슬람주의에 따르면 영원한 예언자 (일련의 주요 예언자들이 예시하는 존재)는 최초의 지성에 위치하고 있다. 영원한 예언자는 통합적 현현이며, 총체적 존재자이자 다양한 일자인 첫 지성과의 상징적 관계를 맺는다. 예언이라는 타이틀 하에 신성한 형상들의 총합을 흡수시키는 일을 다시 시작해야 할지 모른다. 그러나 우리는 반드시 그 의미화 작용의 양면성을 주장해야 한다. 예언자들이 창조를 다시 시작할 때 책/성경은 신을 현현할지도 모를 기호들의 총체성을 영원한 예언자의 자리 밑으로 모은다. 여성들의 미모, 나무의 찬란함, 산의 웅장함, 동물왕국의 힘, 도시들의 불빛, 군주의 절도, 인간의 복종과 가장 보잘것없는 풀잎 한 포기가 신성의 성상이 된다.

모든 것은 뭔가 인지 가능한 것, 그리고 말씀의 일부분을 표현한다. 이런 의미에서 사랑을 촉진시키는 것으로부터 시작하는 일체의 모든 것은 일자의 감각적 거울이다. 그 통제된 다양성 속에서 모든 것은 무제한적인 것이 스스로를 드러내는 곳에 한계를 긋는다. 모든 단일한 것은 좋은 무한성이다. 각 몸체는 전체적 건축구조의 총체적 파편이다. 라이프니츠의 철학에서 모든 정원이 그 안에 무한한 정원들을 품고 있다면, 키르마니에 의하면 모든 감각적인 것이 그 안에 통제된 지성의 표현들을 품고 있다. 그러나 역으로 예언자와 그의 법은 하늘과 땅의 명징함, 바위 밑의 그림자들 속에서, 그리고 나뭇잎 아래로 혹은 모든 육신을 가진 존재에 따라 자신을 나누어 준다. 문자적 종교와 그 원칙들은 가장 나약한 감수성들에 이르기까지 솟아나오는 실재의 반짝이는 색깔들에 대한 끊이지 않는 언급 이외에 다른 어떤 진실도 갖지 않는다. 아무것도 여기서 세

상과 성경에 대척하지 않는다. 아무것도 무를 가지고는 소망할 만한 다양성을 내려칠 수 없다.[5]

우리는 여기서 상동화 혹은 상징화의 차원에서 말하고 있는 것이다. 그러나 아마도 원초적 복귀를 신성한 명령의 자유로움을 가지고 시작하는 두 가지 종류의 행렬에 가능한 한 가까이 참여하는 것이 더 정확하고 더 키르마니에 충실하는 것일지 모른다. 이 행렬은 의무적으로 이 신성한 명령을 서로 다른 정도를 갖는 물질과 비존재들을 번역한다. 우리는 한편으로는 지성의 행렬을 갖고 있지 않으며, 다른 한편으로는 그것이 예언의 세계로 번역된 것도 갖고 있지 않다. 예언은 첫 번째 신의 현현이다. 예언은 창조의 세계에 스스로 지성이 된다. 동시에 명령의 세계는 창조된 세상에 그것을 드러내는 거울을 갖는다. 이 두 가지 환영 출몰, 즉 인지 가능한 것과 인간적인 것 사이에 어떤 계기란 없으며, 완벽한 인간의 정면으로 아름다움의 색과 육신들의 총체성이라는 환영이 나타난다.

명령적 세계는 다음과 같은 방식으로 스스로를 펼쳐낸다. 복귀는 순수한 자유의 행동으로 최초의 지성으로 떠오른다. 이로부터 한편으로는 잠재성(물질과 형식)으로 지속되는 지성이 등장하고, 다른 한편으로는 실재성으로 지속되는 두 번째 지성이 나온다. 잠재성으로 지속되는 지성으로부터 별과 하늘, 그 밖에 그것들이 포함하고 있는 모든 일체의 존재하는 사물들을 동반한 자연의 세계가 나오고, 두 번째 지성으로부터는 자연의 세계를 떠맡고 있는 천사들이 등장한다. 이 두 가지 행렬들은 현현 과정으로 수렴되고, 여기서 완벽하다고 이해되는 인간이 태어난다. 마지막으로 완벽한 인간은 한편으로는 "물질과 형태로부터 출현하는 존재의 수많은 사물들을 포함하고 있는 하늘"을 가진 자연의 출현을 작동시키며, 다른 한편으로는 이런 창조물을 관장하는 천사들을 작동한다. 천사의 세계는 이차적 지성의 한계로부터 좀 더 심오한 자연의 심연으로 움직여 감에 따라 그 위계질서가 완벽한 인간의 중심축 혹은 극을 따라 모아진다.

우리는 명령의 세계와 창조된 세계의 개념들을 이스마일파의 언어에서 빌려왔다. 이스마일파의 언어는 지성의 우주와 현현의 우주 사이의 상응관계 법칙을 드러내 주기 때문이다. 아마도 위계질서의 잘 정돈된 질서구조가 방사에 일체의 전율에도 흔들리지 않는 명징성을 부여할지 모른다. 그러나 사정은 그렇지 않다. 전체적 구조는 원칙의 자유로운 복귀로부터 존재를 얻게 된 최초의 지성을 통해 절정에 도달한다. 키르마니는 고립의 행위가 그 자체로 베일 싸기의 행위가 되기를 원한다. 신의 현현은 그것이 드러내는 것을 베일로 감싼다. 현현 자체가 복귀의 원칙에 대한 명징한 인식으로부터 물러나기 때문이다. 예언은 말씀이 인간의 언어로 강림하도록 해주고 말씀의 진술을 분명히 설명해 줄 수 있다. 하지만 말씀, 즉 명령은 그것이 복귀시키는 것으로부터는 자신을 완전히 베일로 감싸고 있다. 이해란 지성과 관계하지 않는다. 어리둥절하게 만드는 혼동이 말씀의 진리와 지성의 절대적 앎 사이로 미끄러져 들어온다.

키르마니는 이렇게 말한다. "지성은 자신의 본질에 선행하는 것을 모색함으로써 음소거가 되기 때문에 어리둥절한 혼동이 아니고는 자신을 현실화하지 않는다."[6] 이것이 바로 지성이 자신의 본질의 실재와 복귀원칙의 실재를 만나게 되는 분리의 결과이다. 지성이 스스로 지성으로서 밖으로 나와 원칙을 이해하려고 할 때 곧

길을 잃게 되고, 자기와의 적합성을 상실하며, 제한된 존재들이 갖는 일상적인 지식의 결여보다도 더 못한 무지 속에 빠지게 된다. 어리둥절함과 혼동은 지성의 타자, 그 근본적인 소외의 성격이다. 더 나아가 그것의 영구적인 상동체인 예언은 현현의 총체성으로서 진행되어 나오므로 희망 없는 탈정형화의 리듬에 따라 진동하게 된다. 모색의 극점은 모색 자체를 무효화한다. 순수한 일자는 분기分岐와 실명失明을 낳는다. 그 결과 개별적 현현의 양태는 그저 실재를 부분적 시각으로 보여주게 된다. 존재하는 가시성의 전체를 만드는 것은 물론 총체성이지만, 최초 지성의 멀리 떨어진 거리에서부터 오게 될 현현의 어리둥절함이 깊어지게 된다.

어떤 앎도 예언을 초과하지 않는다. 모든 유효한 응시, 지성의 시선의 원천에 인간적 시각의 목표를 두어야 한다. 이런 의미에서 이는 절대적 앎을 추인하고 설립하는 것이다. 신의 현현은 원초적 한계, 다양한 일자의 한계를 수용하면서 스스로 절대화된다. 그러나 다른 의미에서는 복귀적 명령을 질서의 핵심에 자리를 잡고 있는 무질서의 원칙으로 변화시켜야 한다. 이 무질서는 부활한 자가 축소시킬 수 있는 것과 동일한 무질서이다. 부활한 자는 이 무질서를 축소시킴으로써 절대적 신의 현현, 순수한 일자 자체의 현현을 제공하게 된다.

자비로움의 숨결

어리둥절함이 주는 강력한 느낌과 지성의 모호함이 신의 현현적 비전의 핵심이다. 신성한 본질은 결코 성스러운 이름들의 부정

없이 현시 속에서 자신을 아무런 잔여물 없이 드러내지 않는다. 이 출현의 밤은 즉시 대립물을 통해 교정한다. 환영적 출몰과 베일은 일자의 현시라는 형태에서 모순되지만, 이런 모순은 유출의 동일성에 의해 극복된다. 이 유출은 이븐 아라비Ibn Arabi[역주1]가 자비성의 숨결이라고 부른 운동의 본질로부터 비롯된다.

신의 현현의 교리에 적합한 토대가 될 존재론은 근본적으로 모든 소외를 배제한다. 이븐 아라비는 우주를 신성한 이름들의 무한한 현현들의 다수성으로 개념화한다. 신성한 본질은 절대적 실재이다. 경전을 보면 신의 활동적 자질들이 제시된 수많은 형태들로 표현된 자신의 이름들로서 유출되어 계시가 시작된다. 신이 자신의 창조물과 관계를 시작하면서 자신을 현현함과 동시에 우주의 다양한 왕국들로 자신을 드러내게 된다. 일자가 스스로와 완전히 동일성을 이루는 것이 다수의 현현과 모순되지 않고 동일성이 다양성을 감싸면서 다양성을 통해서 자신을 펼치게 된다. 따라서 실재는 우리가 그것을 자발적으로 이해하게 되자마자 스스로를 숨기고 후퇴하더라도 일체의 창조된 현존재와 이 현존재에 해당하는 개념으로 모습을 드러낸다. 실재를 따르는 것은 실재의 정체성을 따르는 문제이며, 실재의 정체성은 우주와 신성한 정체성과 동일한 존재이다. 여기서 정체성은 형식이라는 표제로 제시된다. 동일한 존재의 정체성과 피조물의 결합은 피조물에서 동일한 존재의 형식을 취하며, 이를 통해 피조물이 동일 존재의 현현으로 자신을 드러낸다. 그러나 이 "드러난 것"으로의 정체성은 "숨겨진 것"이라는 신성한 이름을 동시에 가정한다. 정체성은 현현적 통일성의 중심에 출현과 베일에 감추기가 존재론적으로 동시 발생하는 것이며, 이 통일성 속에서 실재는 특정한 양식으로 전개되는 것이다.

실재를 규정하는 일은 불가능하다. 우주를 가정하려면 현현의 무한한 형태들을 의식으로 파악해야 한다. 계시된 신의 전체를 절대적으로 파악한다는 것을 가정해야만 숨겨진 실재의 재현을 제공할 수 있지만, 이런 절대적 앎은 오직 신성한 이름들의 수준에서만 스스로를 알 수 있는 신성과학에만 속하는 것이다. 정체성은 본질의 차원과 본질의 이름들의 차원 사이의 틈새에 의해서 다시 부정되지 않는다. 그와 반대로 정체성은 그 자체로 정체성으로서 드러나는 현존에 본질적으로 작용하게 되는 거울상을 인정한다. 따라서 모든 사물들은 실재를 말하는 언어들이다.

거울 모델은 베일과 드러내기의 정체성을 제시해 준다. 거울에 나타난 형식을 반추하는 이는 오직 그 형태만을 인식할 뿐이며, 거울 자체의 표면은 보지 못한다. 형식을 통해 주체는 인식주체와 인식대상의 본질적 통일성 속에서 자신을 바라본다. 따라서 이중적으로 베일을 두름으로써 자신을 동일성으로 축소시킨다. 본질은 스스로를 형식으로 드러내며, 이 형식을 반추하는 응시의 전 영역을 차지하는 동안 이 형식을 통해 더욱 잘 드러난다. 이 반추의 응시가 강렬해질수록 거울은 점점 더 무시된다. 따라서 출몰이 강화되면 본질의 거울인 출몰의 토대가 후퇴하게 된다. 신 안에서 바라보기란 신을 바라보는 것을 의미한다. 주체가 신을 볼수록 상상적 형태는 창조적 상상력 속에서 점점 더 전개되어 가서 본질이 스스로를 저 너머로 후퇴시키는 신성한 이름을 예시한다.

상상력을 통해 영혼의 응시가 창조되는 강렬한 형식은 우선 신 자신의 상상력의 효과로서 신성의 현현이다. 거울에서 자신을 상상하는 것은 신이다. 그러나 그는 인식하는 주체의 양식으로 그 고유한 시점을 통해서 자신을 상상할 뿐이며, 그를 객관화시킬 손아귀에서는 빠져나간다. 모든 계시의 총합으로서 본질은 스스로를 드러내지만 "그 자체"에는 존재하지 않기 때문에 스스로를 인식주체로 만듦으로써 자신이 인식과 창조적 상상력을 부여하는 대상과 동시에 발생한다. 따라서 "그 자체 속"의 본질은 따로 분리된 "판"도, 이름과 현현들 위로 독립적으로 떠다니는 원칙도 아니다. 그 자체란 스스로를 베일로 감추는 것과 동일하다. 이는 시선의 주체로 옮겨지는 사적 주인이다. 시선과 베일쓰기의 동시성에서 정체성은 스스로를 아무 열정이 없이 경험한다. 그 자체란 자아에 다름이 아니다. 이 자아는 신의 현현을 인식하는 주체들의 다양성 속에 있으며, 자아는 스스로를 응시의 통일성 속에서 주인으로 드러난다.

이 정체성은 신성한 이름들의 다양성과 모순되지 않는다. 다양성은 현현의 무한한 다양태의 서곡이다. 이는 플라톤이 「소피스트」에서 인지 가능한 장 속의 구조를 개념화한 방식과 유사하다. 한편으로 신성한 이름들은 무한하다. 이 이름들이 형식의 무한성을 낳게 된다. 다른 한편으로 이름들은 동일자와 타자, 존재와 비존재의 작동을 통해 연결된다. 모든 이름은 무한하게 현현하고, 자신의 실재성을 소유하게 되며, 이 실재성을 통해 다른 이름들과 구별된다. 이를 이븐 아라비는 이름의 본질이라 부른다. 그러나 여기에 덧붙여 모든 이름이 타자들과 공통적으로 갖는 것은 본질의 이름이다. 모든 이름은 다른 이름이면서 또 다른 이름이 아니다. 이름은 이름들의 동일성이자 타자이다. 그렇기 때문에 각 이름은 이름이 제시하는 특수한 속성 하에서 본질을 표현한다. 한편 이름은 모든 다른 이름들의 일부이기도 하다.

실재는 이름의 고유성으로 현현하며, 동일한 운동을 통해서 이름들의 총체성으로 현현한다. 현현은 시각의 주체가 신성한 이름들의 상호작용과 고유성 속의 보편성을 붙잡고 있는 동안 좀 더 강력해질 것이다. 바로 이 결합에 시각의 한계가 노정되어 있으며, 현시의 지평을 남겨둔다. 이는 플라톤의 철학에서 인지 가능한 장소가 상승작용의 변증법적 운동을 위한 지평인 것과 마찬가지이다. 이븐 아라비의 철학에는 이름들의 변증법은 없고 오직 고유와 보편의 직접적인 동시성만 있다. 그의 철학에는 부정성의 작용이 없기 때문이다.

부정은 본질과 본질의 계시 사이에서 부정의 작용이 아니라, 시각의 역전이라는 양태로 거울 자체의 작동과정에서만 개입한다. 숨은 자는 드러난 자가 "나"라고 말할 때 "아니다"라고 말하며, 숨은 자가 "나"라고 말할 때 드러난 자가 "아니다"라고 말한다. "숨은 자"라는 이름은 본질 자체를 지시한다. 우리는 이 숨은 자에 부정적 방식으로 다가갈 수 있기 때문이다. "드러난 자"는 현시의 전체를 가리킨다. 이 현시 전반은 신성한 이름들을 통해서 신의 현현이라는 장으로 열어준다. 주체와 타자 사이로 정체성이 토대를 두고 있는 균열이 통과한다. 본질이 주체라면 그것의 현현이 "아니다"라고 말한다. 그것이 드러내는 본질을 자신이 베일로 가리기 때문이다. 다른 한편 시각의 사적인 주인이 주체로 스스로 추인할 때 본질은 뒤로 물러난다.

이런 진자운동 같은 구조는 이스마일교와 다른 부분이다. 이스마일교에서는 부정은 아무런 틈새도 열어놓지 않고 본질이 후퇴한다는 조건에서 본질의 정체성 속에 현현을 통합시킨다. 차이는 여기서 정체성의 도구이다. 우리의 시각에서, 그리고 표현적 고유성의 시점에서 볼 때 "아니다"라는 말이 담고 있는 차이는 당혹스러움과 어리둥절함으로 번역될 수 있다. 당혹스러움은 우리가 실재를 획득할 수 있는 과학이다. 우리가 본질의 극, 신성한 이름들의 융합 주변으로 다가갈수록 우리는 더욱 우리 자신을 상실한다. 우리가 부정성을 통해 일자에 도달해 가는 초본질적 탈중심화의 일종이다. 이름들의 정체성의 현현은 분명 소외의 경험이지만 이방인을 증명해 줄 수 있다. 이 이방인은 정체성의 직접적 경험이 된다는 조건하에 본질이다.

소외는 "그"가 "나"로 후퇴하는 것이다. "나"는 동일하지만 "그"는 "나"라는 "나"는 아니다. 정체성은 A=A의 동일성이 아니라 A=A가 아니라는 -A라는 동일성이다. A가 아니다에서 "아니다"는 A의 부정이 아니다. 이때 부정의 부정을 기다리는 동안 자신을 파멸시키게 될 열정이라는 의미가 아니라, 비동일성의 정체성이라는 조건에서의 긍정적 신의 현현으로서의 A의 현현의 장소를 지시한다는 의미이다. 존재에는 상동성이나 비상동성은 없다. 실재의 통일성은 이 적대적 항목들 위에서 지배하기 때문이다. 사물은 자기 자신의 대립물이 아니다. 정체성은 처음이자 끝이다. 각 이름은 본질을 배제함으로써 자신의 실재성을 배재한다. 왜냐하면 이름은 스스로를 고유한 속성으로서 이름들의 집합으로부터 구별한다. 이러한 본질의 배제는 중요한 것이다. 이는 우주의 현실성 각 지점에서 본질의 완전한 방사를 허락하는 것이다. 이름과 이름의 현현들로 표현되는 이름 불린 일자는 정확하고 결정된 양식에 따라, 그리고 하나의 속성 아래에서 전체적으로 전시된 일자이다. 신의 현현의 교리에서 무한과 유한의 정체성은 유한에 어떤 지위도 갖지 않는다. 이런 지위는 그것이 표현해 주는 무한을 부패시킬 뿐이기 때문이다. 특정한 시각에서 모든 형식은 무한하며, 본질의 무한성은 현현의 정해진 무한성에서 자신을 베일로 감싸고 있다.

창조된 현실들의 본질은 수많은 영원한 본질들이며, 이들의 존재론적 상태는 신중하게 결정되어야 한다. 사실 신성한 존재화가 그들 속에서 작동하기 전에, 즉 창조된 것들보다 실재가 단순히 우위성을 갖는다는 사실에 따라 본질들은 순수하게 비존재들이다. 하지만 다른 의미에서 그들은 존재이기도 하다. 왜냐하면 그들 자신을 구성하는 감각적 존재의 원형들이 위치한 존재의 판 혹은 그 정도에 속하기 때문이다. 존재의 필연성의 부재는 "신성한 그림자"와 같은 본질들을 무겁게 내리누른다. 그러므로 전체 우주는 그 본질 속에서 그림자이며 베일이다.

현존의 본질들은 존재의 빛을 결여하고 있기 때문에 광채가 나지 않는다. 이들이 현존의 행위로 변형되기 위해서는 자비의 숨결이라는 행위가 필요하다. 그림자는 신성한 본질을 흐리지 않는다. 그 자신의 방식으로 그림자는 시간의 힘에 대한 증인이다. 시간은 자비의 숨결에 의해서 영원한 본질들이 실체화되는 것에 대응하는 현존들의 계기적 운동이다. 이러한 실체화는 항상 미래에 감각으로 등장하려고 기다리는 신의 현현의 무한성을 남겨둔다.

따라서 실재는 스스로를 우주에 드리워진 그림자를 통해서 드러냄으로써만 현존에 자신을 드러낼 수 있다. 여기서 우주는 아직 현존하지 못한 존재의 총합이다. 신의 현현은 항상 빛과 그림자, 영원한 명령에 따라 실재의 의지를 통해 구성된 형식의 완전한 광채이다. 또한 신성한 과학에 잠재된 본질의 어둠이다. 본질은 창조적 상상력의 차원을 통해 매개가 없이는 감각 속에 자신을 현현하지 않는다. 따라서 각각의 감각적 형태는 응시 앞에 놓인, 상상적 존재의 정도를 반영해 주는 거울의 퇴적물이다. 우리는 상상력의 이러한 현현적 기능을 주장하며, 이는 모든 상상적 구성에서 생산이 신성한 주체 자체 속에 그 원천을 가지고 있는 것으로 자신을 보여준다는 사실을 강조하기 위해서이다.[7] 상상은 일자에서 구별된 의식적 주체의 생산물이 아니라 절대적 주체, 실재의 창조적 효율성이다. 상상은 원형과 본질이 스스로를 다양태로 만든 신의 현현의 형태 혹은 형상화로 나아간다. 그렇기 때문에 빛과 그림자를 담지한 우주는 그 감각적 행태들에서 모든 것에 앞선 실체성 속의 상상력이다. 현실은 상상계적이 아니라 상상이다. 여기서 작동하는 상상력이 실재의 것이며, 따라서 보편적 본질의 직접적 변환으로서의 상상력과 신성한 과학의 체계로서의 감각적 특수를 효율화하고 실현시킨다.

모든 존재는 상상력 속의 상상력이다. 하지만 이것이 이미지가 개념에 대해 승리한다는 점에 동의하는 것은 아니다. 그보다는 인식 형태들의 한 세대에 대한 개념화이다. 이것은 각 존재의 본질에 완전한 현현의 힘을 제공하고, 각 감각적 형태를 환영 출몰로 해석하고 바라보고 수용하는 것이다. 상상력은 실재 그 자체에 대한 것이다. 실재의 이름들은 감각에서의 형상과 외모를 부여받는다. 이런 형상은 상상의 현상이 아니라면 인지 가능하지 않다. 이미지가 신성한 이름들의 판에서 진행되어 나오는 절대의 체계적 도식화가 없으면 감각의 환영 출몰이 어떻게 실재인지, 그리고 실재에 뿌리를 두고 있는 것이 왜 박탈되지 않는지 이해하기가 불가능해진다. 형식들의 아름다움은 상상의 증거이다. 이 형식들은 우리의 주관적 능력을 단순히 작용하는 것이 아니라 절대적 실재로 개념화되는 실체이다.

창조적 상상력은 실재와 관련되어 취해진 무한히 다수인 시점들을 결정한다. 이 시점의 다수성이 수많은 신앙심, 신의 형상들을 계시로서 형식화한다. 종교들의 역사는 진리의 역사이지 무지와 실수의 역사가 아니다. 매 종교는 계시된 신이 스스로를 사사로운 군주의 모습으로 형상화하게 되는 종류의 신앙과 일치한다. 신의 현현들로 가득한 우주는 다수의 성화벽聖畵壁이다. 무지와 광신주의는 자신이 채택한 신앙 속에서 숨은 실재를 그 신앙의 형상으로 환원시키는 것이다.

우상숭배는 본질을 제한시키는 것이다. 믿는 자가 현현의 다재다능한 충만함을 받아들인다면 그는 제한된 우주의 실재를 드러내며 다양태의 진리인 신성한 이름들의 통일성의 표현을 수긍한다. 그렇기 때문에 사랑은 최상의 현현적 경험이라는 주요한 역할을 하게 된다. 사랑은 항상 고유하다. 그러나 사랑은 사랑받는 자의 얼굴에 집중함으로써 현상계의 어둠을 분산시킨다. 사랑은 자신을 다른 이름들에 묶어줌으로써 신성의 이름을 성찰한다. 사랑은 결합시킨다. 사랑하는 자는 실재에서 자신을 소멸시키게 된다. 하지만 그는 통일성과 실존의 강렬함을 성스럽게 만듦으로써 고유성을 고유화시켜서 소멸하게 된다. 사랑은 상상적 형태들의 거울을 깨끗하게 닦아준다. 사랑은 상상계가 아니라 현실을 믿는다. 사랑은 모습을 드러내는 신의 출몰을 생산하고, 사랑하는 자에게 이 출몰의 베일을 벗겨서 보여준다. 그렇게 되면 그는 더 이상 사랑받는 자의 중심 주변을 둘러싼 실재라는 이면이 없는 외양의 혼돈을 볼 수 없게 되는 대신 실재 자체가 우주에서 확산되는 것을 본다. 사랑은 완벽한 인간, 소우주를 책의 세상과, 창조적 상상력의 극 주변에 존재하는 인식의 세상의 책에 결합시킨다. 그리고 이 완벽한 인간을 소멸 자체를 소멸시키는 소멸을 통해서 본질의 문턱까지 데리고 간다.

따라서 신의 현현은 실재의 근접성에 권위를 부여한다. 본질의 초월을 다양태로 유지시키는 것은 가능하다. 신의 현현은 발현된 통일성의 다양태에 있는 일자의 내재성이다. 신의 현현은 저 멀리 있는, 표현할 수 없는 것의 증거이며, 스스로 이름 불리기를 멈춤으로써만 드러난다. 거울의 표면은 이름과 이름 불린 실재 사이로 미끄러져 간다. 자비의 숨결은 바로 이곳에서 신의 현현을 승인해 준다. 시각의 장에서 신의 현현은 숨어서 베일을 벗기고, 가까운 곳의 정체성을 드러내고 저 먼 곳의 증거를 보여준다. 정체성의 철학은 우리에게 일자에서 다양태를 보게 해준다. 일자는 복수의 다양한 신성한 이름들로 감싸여진 본질적 통일체이다. 우선적인 실체인 실재는 자신의 존재를 각 형태로 감싸서 드러낸다. 형태의 다양함은 신의 고유한 본질을 가리킨다. 시각을 뒤집어 보면 같은 정체성의 핵심에 본질의 타자성이 유지되고 있다. 본질과 드러냄의 정체성이 없이 본질의 생산적 타자성과 그 현현은 손상될 것이고, 유한성은 유한성으로 되돌아갈 것이다.

주

*역주 이 글은 전체적 내용의 이해를 방해하지 않는 범위 내에서 이해를 돕기 위해서 수정·번역되었다.

역주1 코란 해석자로, 이슬람교에 따른 동일성/정체성의 철학을 구성했다. 일종의 신비주의적 신의 현현을 대표한다.

*여기 번역된 이 논문은 원래 *Le Caché et l'Apparent*(Paris : Editions de L'Herne, 2003), 43-67쪽에 "L'étranger et la théophanie"라는 제목으로 수록된 것이다.

1_ Nâsir-e Khosraw, *La Livre rénuissant les deux sagesses*(Teheran-Paris: Iranian Library 3, 1953), 14쪽. 코슈로(Khosraw, 1004-1077)는 그의 시, 철학, 그리고 이스마일파 신학 모두를 페르시아어로 썼다.

2_ Hamid al-Din al-Kirmani, *Râhat al-'aql*. Kamil Husayn and Mustafa Hilmi 편집(Leiden : E.J. Brill, 1952), 39쪽. D. de Smet, *La quiétude de l'intellect*(Leuven : Uitgeverij Peeters and Dep. Oosterse Studies, 1995)도 참조.

3_ Kirmani, *Râhat al-'aql*, 40-51쪽.

4_ 같은 글, 63쪽.

5_ 같은 글, 67-68쪽.

6_ 같은 글, 72쪽.

7_ Henry Corbin, *Creative Imagination in the Sufism of Ibn Arabi*. Ralph Manheim 역(Princeton : Princeton University Press, 1981).

저자 약력

서지 앙드레(1948-2003)

정신분석가, 이론가, 강사로서 *What Does a Woman Want?*(Other Press, 1999〔Seuil, 1995〕), *Flac : A Narrative*(Other Press, 2001〔Que, 2000〕), *Devenir Psychoanalyste…et le rester*(Que, 2003) 등을 비롯한 다수의 저서를 출판했다.

로렌죠 키에자

Jan van Eyck Academie의 이론학과 연구원. University of Warwick의 철학과에서 주체에 관한 라깡의 이론으로 박사논문을 썼다. *Antonin Artaud : Towards a Body without Organs*(Verona : Ombre Corte, 2001)의 저자이며, 대니 노버스와 함께 *Reading Seminar VII*을 썼다. 라깡이론에 관한 다수의 논문을 출간했으며, 슬라보예 지젝의 저서들을 이탈리아 번역본을 편집하고 번역했다.

마크 드 케젤

벨기에의 Arteveldehogeschool Gent에서 철학을 가르치며, 네덜란드의 Radboud Universiteit Nijmegen과 Jan van Eyck Academie에서도 연구한다. 그의 대부분 저서들은 바따이유, 르포르, 데리다, 라깡, 지젝 등 대륙철학에 관한 것이다. *Eros & Ethics : Reading Jacques Lacan's Seminar VII*라는 제목으로 라깡의 윤리세미나에 관한 그의 저서가 영역되어 2009년 출간(State University of New York Press)되었다.

도미니크 호운즈

Arteveldehogeschool Gent에서 예술심리학과 철학을 강의한다. 정신분석, 특히 정서, 논리적 시간, 징후에 대한 논문을 출간했고, 바디우의 주체와 사랑에 대해서, 그리고 무질과 뒤라스 등의 문학에 관한 논문도 출간했다. 현재 라깡의 이론에서 "사랑"에 관한 책을 집필중이다.

크리스찬 장베

프랑스의 Jules Ferry 고등학교, 파리 3대학의 이란연구소와 프랑스고등연구원에서 강의한다. 그의 주요 철학적 저서들에는 *La Logique des Orientaux : Henry Corbin et la science des formes*(Seuil, 1983), *La Grande Résurrection d'Alamût : Les Formes de la liberté dans le shî'isme ismaélien*(Verdier, 1990), *L'Acte d'être : la philosophie de la revelation chez Molla Sadra*(Fayard, 2002) 등이 있다.

트레이시 맥널티

미국 코넬대학 불문학과 조교수. 자크 라깡, 피에르 클로소프스키, 알랭 바디우, 사도 바울, 프리드리히 니체, 히브루 성서 등에 관한 논문을 발표했다. 최근에는 *The Hostess : Hospitality, Femininity and the Expropriation of Identity*를 출간했고(University of Minnesota Press, 2006), 피에르 클로소프스키와 공동으로 논문집을 편집하고 있다.

케네스 라인하드

미국 캘리포니아 대학(LA 소재) 영문학과 비교문학과 부교수. 슬라보예 지젝와 에릭 샌트너와 함께 *The Neighbor : Three Inquiries in Political Theology*(University of Chicago Press, 2005)를 저술했고, 줄리아 라인하드 럽튼과 함께 *After Oedipus : Shakespeare in Psychoanalysis*(Cornell University Press, 1993)를 출간했다. 그 외에도 프로이트, 라깡, 레비나스, 헨리 제임스, 유대교학과 성서에 관한 다수의 논문을 출간했다. 최근에는 종교에서 이웃에 관한 정치적 신학이라는 주제로 토라, 탈무드, 교부들의 저서들을 다루면서 칸트, 키에르케고르, 아도르노, 로젠바이그와 레비나스등의 철학과 프로이트와 라깡의 정신분석에 관한 책을 저술 중이며, 프린스턴대학 출판부에서 출간예정이다.

알베르토 토스카노

런던의 골드스미스 대학 사회학과 강사. 동대학의 〈발명과 사회과정연구센터〉의 회원이며, *Historical Materialism*의 편집위원이다. *The Theatre of Production*(Palgrave, 2005)의 저자이며, 알랭 바디우의 *Theoretical Writings*(Continuum, 2004)과 *On Beckett*(Clinamen, 2003)을 공동 편집했다. 최근에는 공산주의와 철학에 관한 연구를 하고 있다.

옮긴이

강수영

영문학 박사(뉴욕주립대).

정신분석 저널 『엄브라』를 한국에 소개하는 일을 하고 있는 한편, 디아스포라 문학의 가능성을 창작과 문학연구를 통해 모색하고 있다.

무의식의 저널 엄브라 Umbr(a)

검은 신

발행일 초판 1쇄 2013년 2월 20일
엮은이 서지 앙드레 외 지음
옮긴이 강수영
펴낸이 여국동

펴낸곳 도서출판 인간사랑
출판등록 1983. 1. 26. 제일-3호
주소 경기도 고양시 일산동구 백석동 1178-1번지 2층
전화 031)901-8144(대표) | 977-3073(영업부) | 031)907-2003(편집부)
팩스 031)905-5815
전자우편 igsr@naver.com
블로그 http://blog.naver.com/igsr
인쇄 인성인쇄 **출력** 현대미디어 **종이** 세원지업사

값 15,000원
ISBN 978-89-7418-076-8 93100

이 도서의 국립중앙도서관 출판시도서목록(CIP)은 e-CIP홈페이지(http://www.nl.go.kr/ecip)와
국가자료공동목록시스템(http://www.nl.go.kr/kolisnet)에서 이용하실 수 있습니다.
(CIP제어번호: CIP2013000390)